BARBARA UND JÖRG-THOMAS TITZ
OFF ROAD HANDBUCH ISLAND

Barbara und
Jörg-Thomas Titz

# OFF ROAD HANDBUCH ISLAND

PIETSCH VERLAG STUTTGART

Einbandgestaltung: Johann Walentek
unter Verwendung eines Dias der Autoren.

Fotos und Karten: TIPHO Bildarchiv

In derselben Reihe ist erschienen:
*OFF ROAD HANDBUCH AUSTRALIEN* von Klaus G. Hinkelmann.



ISBN 3-613-50183-x

1. Auflage 1993

Ein Unternehmen der Paul Pietsch Verlage GmbH & Co.

Satz: Alber Fotosatz, 74385 Pleidelsheim.
Reproduktionen: DIE REPRO, 71732 Tamm.
Druck: Maisch & Queck, 70839 Gerlingen.
Bindung: Karl Dieringer, 70839 Gerlingen.
Printed in Germany

# Inhaltsverzeichnis

# Vorwort

Island ist das von Individualisten bevorzugte europäische Reiseland. Das Land ist wenig besiedelt. Nur eine Viertel Million Menschen leben auf der Insel. Größere Orte liegen überwiegend an der Küste. Das Landesinnere ist größtenteils unbewohnt. Island bietet einsame, aber atemberaubend schöne Landschaften.

Im zentralen Hochland gibt es keine asphaltierten Straßen. Nur ruppige Schotterpisten und unbefestigte Naturwege führen in diese abgelegene Gegend. Obwohl die Pisten im Sommer offiziell freigegeben werden, sind sie nur mit einem Geländewagen zu befahren. Geländegängige Fahrzeuge werden auf Islands Pisten wirklich gebraucht. Immer wieder queren tiefe und reißende Flüsse die Routen. Es gibt nur wenige Brücken. Die meisten Flüsse müssen gefurtet werden. Andere Pisten führen kilometerweit durch weichen Sand und über erkaltete Lavaströme. Reizvolle Gegenden werden erst durch diese Pisten zugänglich. Island ist auch heute noch eine Herausforderung für den Autofahrer!

In unserem »Off Road Handbuch« beschreiben wir ausführlich alle bekannten Hochlandrouten. Wir führen Sie auch über selten befahrene Routen, die abseits der üblichen Touristenwege liegen.

Die Pistenbeschreibungen sind eine Momentaufnahme dessen, wie wir die Strecken erlebt haben. Alle Angaben sind sorgfältig recherchiert, eine Garantie für die Richtigkeit können wir aber nicht übernehmen. Wir sind die Routen seit 1990 mehrfach abgefahren, zuletzt im Sommer 1992. Aus dieser Zeit stammen auch unsere Fotoaufnahmen.

Von Saison zu Saison sind der Verlauf und die Befahrbarkeit einer Piste Schwankungen unterworfen. Hochwasser kann beispielsweise während der Schneeschmelze lange Stücke einer Piste wegreißen; neue Fahrwege müssen geschaffen werden. Unsere Kilometerangaben können deshalb nur eine Orientierung sein.

Einige vielbefahrene Pisten werden vor ihrer Freigabe mit schwerem Gerät geebnet. Unmittelbar danach sind diese Strecken in der Regel gut befahrbar. Doch bereits einige Wochen später können sie wieder tief ausgefahren und holprig sein. Bei Nässe können Erdpisten unbefahrbar werden. Der Pistenzustand entscheidet über die benötigte Fahrzeit.

Eine Geländewagentour durch Island auf eigene Faust muß gut vorbereitet sein. Deshalb beschreiben wir detailliert die notwendigen Reisevorbereitungen, das Buchen der Fähre, die geeignete Ausrüstung und vor allem die erforderlichen Fahrtechniken im Gelände.

Island ist aber kein Land, das nur für Fahrer eines Geländewagens interessant wäre. Wir erklären auch die geographischen und geologischen Besonderheiten Islands, beschreiben die Geschichte und die Kultur des Landes.

Die Natur ist in Island noch weitgehend intakt. Im kurzen Sommer blühen arktische Blumen. An den steilen Felsküsten nisten Millionen von Seevögeln. Island ist ein 103 000 $km^2$ großes Naturwunder, ein einsamer Vorposten Europas im Nordatlantik.

Die meisten Sehenswürdigkeiten sind mit einem PKW oder öffentlichen Verkehrsmitteln erreichbar. Das »Off Road Handbuch« ist deshalb auch ein Reiseführer, obgleich wir nicht alle Gebiete und Attraktionen erwähnen können.

Island erwartet Sie! Auf der Insel gibt es im Banne großer Gletscher und aktiver Vulkane sehenswerte Naturwunder. Grönland ist nur 300 km entfernt, das alte Europa viel weiter. Das Abenteuer Island kann beginnen!

Barbara Christine Titz
Jörg-Thomas Titz

Altleiningen, im November 1992

# Teil 1: Landeskunde

# Geographie, Geologie

## Lage

Island ist mit einer Fläche von knapp 103 000 $km^2$ die zweitgrößte Insel Europas. Die maximale Nord-Süd-Ausdehnung beträgt rund 300 km, die Ost-West-Ausdehnung etwa 500 km. Alle Küsten zusammen umfassen eine Länge von 6600 km.

Island ist selbst von vielen kleinen Inseln umgeben, die fast alle unbewohnt sind. Bekannte bewohnte Inseln sind die Westmänner-Inseln, Grimsey, Hrisey und Flatey.

Island liegt im Nordatlantik knapp südlich des nördlichen Polarkreises, zwischen dem 63. (63 Grad 24 Minuten) und dem 66. (66 Grad 33 Minuten) Breitengrad.

Die Entfernungen zum nächsten Festland betragen nach Norwegen 970 km, nach Schottland 800 km, zu den Färöern 435 km und nach Grönland 290 km.

## Landschaft

Die Landschaft Islands wird bestimmt durch Gebirge auf der ganzen Insel, schroffe Berge, weite Hochebenen, Gletscher und Vulkane. Im Norden reicht das Meer tief ins Landesinnere hinein. Nur im Süden Islands gibt es einen breiteren, fruchtbaren Landstreifen, der Ackerbau ermöglicht. Die kultivierte Fläche beträgt deshalb auch nur 1000 $km^2$. Im Vergleich dazu: 22 000 $km^2$ sind von Weideland bedeckt; unbewohntes und unfruchtbares Land nimmt eine Fläche von 80 000 $km^2$ ein.

Das unbewohnte Land teilt sich auf in Gebiete, die von Gletschern, Lava, Sand und Seen bedeckt werden. Den Rest nehmen andere Ödlandformen ein.

## Flüsse, Seen, Wasserfälle

Obwohl der überwiegende Teil Islands aus Ödland besteht, gibt es viel Wasser. Die Flüsse sind meistens breit und verzweigt und wegen ihrer starken Strömung sowie häufig vorkommender Stromschnellen nicht schiffbar.

Die Wassermenge der Flüsse ändert sich im Laufe des Jahres stark: Bei der Thjórsá beträgt die durchschnittliche Wassermenge 400 $m^3/s$. Spitzenwerte erreicht sie im Frühjahr nach der Schneeschmelze mit 1000 $m^3/s$. Der geringste Wert beträgt im Winter 80 $m^3/s$.

Die Thjórsá ist mit 230 km auch längster Fluß Islands, es folgt die Jökulsá á Fjöllum mit 200 km. Gletscherflüsse kommen in Island am häufigsten vor – mit der Eigenart, viel Sand und Geröll zu transportieren. Durch großflächige Ablagerungen dieses Schwemm-Materials erzeugen Gletscherflüsse eine besondere Landschaftsform in Island, die Sander. Ein Beispiel dafür ist der Skeidarársandur im Süden der Insel.

Es gibt zwar viele Seen auf Island, jedoch erreichen sie nur eine geringe Größe. Der größte See ist mit einer Fläche von 84 km$^2$ (= Größe des Chiemsees) und 114 m Tiefe der Thingvallavatn. Es folgen der Thórisvatn mit 69 km$^2$, der Lögurinn mit 52 km$^2$, der Lagunensee Hóp mit 45 km$^2$ und der Myvatn mit 38 km$^2$. Die größte Tiefe erreicht mit 217 m der Öskjuvatn im Askjakrater.

Zahlreich sind auch die Wasserfälle auf Island. Der wohl bekannteste und größte Wasserfall Europas ist der Dettifoss mit einer Höhe von 44 m und einer durchschnittlichen Wassermenge von 200 m$^3$/s. Besonders schön sind der Gullfoss, auf deutsch der »Goldene Wasserfall«, und der Godafoss, der »Götterwasserfall«. Islands höchster Wasserfall ist der Glymur mit 196 m Fallhöhe. Der Skógafoss erreicht eine Höhe von 63 m, und der Fjallfoss ergießt sich über eine 100 m hohe Basaltwand. Andere erwähnenswerte Wasserfälle sind die Hraunfossar, der Hengifoss, der Hjalparfoss, der Aldeyarfoss, der Svartifoss, der Gjainfoss und der Haifoss.

## Entstehung Islands

Island ist rund 60 Millionen Jahre alt und gehört damit zu den geologisch jungen Gebieten. Über die Entstehung der Insel gibt es zwei Theorien. Die eine besagt, daß Island Teil einer Landbrücke zwischen Amerika und Europa war. Die andere Theorie geht davon aus, daß Landmassen vom Meeresgrund durch vulkanische Tätigkeit angehoben wurden.

Island befindet sich heute auf der Bruchstelle der beiden auseinanderdriftenden Kontinentalplatten von Europa und Amerika. Im Erdinnern brodelt flüssiges Gestein, auf dem die Kontinente »schwimmen«. Durch das Auseinanderdriften ist die Erdkruste hier dünner als auf den beiden Kontinenten und »reißt« häufiger auf. Lava tritt bei Vulkanausbrüchen an die Oberfläche. Außerdem läßt sich mit dieser Theorie das Vorkommen von Geysiren, heißen Quellen, Solfataren (Ausstoß von schwefelhaltigem Wasserdampf) und von Gletschern erklären.

## Vulkane

Island gehört zu den Gebieten mit der höchsten vulkanischen Aktivität auf der Welt. Mehr als 30 Vulkane sind seit der Zeit der Besiedlung – in den letzten 1 100 Jahren – ausgebrochen. Man schätzt die Anzahl der Vulkane auf mehr als 200. In historischer Zeit sind über 150 Ausbrüche bekannt geworden.

Vulkanausbrüche kommen bis heute auf Island häufig vor. Im Durchschnitt ist alle fünf Jahre mit einer Eruption zu rechnen. Die Katla unter dem Eis des Myrdalsjökull ist in den letzten 1000 Jahren mehr als 13 mal ausgebrochen. Sie gilt unter Fachleuten als »überfällig«. Erdbeben im Sommer 1985 deuteten bereits auf einen bevorstehenden Ausbruch hin.

Auf Island kommen fast alle Vulkantypen vor. Der klassische Vulkantyp ist der *Kegelvulkan*. Er besteht aus mehreren Lava- und Ascheschichten und ist meistens mit Eis bedeckt. Zu den Kegelvulkanen gehört der Öraefajökull, mit 2 119 m einer der höchsten Vulkane Europas. Andere Beispiele sind der Eyjafjallajökull und der Snaefellsjökull.

Kegelvulkane werden auch als Strato- oder Schichtvulkane bezeichnet. Ein typischer Vertreter außerhalb Islands ist der Fudschijama in Japan. Diese Gattung von Vulkanen ist seit der Nacheiszeit vor 6000 bis 10000 Jahren nicht mehr aktiv.

Die Kegelvulkane sind eine Unterart der *Zentralvulkane oder Vulkanmassive.* Hierbei handelt es sich um sogenannte gemischte Vulkane mit wiederholten Ausbrüchen und Schmelzmassen unterschiedlicher Zusammensetzung. Das bekannteste Beispiel für die Zentralvulkane auf Island ist die Hekla. Sie ist mindestens 20 mal in den letzten 8000 Jahren ausgebrochen, zuletzt 1991.

*Spaltenvulkane* sind ebenfalls eine für Island typische Vulkanform. Dabei liegen mehrere Vulkankrater nebeneinander, oder die Erdkruste »reißt« spaltenförmig auf. Weite Gebiete werden von einem breiten Strom glutflüssiger Lava bedeckt. Der größte und bekannteste Spaltenvulkan ist die Lakispalte, eine etwa 30 km lange Kraterreihe. Bei dem Ausbruch im Jahre 1783 ergoß sich hier mit 600 $km^2$ der größte Lavastrom der Erde auf das umliegende Land. Die Asche zerstörte das Weideland im gesamten Umkreis, die Gase vergifteten Menschen und Tiere. Die Eldgjá, die Hekla und die Leirhnjúkurspalte am Myvatn sind weitere Beispiele für Spaltenvulkane.

*Schildvulkane* kommen weltweit recht selten vor. Der bekannteste liegt auf Hawaii. Auf Island sind Schildvulkane relativ häufig, es gibt etwa 30 bis 50 davon. An der Eruptionsstelle entsteht ein Einsturzkessel, der Pitkrater. Es kommt nur zu geringem Ascheauswurf. Schildvulkane zeichnen sich durch ihre mit 10 Grad extrem geringe Hangneigung aus. Vermutlich sind sie sehr lange aktiv, denn die Lava fließt – mit etwa 1,5 m pro Jahr – langsam!

Schildvulkane sind wegen ihrer Form oft schwer von der Umgebung zu unterscheiden. Beispiele dafür sind der Skjálbreidur, der Ok, der Kerlingardyngja und der Trölladyngja. Der Surtsey-Vulkan, der 1963 bis 1967 zur Neuentstehung der gleichnamigen Insel führte, ist der einzige in letzter Zeit noch aktive Schildvulkan.

*Tafel- oder Horstvulkane* sind oder waren meistens von Gletscherkuppen bedeckt. Durch ihre oft steil abfallenden, kahlen Hänge sind sie schon von weitem sichtbar. Beispiele dafür sind der Thórisjökull, der Eriksjökull, das Hlödufell und die Grimsvötn. Der schönste Vertreter dieses Vulkantyps ist sicherlich der Herdubreid.

## Vulkankrater

Die Größe der Vulkankrater ist sehr unterschiedlich. Sie reicht vom kleinen Maar über große Ringwallkrater und Kalderen bis zu sogenannten Staukuppen.

*Maare* entstehen durch rein explosiven Vulkanismus ohne den Auswurf von Lava oder lockerem Material. Diese Explosionen führen zu kraterartigen Vertiefungen im Gestein, das infolgedessen bricht: Ein flacher Wall um den Krater entsteht. In der Regel ist er mit Wasser gefüllt. Beispiele für Maare sind der Graenavatn sowie der Krafla-Viti mit einem Durchmesser von 320 m und einer Tiefe von 33 m.

Eine einmalige kräftige Explosion führt zu Sprengtrichern mit Ringwällen, die sich meistens mit Grundwasser füllen. Man spricht von *Ringwallkratern oder Tuffringen.* Beispiele dafür sind der Ludent, der Hrossaborg mit zum Teil weggesprengten Kraterrändern und das Hverfjall am Myvatn mit einer Höhe von 150 m, einem Durchmesser von 1 km und einem Alter von 2500 Jahren.

Bei der sogenannten *Kaldera* entsteht durch Einsturz ein kraterähnlicher Kessel. An der Askja hat die Kaldera eine Fläche von 50 $km^2$, und ihr Kratersee, der Öskjuvatn, bedeckt davon 11,7 $km^2$.

Bei *Stau- oder Stoßkuppen* wird zähe, schwerfließende Lava pfropfenartig durch den Vulkanschlot gestoßen. Dabei fließt keine Lava seitlich ab, und es entsteht auch kein Krater. Staukuppen kommen in Island selten vor. Ein Beispiel dafür ist der nördlich von Reykjavik gelegene Staukuppenvulkan Baula.

*Pseudovulkane* sind keine echten Vulkane. Sie gibt es nur auf Island. Dort sind sie weit verbreitet und unterschiedlich groß. Sie entstehen nicht durch Vulkanausbrüche, sondern dadurch, daß der glühende Lavastrom über Wasser, Moor oder Sumpf fließt. Durch die hohen Temperaturen verdampft das Wasser explosionsartig, und die Lavamassen werden kegelförmig angehoben.

Pseudovulkane gibt es in Skútustadir am Myvatn und in Landbrotshólar bei Kirkjubaerjarklaustur.

## Lavatypen

Unter Lava oder Magma versteht man die aus Vulkanen austretende glutflüssige Gesteinsschmelze unterschiedlicher Zusammensetzung. Sie kann Temperaturen von bis zu $1200^{O}$ Celsius erreichen.

Man unterscheidet die verschiedenen Lavaformen nach ihrer Zusammensetzung und ihrem Säuregrad. Saure, langsam fließende, zähflüssige, weniger heiße, gas- und kieselsäurereiche Lava besteht meistens aus den Gesteinsarten Basalt und Andesit. Erstarrt sie, bildet sich *Schlackenlava oder auch Fladenlava* (isländisch: »Helluhraun«). Sie ist nach dem Erkalten glatt und gewunden. Häufig bricht sie in Stücke oder legt sich in Form großer Stricke (*Stricklava*).

Im Gegensatz dazu gibt es basische, dünnflüssige, gasarme Lava, die ausschließlich aus Basalt besteht, Temperaturen von über $1000^{O}$ Celsius erreicht und mehrere Meter in der Sekunde zurücklegt. Durch diese Form entsteht beim Erkalten *Flachlava oder Blocklava* (isländisch: »Apalhraun«). Deren Oberfläche ist rauh und uneben und dadurch oft schwer passierbar. Flachlava kommt auf Island am meisten vor, unter anderem in der Nähe der Askja.

Liparitgestein kommt als Lava selten vor. Diese *Basaltlava* bildet kleinflächige, aber mächtige Felder, die mit Obsidian bedeckt sind. Der schwarze, glänzende Stein gilt als Halbedelstein.

Eine Unterform der Basaltlava ist die *Kissenlava*, eine Anhäufung von wulstigen Lavakissen. Sie entsteht meistens bei Vulkanausbrüchen unter Wasser, bei denen der Wasserdruck verhindert, daß sie zerbricht. Dadurch entstehen die kissenförmigen Gebilde.

Wie der Vulkan ausbricht, hängt von der Zusammensetzung der Lava ab. Bei Zentralvulkanen tritt meist zähflüssige Lava hervor; gewaltige, explosionsartige Ausbrüche sind daher selten. Wenn der Vulkan explodiert, entsteht eine 2 bis 3 km hohe Ausbruchswolke. Asche und Bimsstein werden emporgeschleudert. Durch den Wind kann Asche hoch in der Atmosphäre Tausende von Kilometern weit getragen werden.

Bricht ein Vulkan auf dem Meeresgrund aus (submarin) oder unter einem Gletscher (subglazial), kühlt sich die Lava schnell ab. Durch die dadurch eintretende plötzliche Entgasung wird Lockermaterial hochgeschleudert, das als Tuff in der Nähe des Kraters aufschlägt und riesige Berge bilden kann. Durch das Zusammenpressen von Lava und Asche entsteht Palagonittuff. Er kommt fast überall auf Island vor, am häufigsten am Herdubreid.

Wenn Lavafontänen fest werden, entstehen Schlacken aus Basaltgestein, die im Straßenbau und bei der Herstellung von Leichtbeton Verwendung finden. Junge, erkaltete Lava ist rot oder schwarz. Die rote Farbe entsteht durch eisenhaltiges Gestein.

Aus Lavaschaum im Vulkanschlot bildet sich *Bimsstein*. Er ist porös und sehr leicht, deshalb schwimmt er auf Wasser.

*Gletscherläufe* entstehen bei subglazialen Vulkanausbrüchen. Durch die Hitze bei der Eruption schmilzt das Eis in Sekundenschnelle, und gewaltige Wassermengen werden freigesetzt. Diese mehrere Meter hohe Wasserfront kann tonnenschwere Eisblöcke, ja ganze Felsen mit sich reißen und verheerende Überschwemmungen bewirken. Durch den Ausbruch des Oraefajökull am Rande des Vatnajökull und den nachfolgenden Gletscherlauf entstanden die Sander an der Südküste Islands.

## Geysire

Das Wort Geysir leitet sich vom altisländischen Verb »geysa« ab, was springen bedeutet; man spricht deshalb auch von Springquellen. Geysire gibt es außer auf Island in Neuseeland und im Yellowstone-Nationalpark in den USA.

Der deutsche Naturforscher Robert Bunsen untersuchte dieses Phänomen; von ihm stammt die Theorie der Geysirentstehung: Unter der Erdoberfläche sammelt sich Wasser in Gesteinsspalten unterhalb größerer Wasserkammern. Mit der Oberfläche sind diese Wasserkammern nur durch enge Röhren verbunden. Das Wasser erwärmt sich. Durch die engen Röhren kann nicht die ganze Wärme an die Luft abgegeben werden. Das Wasser beginnt durch den hohen Druck der darüberliegenden Wasserkammern erst bei etwa $137^{O}$ Celsius zu sieden. Das kochende Wasser sprudelt heraus und verdampft. Der Druck reduziert sich dadurch, und der Geysir bricht aus. Wasserfontänen werden emporgeschleudert. Anschließend sammelt sich das Wasser wieder, fließt durch den Geysirschlot zurück unter die Erdoberfläche und erwärmt sich erneut. Ein Geysir bricht in regelmäßigen Abständen aus.

Normalerweise nimmt die Temperatur zum Erdinnern hin pro Meter um etwa $0{,}02^{0}$ Celsius zu. Für die Geysirentstehung ist wesentlich, daß die Erdwärme in diesen Gebieten mit $0{,}1^{0}$ Celsius pro Meter schneller zunimmt. Außerdem muß ein unterirdisches Röhrensystem vorhanden sein.

Die bekanntesten Geysire auf Island sind der Stóri-Geysir und der Strokkur. Der größere Stóri-Geysir bricht aus ungeklärter Ursache jedoch seit einigen Jahrzehnten nicht mehr aus.

## Heiße Quellen

Auf Island gibt es etwa 250 Thermalgebiete und ungefähr 700 heiße Quellen. Viele Ortsnamen geben Hinweise auf das Vorkommen heißer Quellen. »Reyk« zum Beispiel bedeutet Dampf, »varm« entspricht unserem Wort warm. »Laug« ist eine warme Quelle, »hver« eine heiße mit einer Temperatur von $100^{O}$ Celsius.

Am wasserreichsten ist die Deildartunguhver bei Reykholt mit einem Ausstoß von weit mehr als 200 l/s kochenden Wassers.

Die Isländer nutzen das häufige Vorkommen heißer Quellen für ihre Heizungen, ihre Warmwasserversorgung und ihre Schwimmbäder. In

Reykjavik beispielsweise gibt es durch die umweltfreundliche Heizung weder Schornsteine noch Abgase.

## Solfataren

Ein weiteres Beispiel der hohen thermischen Aktivität sind die 14 Solfatarenfelder. Sie sind nach dem italienischen Vulkan Solfatara bei Neapel benannt und bezeichnen kleinere Vulkankrater, die nur Wasserdampf und Schwefel ausstoßen. Solfataren können auch aus einer Anzahl kleiner Krater bestehen, die mit brodelndem Brei gefüllt sind. Im Erdinnern wird Wasser aufgeheizt, das sich mit Dämpfen, Gasen und Farbstoffen vermischt. Enthalten die Solfataren Schwefel oder Eisen, blubbert in ihnen blaugrauer Schlamm. In der Umgebung bilden sich leuchtendgelbe Schwefelansammlungen. Rote Stellen entstehen durch Eisenoxid.

Solfataren kommen meistens in jungen vulkanischen Gebieten vor, zum Beispiel in Krisúvik südlich von Reykjavik oder in Námaskard am Myvatn.

## Gletscher

Wegen ihres Vulkan- und Gletscherreichtums wird Island auch die Insel aus Feuer und Eis genannt. Ein Zehntel der Inselfläche ist mit Eis bedeckt. Bei den Gletschern unterscheidet man vielfältige Erscheinungsformen – von der kleinen Eiskappe über Hang- und Talgletscher bis zu Plateaugletschern. Eine *Eiskappe* bedeckt nur einen einzelnen Berg. Der *Hanggletscher* erstreckt sich über einen Hang, der Gipfel ist jedoch eisfrei. Durch *Talgletscher* entstehen U-förmige Trogtäler. Der Vatnajökull mit einer Fläche von 8100 km² und einer Eisdicke von über 1 km ist ein *Plateaugletscher*, der größte Europas.

Die Gletscher der Alpen und die meisten anderen sind in den letzten Eiszeiten vor 70000 bis 10000 Jahren entstanden. Islands Gletscher entstanden wesentlich später: vor 2500 Jahren, während einer kalten und feuchten Klimaperiode.

Dem Rückzug der Gletscher verdanken tiefe Täler, Fjorde und Ebenen mit zahlreichen Seen auf Island ihre Entstehung.

Die Schneegrenze Islands liegt zwischen 650 m im Nordwesten und 1650 m im Nordosten. Die Schneegrenze bestimmt das Nährgebiet eines Gletschers, in dem sich der Schnee sammelt und zusammengepreßt wird. Dadurch entsteht Gletschereis. Im Zehrgebiet des Gletschers schmilzt das Eis wieder ab. Das Wasser gelangt in die Gletscherflüsse, verdunstet und kehrt als Schnee in den Kreislauf zurück.

Wird das Klima wärmer, ziehen sich die Gletscher schneller zurück, als sie gebildet werden können. In den letzen 20 Jahren entstand auf Island ein Gleichgewicht zwischen Gletscherrückzug und -neubildung, das Klima wurde also insgesamt kälter – entgegen der weltweiten Klimaerwärmung.

# Natur

## Gesteine und Mineralien

Das Gestein auf Island besteht zu 90% aus Basalt, und davon sind wiederum 90% vulkanischen Ursprungs. Man spricht von Basaltlava. In diesem Basaltgestein kommen häufig Mineralien als kleine Einschlüsse vor, meistens jedoch nur fingernagelgroß. Am häufigsten findet man weiße Plagioklas-Mineralien (feldspathaltig), seltener den gelbgrünen Olivin, aber auch dunkle Pyroxene.

Beim Basaltgestein unterscheidet der Fachmann drei Typen, die jedoch schwer zu unterscheiden sind. Bei den Vulkanausbrüchen der Hekla wird Andesit ausgeworfen, der dem Basalt ähnlich ist.

Saures Gestein vulkanischen Ursprungs wird entweden Liparit oder – in der Fachsprache – Rhyolit genannt. Durch die darin hauptsächlich vorkommenden Mineralien Quarz, Kalifeldspat und Plagioklas, die alle weiß sind, erscheint Rhyolit auch meistens weiß. In seinen chemischen Eigenschaften unterscheidet er sich allerdings grundlegend vom Basaltgestein.

Erstarrt Rhyolit glasig, entsteht Obsidian. Er ist meistens tiefschwarz und glänzend. Seltener kommen grüne, graue oder braune Variationen vor. Ist Rhyolit sehr wasserreich, spricht man von Pechstein.

Der helle Rhyolit bildet die Grundlage für die farbenreichen Rhyolitgebiete. Verbindet sich dieses Gestein mit Eisen oder Eisen mit Tonmineralien, entstehen herrliche Farben. Ganze Berge leuchten rot, braun und grün. Zu finden sind diese Rhyolitberge vor allem in Landmannalaugar, am Kerlingarfjöll und in Borgarfjördur eystri.

Vor allem im Westen Island gibt es auch dünne Flöze aus dunkler Braunkohle, deren Abbau sich jedoch nicht rentiert. In diesen Braunkohleschichten kommt vereinzelt sogar guterhaltenes Holz vor. Obwohl es bereits 15 Millionen Jahre alt ist und damit zu den ältesten Hölzern der Welt gehört, besitzt es noch seine Holzeigenschaften: Es könnte gehobelt und bearbeit werden. Außerdem finden sich in manchen Tonschichten und in Sandgestein noch Abdrücke von Blättern.

Im Sandgestein von Tjörnes gibt es versteinerte Muscheln. Aus der Eiszeit blieben Bändertone erhalten, die zum Teil mit Muscheln durchsetzt sind. Und in der Umgebung von Mooren stößt man vereinzelt auf Raseneisenerz.

Auf Island trifft man vielerlei Einschlüsse im Gestein an. Die metallisch glänzenden Mineralien gehören zu den Erzen. Am häufigsten ist dabei Schwefelkies oder Pyrit, der aus kleinen messinggelben Würfeln besteht. Nur in Südostisland treten auch andere Erze auf wie gelber Kupferkies, silbriger Bleiglanz oder braune Zinkblende. Ein Abbau dieser Erze erfolgt jedoch auf Island nicht.

Bei den nicht metallisch glänzenden Mineralien wird nochmals unterschieden nach Ritzbarkeit oder Härte. Zu den schwerer ritzbaren Gesteinen gehört der Bergkristall; er besteht aus sechseckigen Prismen mit Spitze und ist glasklar. Ganz selten findet man Amethyst. Ein weiteres Mineral ist der Chalcedon; er ist durchscheinend, weiß bis grau und glasartig. Jaspis kommt meistens mehrfarbig vor; nur rot oder grün ist er eher matt. Etwas weicher ist der weiße oder farbige, wächsern glänzende Opal.

Zu den weniger harten Mineralien zählt der weiße, schwach perlmuttartig glänzende Kalkspat. Sehr selten ist der isländische Doppelspat. Island zählt zu den berühmtesten Fundstellen für Zeolithe (feldspatähnliche Minerale). Sechzehn verschiedene Unterarten sind hier bekannt. Besonders bedeutend sind die Skolesite vom Teigarhorn; die Fundstelle dort steht heute unter Naturschutz.

Wenn der Islandreisende einige wenige Steinchen aus Geröll, aus Flußgestein oder von der Küste mitnimmt, hat niemand etwas dagegen. Bearbeitet man jedoch ohne Erlaubnis Mineralien im Fels und will diese auch noch ausführen, macht man sich in beiden Fällen strafbar.

## Tierwelt

Island weist nur relativ wenige Tierarten auf – ebenso wie alle anderen nordischen Länder. Jedoch gibt es von diesen wenigen Tierarten oft sehr hohe Bestandszahlen; dies gilt vor allem für die Seevögel.

In Island stößt man auf nur wenige Säugetierarten. Amphibien und Reptilien sind hier überhaupt nicht vertreten. Zahlreich sind in Island die Insekten.

### Landsäugetiere

Der *Polar- oder Eisfuchs* (Alopex lagopus) lebt seit dem Ende der letzten Eiszeit auf Island. Er war bis zur Besiedelung das einzige Landsäugetier auf der Insel. Der Polarfuchs wurde über Jahrhunderte von den Isländern gejagt, da er ihre Schafherden dezimierte. Die Anzahl der Füchse hat sich deshalb stark verringert. Der Polarfuchs zieht sich heute überwiegend in für den Menschen unzugängliche Naturräume zurück.

Es gibt zwei unterschiedliche Polarfuchsarten, die an ihrer Fellfarbe zu erkennen sind. Graublaue Eisfüchse behalten ihr Fell das ganze Jahr über. Braune Exemplare werden im Winter weiß und halten sich im Landesinnern und an der Küste auf. Der dichte Pelz ermöglicht dem Polarfuchs, bei extrem niedrigen Temperaturen zu überleben. Deshalb können diesem Tier auch die extremen Winter nichts anhaben, in denen das Meer zwischen Grönland und Island teilweise gefriert oder Treibeis bis dicht an die isländische Küste vordringt.

Auf Treibeisschollen gelangen immer wieder *Eisbären* von Grönland nach Island. Früher soll ihre Anzahl beträchtlich höher gewesen sein. 1978 lebte ein Eisbär einige Wochen in Adalvik im Nordwesten Islands, 1988 wurde im Skagafjördur ein junger Eisbär erlegt: Die Menschen sehen sich und ihre Haustiere von hungrigen Eisbären bedroht.

Die Isländer unternahmen mehrere Versuche, skandinavische Tiere in Island heimisch zu machen. 1771 wurden norwegische *Rentiere* ausgesetzt. Da der Bestand wuchs, kamen weitere norwegische Tiere dazu. Die Isländer hatten jedoch wenig Interesse daran, wie die lappländischen Nomaden den Rentierherden zu folgen – deshalb begannen die Rentiere bald zu verwildern und zogen sich vor allem in das schwer zugängliche Gebiet nördlich des Vatnajökull zurück.

Da Rentiere für die Isländer auch »Konkurrenz« zu ihren Schafen bedeuten, wurden sie durch Jagen nahezu ausgerottet.

Der Abschuß von Rentieren steht heute unter staatlicher Kontrolle und ist nur während weniger Wochen freigegeben; dadurch hat sich der Rentierbestand wieder vergrößert.

Im Herbst ziehen einige Tiere ins Flachland oder in die Küstengebiete, um dort den Winter zu verbringen. Vereinzelt kann man im Sommer Rentiere an den Fjorden antreffen.

Auch südlich des Lögurinn-Sees gibt es einen kleinen Bestand an Rentieren.

Unter anderem zur Nutzung der Fischabfälle wurden 1931 *Amerikanische Nerze* (Mustela vison) zur Pelztierzucht in Island eingeführt. Sie werden auch »Minke« genannt. Entlaufene Tiere breiteten sich jedoch schnell über die ganze Insel aus. Da sie brütende Vögel gefährden, wurden sie von den Isländern in großer Zahl gejagt.

Außer den genannten Tierarten versuchte man zwar, noch weitere Säugetierarten in Island anzusiedeln, die Versuche mißlangen jedoch.

In städtischen Gebieten sind *Wander- und Hausratten* anzutreffen; *Waldmäuse* gibt es auch anderswo.

## Meeressäuger

Auf Island kommen etwa 20 verschiedene Meeressäugetier-Arten vor.

Weitverbreitet ist der *Seehund* (Phoca vitulina). Die Anzahl der Seehunde wird auf 30000 bis 40000 geschätzt, das entspricht in etwa der Hälfte des Gesamtbestandes. Man trifft vor allem an Flußmündungen, auf kleinen Inseln und auf Sandbänken vor der Küste auf Seehunde. Im »Hochsommer« sieht man sie auch im Süden und im Westen der Insel an den Stränden. Von Ende Juni bis Anfang Juli sowie von Mitte August bis Mitte September lassen sich die Tiere am besten beobachten.

Seehunde haben eine Länge von etwa 1,7 m und wiegen zwischen 50 und 100 kg; ihr Fell hat dunkle Flecken auf hellem Grund, und ihr Kopf ist rundlich. Alljährlich – im Frühling – bringen sie am Strand ein Junges zur Welt.

*Kegelrobben* (Halichoerus grypus) kommen in etwa 10000 Exemplaren vor. Man trifft sie vor allem im Süden und im Westen der Insel, und sie sind schwieriger zu entdecken. Robben bringen ihre Jungen im Herbst zur Welt. Mit rund 3 m Länge und einem Gewicht von knapp 300 kg sind sie wesentlich größer und schwerer als Seehunde. Ihr Fell ist grau mit schwarzen Flecken.

Im nördlichen Teil Islands trifft man auf gelegentliche Besucher aus Grönland. Vor allem im Winter findet man hier die *Ringelrobbe* (Phoca hispida) und die *Sattelrobbe* (Pagophilus groenlandicus). Die *Bartrobbe* (Erignathus barbatus) und die *Klappmütze* (Cystophora cristata) kommen – sehr selten – mit dem Treibeis von Grönland herüber.

Vereinzelt wird auch einmal ein *Walroß* (Odobenus rosmarus) nach Island getrieben. Es erreicht eine Länge von bis zu 4,5 m und wiegt dann über zwei Tonnen. 1983 hielt sich ein Walroß mehrere Monate am Strand von Rif auf der Halbinsel Snaefellsnes auf.

Vor der Küste Islands trifft man auch auf etwa 20 verschiedene *Zahn- und Bartwalarten.* Am häufigsten sind im Sommer und im Herbst die *Schwert- oder Killerwale.* Vor allem zwischen Hafnir und Grindavik soll man sie antreffen können.

Auch *Finnwale*, *Seiwale*, *Buckelwale* und *Pottwale* sind neben *Langfinnen-Delphinen* und *Tümmlern* anzutreffen.

# Fische

## Süßwasserfische

In Islands Binnengewässern kommen nur fünf Fischarten vor. Sie gehören eigentlich zu den Meeresfischen, haben sich jedoch dem *Süßwasser* angepaßt. Dazu zählen Lachse, Forellen, Wandersaiblinge, Flußaale und Dreistachlige Stichlinge.

Der *Lachs* oder *Salm* (Trutta salar) lebt im Meer und laicht in den Quellgebieten der Flüsse. Die Jungfische bleiben drei bis vier Jahre im Süßwasser, ziehen dann für zwei bis drei Jahre ins Meer und kehren zum Laichen in ihre Ursprungsgewässer zurück. Dabei kann es vorkommen, daß Lachse Entfernungen von mehreren Tausend Kilometern zurücklegen. Die meisten Lachse sterben nach der Eiablage; wenige überwintern im Süßwasser und kehren erneut ins Meer zurück. Ganz selten laichen Lachse auch ein zweites Mal.

Die *Forelle* gleicht dem Lachs. Ebenso wie der Lachs wechselt die Forelle ihre ansonsten graue Farbe vor dem Laichen in ein farbenfrohes »Hochzeitskleid«. Bachforellen (Salmo trutta fario) und Seeforellen (Salmo trutta lacustris) leben oft im Süßwasser zusammen, und kein Fisch von ihnen kehrt mehr ins Meer zurück.

Auch beim *Wandersaibling* (Salvelinus alpinus) gibt es zwei Arten. Eine Unterart bleibt ausschließlich in den Binnengewässern, die andere wandert zwischen Süß- und Salzwasser hin und her.

Der *Dreistachelige Stichling* (Gasterosteus aculeatus) lebt sowohl im Meer- als auch im Süßwasser.

## Meeresfische

Bei den *Meeresfischen* gibt es im Vergleich zu den anderen Tierarten eine Artenvielfalt. Man geht von 150 verschiedenen Fischarten vor den Küsten Islands aus. Jedoch weiß man nur von 66, daß sie sich in isländischen Gewässern fortpflanzen.

Für die Fischerei haben davon etwa 20 Sorten Bedeutung.

In Island treffen zwei Fischarten aufeinander, polare und nordatlantische Arten. Die Ursache für den Fischreichtum liegt darin, daß sich hier kalte und relativ warme Meeresströmungen vermischen. Durch Nahrungsvielfalt (Phyto- und Zooplankton) und sauerstoffreiches Wasser bildet sich so ein idealer Lebensraum für Fische.

Vor den Küsten Islands gibt es *Kabeljau, Schellfisch, Hering, Lodde, Wittling, Leng, Scholle, Heilbutt, Seelachs* und *Köhler*. Zu den Kaltwasserarten zählen der *Grönländische Heilbutt*, der *Polardorsch* und der *Eishai*. Warmwasserfische trifft man eher im Süden der Insel an: *Makrele, Seezunge, Seehecht, Steinbutt* und *Thunfisch*.

# Vögel

## Vögel des Landesinnern

Bisher wurden etwa 300 Vogelarten auf Island gezählt. Es brüten davon jedoch nur 72 Arten regelmäßig dort. 30 Vogelarten sind überwinternde Zugvögel; die restlichen kommen eher »zufällig« auf die Insel.

Eine grobe Unterscheidung der Vögel wird durch die Aufteilung in Seevögel und Vögel des Landesinneren getroffen.

Der berühmteste aller isländischen Vögel ist der *Island-* oder *Ger-Falke* (Falco rusticolus). Vom Mittelalter bis zur Neuzeit gehörte er mit zum kostbarsten Jagdbesitz vieler Fürsten, die diese Falken zur Beizjagd abrichteten. Der Island-Falke und der ihm ähnliche Grönland-Falke stehen das ganze Jahr über unter Naturschutz. Dennoch gibt es nur noch sehr wenige Exemplare.

Der *Seeadler* (Haliaetus albicilla), das amerikanische Wappentier, gehört ebenfalls zu den Vögeln, die auf Island beinahe ausgerottet sind. Ein weiterer auf Island vorkommender Greifvogel ist der *Merlin* (Falco columbarius), ein Zwergfalke.

Auch die *Schnee-Eule* (Nyctea scandiaca) ist sehr selten geworden. Sie zählt ebenfalls zu den Raubvögeln und erbeutet – wie die Falken – Alpenschneehühner.

*Alpenschneehühner* (Lagopus mutus) sind im Sommer braun und weiß, im Winter völlig weiß. Sie sind auf Island weit verbreitet und ernähren sich von Beeren und Blättern.

## Meeresvögel

Die bekanntesten Vogelfelsen liegen auf der Halbinsel Snaefellsnes bei Arnastapi und Lóndrangar. Weniger leicht zugänglich sind die Felsen bei Látrabjarg in den Westfjorden sowie bei Hornbjarg im Norden Islands.

Leicht zu erreichen sind dagegen die Vogelfelsen im Süden bei Dyrhólaey und Vík í Myrdal. Vogelfelsen gibt es außerdem auf den Westmänner-Inseln und vor der Südwestküste bei Reykjanes. Die 80 m hohe Vogelinsel Eldey liegt 25 km von der Küste entfernt, ist streng geschützt und nur mit Sondergenehmigung zu erreichen. Diese rigorose Abschirmung hat dazu geführt, daß sich auf Eldey die wahrscheinlich größte *Baßtölpel*-Kolonie der Welt befindet.

Auf den Vogelfelsen nisten die Vögel nach einem bestimmten Nistschema. An oberster Stelle trifft man auf den zutraulichen *Papageitaucher* oder *Lundi* (Fratercula arctica). Er zeichnet sich dadurch aus, daß er seine Eier in unterirdischen Bruthöhlen ablegt und dort zumeist nur ein Junges aufzieht. Für den Vogelbeobachter kann das gefährlich werden: die Bruthöhlen werden von den Vögeln oft weit in den Hang hineingegraben, und dadurch kann die Oberfläche leicht brüchig werden. Der Name Papageitaucher stammt vom buntgefärbten und markant geformten Schnabel dieser Vögel.

Da Lundifleisch in Island als Spezialität gilt und auch im Ausland immer mehr geschätzt wird, werden alljährlich Tausende von Papageitauchern gejagt.

In unmittelbarer Nachbarschaft der Papageitaucher nisten die *Eissturmvögel* (Fulmarus glacialis). Sie gehören zu den Sturmvögeln und können – trotz ihrer eher gedrungenen Gestalt – sehr elegant fliegen. Eissturmvögel werden leicht mit Möwen verwechselt.

Im Nistschema folgen dann die sehr zahlreich vorkommenden *Trottellummen* (Uria aalge). Sie haben in ihrer Gestalt Ähnlichkeit mit Pinguinen. Bei Látrabjarg sollen sich bis zu 5 Millionen Lummen aufhalten!

Unter den Trottellummen nisten die *Tordalke* (Alca torda), die *Dreizehenmöwen* (Rissa tridactyla) sowie der *Gryllteiste* (Cepphus grylle).

Papageitaucher, Trottellummen, Tordalke und Gryllteiste gehören zur Familie der Alken.

Zwölf Arten von Watvögeln gibt es auf Island.

Vor den *Großen Raubmöwen* (Stercorarius skua) und den *Küstenseeschwalben* (Sterna macrura) sollte man sich in acht nehmen. Wenn diese Vögel sich oder ihre Jungen bedroht fühlen, greifen sie Menschen und Hunde an. Küstenseeschwalben fliegen zwar nur Scheinangriffe, Raubmöwen jedoch können den Menschen ernsthaft verletzen.

## Enten

Ein Paradies für Ornithologen ist das Gebiet um den Myvatn.

Hier kann er alle 15 in Island brütenden Entenarten antreffen. Mit etwa 10000 Entenpaaren ist dies das größte Entenbrutgebiet ganz Europas. Man schätzt, daß im Gebiet um den See insgesamt 150000 Vögel leben.

Die *Spatel-* und die *Kragenente* (Bucephala islandica und Histrionicus histrionicus) sind zwei aus Amerika stammende Entenarten, die in Europa nur in Island vorkommen. Der Myvatn ist der einzigste europäische Nistplatz der Spatelente.

Am häufigsten ist am Myvatn die *Bergente* (Aythya marila). Ebenfalls zahlreich sind die *Reiherente* (Aythya fuligula), die *Trauerente* (Melanitta nigra), der *Mittelsäger*, die *Pfeifente* und die *Eisente* (Clangula hyemalis). *Tafelenten* (Aythya ferina) sind neu zugewandert.

Außerdem kommen *Krickenten, Stockenten, Gänsesäger, Löffelenten, Spießenten* und auch *Schnatterenten* vor.

Von wirtschaftlichem Nutzen sind die *Eiderenten* (Somateria mollissima). Die größte Eiderenten-Kolonie befindet sich im Nordwesten Islands. Sie sind ausgesprochene Seevögel und kommen fast nur zum Brüten an Land. Eiderenten polstern ihre Nester mit weichen, weißen Daunen, die nach der Brut von den Bauern eingesammelt werden. Die Eiderente steht unter strengem Naturschutz.

In Island gibt es die sagenumwobenen *Singschwäne* (Cygnus cygnus) noch relativ häufig. In ihrer Nachbarschaft findet man auch die farbenprächtigen *Eistaucher* (Gavia immer).

Bei uns bekannte Vögel trifft man wegen des fehlenden Waldes auf Island nur sehr selten oder überhaupt nicht an.

### Insekten

Auf Island gibt es etwa 1 100 Insektenarten. Davon bilden Zweiflügler und Fliegen die größte Unterart. Darüber hinaus sind Käfer und Hautflügler vertreten. Von den Schmetterlingen sind nur die Motten auf Island heimisch. Gelegentlich kommen andere Schmetterlingsarten vor, den Winter überleben sie jedoch in der Regel nicht.

In großer Anzahl gibt es Zuckmücken. Sie stechen zwar nicht, können aber in so riesigen Schwärmen auftreten, daß sie für Mensch und Tier lästig werden. Ihre hohe Zahl gab dem Myvatn, dem »Mückensee«, seinen Namen. An diesem See bilden die Zuckmückenlarven auch die Nahrungsgrundlage der dort lebenden Vögel – zusammen mit Plankton und Unterwasserpflanzen. Dieses umfangreiche Nahrungsangebot ist eine Voraussetzung für den Vogelreichtum rund um den See.

## Pflanzenwelt

Ebenso wie in der Fauna Islands gibt es auch in der Flora nur verhältnismäßig wenige Arten. Besonders auffällig ist, daß es auf der Insel kaum Wald gibt. Auch die übrige Vegetation ist völlig anders als in Mitteleuropa. Auf Island beherrschen niedrige Sträucher, Stauden, Gräser und Moose das Landschaftsbild.

Die wenigen spärlichen Wälder bestehen vor allem aus Birken, wie sie auch in Norwegen und Schweden nahe der Waldgrenze anzutreffen sind. Etwa zwei Drittel Islands bestehen aus Ödland, in dem nur wenige niedere oder gar keine Pflanzen vorkommen.

Für die geringe Artenvielfalt gibt es mehrere Ursachen: Zum einen spielen die nördliche Lage, die zahlreichen Gebirge, das eher rauhe Klima und die kurze Vegetationszeit im Sommer eine Rolle. Der Boden vulkanischen Ursprungs (Lava, Asche) ist stark wasserdurchlässig, speichert also keine für Pflanzen notwendigen Wasservorräte. Zum anderen können durch die isolierte Insellage Islands auch nur schwer neue Pflanzenarten hinzukommen. Einen wichtigen Einfluß hatte wohl auch die letzte Eiszeit, die schätzungsweise nur die Hälfte aller Pflanzenarten überdauern konnte.

Es kommen etwa 440 höhere Pflanzenarten, sogenannte Gefäßpflanzen, vor. Wissenschaftler interessierten sich vor allem dafür, woher die Pflanzenarten stammten, die nach der Eiszeit wieder durch Meeresströmungen, Höhenwind, Zugvögel und – nach der Besiedelung – durch die Menschen hinzukamen.

Etwa 90% der auf Island vorkommenden Pflanzen gibt es in Norwegen, 85% auf den Britischen Inseln. Rund zwei Drittel der dort vertretenen Arten sind auch auf Grönland anzutreffen. Nur etwa 10 Pflanzenarten kommen ausschließlich in Nordamerika vor. Der nordeuropäische Einfluß in der Vegetation ist also klar zu erkennen. Der überwiegende Teil dieser Pflanzen zählt zu den borealen (dem nördlichen Klima entsprechenden) Arten, etwa ein Drittel gehört zu den arktisch-alpinen.

Weder auf dem europäischen Festland noch auf den britischen Inseln kommt das Arktische Weideröschen (Epilobium latifolium) vor. In Island jedoch kann man es – mit seinen leuchtend roten Blüten – häufig antreffen. In Grönland gilt es sogar als Nationalblume.

## Grobeinteilung der Pflanzen

Die Vegetation Islands läßt sich grob in sechs verschiedene Pflanzengesellschaften aufteilen.

## Subpolarer Wald

In den eher spärlichen Waldgebieten herrschen die Moorbirke (Betula pubescens) und gelegentlich auch die Eberesche (Sorbus aucuparia) vor. Unter ihnen – in der Strauchschicht – wachsen vor allem die Zweifarbige Weide (Salix phylicifolia) und die Wollhaarige Weide (Salix lanatna). In der untersten Schicht dominieren dann die Kräuter. Dort trifft man auf Echtes Labkraut (Galium verum), Zottiges Fingerkraut (Potentilla drantzii), Waldstorchschnabel (Geranium sylvaticum), Bachnelkenwurz (Geum rivale), Wald-Engelwurz (Angelica sylvestris), Löwenzahn (Taraxum sp.) sowie verschiedene Frauenmantel- (Alchemilla sp.) und Habichtskraut-Arten (Hieracium sp.).

## Zwergstrauchheide

In dieser Landschaftsform gibt es fast keine Bäume mehr. Lediglich Zwerggehölze wie die Polarbirke (Betula nana) und veschiedene Weidearten kommen hier vor. In erster Linie trifft man hier auf Heidekrautgewächse wie Heidekraut (Calluna vulgaris), Gamsheide (Loiseleuria procumbens), Echte Bärentrauben (Arcostaphylus uva-ursi), Heidelbeeren (Vaccinium myrrtillus), Rauschbeeren (Vaccinium uliginosum) und Krähenbeerengewächse (Empetraceen).

Ebenfalls in diesen höheren Lagen, die zudem mit Moränen und Gletscherausläufern bedeckt sind, findet man Silberwurz (Dyras octopetala), Feldthymian (Thymus arcticus), Stengelloses Leimkraut (Silene acaulis), die Gemeine Grasnelke (Armeria maritima) und das Alpen-Hornkraut (Carastium alpinum).

## Gebirgs- und Zwergstrauchtundra

An dem Wind ausgesetzten Standorten herrschen Gamsheide und die frostunempfindliche Silberwurz vor, in geschützteren Lagen Gamsheide in Kombination mit Zwergbirken und Heidelbeeren.

## Moosheide oder Moostundra

Die isländische Moosflora besteht etwa aus 500 Arten. Moose gehören nicht zu den arktischen Pflanzenarten, sondern kommen eher in gemäßigtem Klima vor. In der Moostundra dominieren die Zackenmützen-Moose. Das Graue (Rhacomitrium canescens) und das Wollige Zackenmützen-Moos (Rhacomitrium lanuginosum) erschweren mit ihren dichten Moosteppichen allerdings auch das Aufkommen anderer Pflanzenarten.

Auf junger Lava siedeln sich so gut wie gar keine Pflanzen an, erst im Laufe der Jahre nimmt die Vegetation zu. Ältere Lava ist mit Moosteppichen bedeckt, die hauptsächlich aus Zackenmützen-Moosen bestehen. Auf noch älteren Lavafeldern wachsen zuerst Zwergsträucher, später auch Birken.

*Isländisches Moos* (Cetraria islandica) kommt auch in anderen nördlichen Gebieten und im mitteleuropäischen Gebirge vor. Es wird noch heute als Heilmittel gegen Halsbeschwerden verwendet.

Das *Schwertmoos* (Bryoxiphium norvegicum) weist eine ungewöhnliche Verbreitung auf. Es kommt nicht etwa in Norwegen vor, wie man aus dem lateinischen Namen schließen könnte, sondern ausschließlich in Island bei Krisuvik (südlich von Reykjavik), in Nordostgrönland, in Teilen Nordamerikas, in Mexiko und im Orient.

## Melur-Vegetation

Vor allem im zentralen Hochland sind die Bedingungen für das Ansiedeln von Pflanzen extrem. Hier vermag der Boden kaum Wasser zu speichern, deshalb herrscht die Melur-Vegetation wie auf Kies- oder Sandhügeln vor. Drei Pflanzenarten sind hier dominant: das Stengellose Leimkraut, die Gewöhnliche Grasnelke und die Sandkresse (Cardaminopsis arenosa). Daneben gibt es noch gelblich-grüne Moospolster (Phylonotis).

Eine Ausnahme bilden lediglich die Quellgebiete von Flüssen, in denen man auf richtige »Vegetationsoasen« treffen kann.

In höheren Lagen kommen dann nur noch Flechten vor, von denen es auf Island etwa 450 Arten gibt; die meisten davon finden wir auch in Skandinavien.

Eine typische und häufig vorkommende Flechte ist die *Strauchflechte* (Neuropogon sulphureus). Sie wurde erstmals in Island beschrieben und gedeiht dort ab einer Höhe von 600 m. Außer auf Island findet man sie nur noch auf anderen arktischen Inseln der nördlichen Halbkugel sowie auf Atlantikinseln der Südhalbkugel.

## Flachmoore und Feuchtwiesen

In niedrigen Lagen Islands ist der Grundwasserstand hoch. Dadurch gibt es viel mooriges Land. Etwa 10% der Fläche des Landes nehmen moorige Gebiete und Feuchtwiesen ein.

Es gibt bei den Niedermooren zwei Entstehungsarten: Der hohe Grundwasserstand und das kühle Klima verhindern die vollständige Verrottung von Pflanzenteilen. Daraus bildet sich Rohhumus oder Torf.

Verlandet ein See, kann er von einer vollständigen Pflanzendecke bedeckt sein. Die Bezeichnung dafür lautet Niedermoorwiese.

In den Niedermooren herrschen vier Riedgrasarten vor. Bei der Verlandung verbreitet sich zuerst das Wollgras (Eriophorum). Mit zunehmender Verlandung werden dann die »Wollgras-Teppiche« von Seggen (Carex) abgelöst; dazu kommen das Sumpf-Herzblatt (Parnassia palustris), das Blutauge (Potentilla palustris und Comarum palustre) sowie das Gewöhnliche Fettkraut (Pinguicula vulgaris). Die Vegetationsdecke schließt sich jetzt völlig. Durch das Gefrieren und Wiederauftauen kommt es dabei zu kuppenförmigen Anhebungen, sogenannten Bulten, in denen sich die Bodenarten voneinander trennen. Je mehr der Boden trocknet, desto mehr Gräserarten kommen hinzu – der Übergang von einer Sumpfwiese zu einer blumenreichen Wiese ist erfolgt.

*Gräser* und *Seggen* gibt es auf Island am häufigsten. Neben den Pflanzengemeinschaften aus Wollgras, Schilf und Seggen gibt es auch Seggen an Seeufern, zum Beispiel die Lyngbae-Segge (Carex lyngbyei).

Ideale Bedingungen für bestimmte Pflanzen bietet die Umgebung von heißen Quellen mit schlammigem Untergrund. Hier wachsen dann Natternzunge (Ophioglossum vulgatum), Floh-Knöterich (Polygonum persicaria), Wassernabel (Hydrocotyle vulgaris), Wasser-Ehrenpreis (Veronica anagallis-aquatica), Sumpf-Ruhrkraut (Gnaphalium uligibosum) und Glanzbinse (Juncus articulatus).

Vor allem in Nordisland gibt es Blütenpflanzen, die nur dort vorkommen. Zu nennen sind die Saumnarbe (Lomatogonium rotatum, eine Enzianart), das Alpen-Hungerblümchen (Draba alpina), der Vielblättige Steinbrech (Saxifraga foliolosa), die Blaue Bergheide (Phyllodoce coerula), die Arktische Glockenblume (Campanula uniflora) und die der Mehlprimel ähnelnde Primula stricta.

Sowohl im Tiefland als auch im Hochland gibt es die Breitblättige Weide (Salix callicarpaea). Die Orchidee Platanthera hyperborea trifft man speziell in nördlichen Breiten an; sie hat grünlichweiße, duftende Blüten und wächst im Tiefland.

## Naturschutz

Noch ist die Umweltverschmutzung in Island vergleichsweise gering. Das Land hat nur wenig Industrie, wenn man von der Aluminiumfabrik in Hafnafjördur einmal absieht. Allerdings gibt es Bestrebungen, die Energieressourcen der Insel mehr zu nutzen. Kritiker sehen diese Projekte eher unter dem Aspekt des Landschafts- und Naturschutzes.

Die Isländer sind zwar sehr daran interessiert, ihr Land für Touristen immer attraktiver zu machen – gleichzeitig bedeutet der zunehmende Touristenstrom aber auch eine Gefährdung ihrer Umwelt.

Damit Island als »Paradies für Aussteiger« noch möglichst lange erhalten bleibt, sollte man das Folgende beachten:

Die Emfindlichkeit der Erdoberfläche auf Island ist wesentlich größer, als wir es gewöhnt sind. Wir können uns zwar dort an einer noch fast unberührten Natur erfreuen. Allerdings reagiert diese Natur auf Berührung auch extrem empfindlich.

Bedingt durch das rauhe Klima sowie extreme Wetter- und Temperaturumschwünge ist die Wachstumsperiode für Pflanzen sehr kurz. Im Hochland beträgt sie etwa zwei Monate, im übrigen Island rund vier Monate.

Diese kurzen Vegetationsperioden und die niedrigen Durchschnittstemperaturen – auch in den Sommermonaten – bewirken, daß die Pflanzen sehr langsam wachsen, daß also Schäden in der Vegetation auch sehr langsam »heilen«, falls sie nicht sogar irreparabel sind.

Auf dem ohnehin schon kargen Boden sammelt sich jedes Jahr nur wenig organisches Material. Dieses zersetzt sich nur langsam, was zur Folge hat, daß der Boden besonders im Hochland sehr nährstoffarm ist.

Erschwerend wirken sich die immer wiederkehrenden Vulkanausbrüche auf die Vegetation aus. Durch die Lava werden regelmäßig Pflanzen zerstört, und auch die ausgeworfene Asche führt zu Schäden. Wenn der ohnehin schon nährstoffarme Boden dann noch von einer dickeren Ascheschicht bedeckt ist, entstehen noch schlechtere Wachstumsbedingungen.

Ist die Pflanzendecke erst einmal zerstört, bietet sie dem Boden keinerlei Schutz mehr vor Abtragung durch Wind und Wasser (Erosion).

Der isländische Naturschutzverband hat es sich deshalb auch zu seiner Hauptaufgabe gemacht, neben dem Schutz der vorhandenen Vegetation gegen Vegetations- und Erosionsschäden anzugehen.

Fahrzeuge zerstören die Pflanzenschicht besonders leicht. Wenn nur ein Auto die Piste verläßt, um sich einen vermeintlich besseren Weg zu suchen, folgen ihm vielleicht weitere Autos. Aber auch die Reifenspuren des ersten Fahrzeugs bleiben wahrscheinlich über Jahre sichtbar, und so lange erholen sich auch die Pflanzen hier nicht mehr. Dies gilt auch für völlig vegetationslos erscheinende Gebiete. Durch die lange sichtbaren Fahrspuren wird zumindest das Landschaftsbild verändert. Auch zu Fuß sollte man die Wanderwege nicht verlassen.

Um möglichst wenig in die Natur einzugreifen, dürfen wildlebende Tiere nicht gestört werden. Auch Pflanzen dürfen nicht geschädigt werden – dazu gehört auch das Abpflücken von Blüten.

Müll muß immer mitgenommen und in den nächsten Abfallbehälter gebracht werden. Auch kleine Teile sollten nicht »versteckt« werden.

Ebenso sollten keine Steine in heiße Quellen, Geysire oder Solfataren geworfen werden. Im Extremfall können sie diese verstopfen. Steinmännchen sollten nicht unnötig aufgetürmt werden. Wasser darf man nicht verunreinigen.

Für Landschafts- und Vogelschutzgebiete gelten eigene Gesetze; hier ist bei Verstößen mit empfindlichen Strafen zu rechnen.

Wenn man sich jedoch im Einklang mit der Natur verhält, sorgt man dafür, daß Island noch lange als Naturparadies erhalten bleibt.

# Geschichte

## Entdeckung

Wer Island tatsächlich entdeckt hat, ist bis heute nicht eindeutig geklärt. Der französische Schriftsteller Alain Bombard behauptet, schon Odysseus sei dort gewesen; Island soll die Insel der Kalypso Ogygia gewesen sein.

Der griechische Astronom und Geograph Pytheas aus Massilia, dem heutigen Marseille, drang auf seiner Expedition zwischen 330 und 310 v. Chr. bis nach Island vor, es wurde von ihm als »Ultima Thule« bezeichnet. Der Originalbericht existiert allerdings nicht mehr. Obwohl Pytheas ein Gelehrter war, sprach man in der Antike auch von Lügenwerk.

Eine andere Theorie besagt, daß Island von den Römern entdeckt wurde. Man fand in Wikingerruinen römische Münzen aus der Zeit zwischen 207 und 305 n. Chr. Es könnte sich aber auch um Beute der Wikinger gehandelt haben.

Historisch eindeutig belegt ist, daß christlich-irische Kelten um 520 n. Chr. auf die Insel kamen. Der heilige Brendan ist mit seiner Besatzung in fellbespannten Booten hierher gekommen, um einen verschollenen Mitbruder zu suchen. Hinweise darauf geben auch die Bezeichnungen Papey, auf deutsch Pfaffeninsel, und Papeyfjördur, Pfaffenfjord.

Um 860 beziehungsweise 865 n. Chr. kamen die ersten norwegischen Adligen, Naddodur und Gardar Svavarsson, nach Island. Sie bezeichneten die Insel als Snaeland, auf deutsch Schneeland, Gardarsholmur, Insel des Gardar, und Island – Eisland. Es herrschte bald ein reger Schiffsverkehr dorthin.

Ein Teil der Skandinavier – im Mittelalter als Wikinger oder auch Normannen bezeichnet – war als Seefahrer und Räuber gefürchtet. Die Wikinger verfügten über seetüchtige Schiffe und Kenntnisse in der Navigation. Damit zerstörten und plünderten sie Städte in ganz Europa. Sie ließen sich auch auf Island nieder – einerseits aus wirtschaftlichen Überlegungen wie Landnot in ihren eigenen Gebieten, andererseits auch aus politischen Gründen: Der norwegische Stammeskönig Harald Schönhaar versuchte Ende des 9. Jahrhunderts, ganz Norwegen zu unterwerfen – was ihm nach und nach auch gelang. Wer sich weigerte, ihm hohe Steuern zu entrichten, wurde des Landes verwiesen.

## Besiedelung

Der erste dauerhafte Siedler war wohl Ingólfur Arnarson. Er mußte wegen Streitigkeiten Norwegen verlassen. Vor der Küste Islands sollte ein Orakel bestimmen, wo er sich niederließ, nämlich dort, wo die Pfosten seines Hochsitzes an Land gespült wurden. Er gab diesem Platz wegen des dort aufsteigenden Dampfes den Namen Reykjavik – Rauchbucht.

Innerhalb von nur 60 Jahren war Island mit 30000 bis 40000 Menschen, in der Mehrzahl von Wikingern und Kelten, besiedelt. Vier mächtige Sippen, eine davon die von Arnarson, beherrschten das Land. Eine Oligarchie, eine Herrschaftsform, in der nur einige wenige regieren, kündigte sich an.

Da unbewirtschafteter Boden als Allgemeingut galt, verkleinerte sich der Landbesitz durch neu hinzukommende Menschen, die hier siedeln wollten. Ihnen wurde Schwieriges abverlangt: Sie mußten sich mit Navigation und Schiffsbau auskennen, wagemutig sein und sich völlig neuem, eher menschenfeindlichem Naturraum anpassen können. Hier gab es aktive Vulkane, nur wenig Holz und kargen Boden.

Der erzwungene Anpassungsprozeß machte die Bewohner auch zu einem eigenen Volk. Sie sprachen aber weiterhin die norwegische Sprache und übernahmen Arbeitsmethoden, Brauchtum und Recht. Allerdings erschwerte das Land die Schweinehaltung, Getreide wurde durch den kurzen Sommer nicht immer reif. Am besten eignete sich die Schafzucht für den kargen Boden.

Die Bewohner bestimmten an ihrer Spitze Goden als Priester und Häuptlinge. Diese hatten geistliche, aber auch richterliche Pflichten. Jedes Godentum war eine unabhängige politische Gemeinde. Bei Streitigkeiten mit anderen Gemeinden wurde an sogenannten Thingstätten darüber geurteilt. Probleme, die hier nicht gelöst werden konnten, machten das Althing notwendig, eine Vereinigung aller Thingstätten mit einheitlichen Gesetzen und einer nicht voneinander abweichenden Rechtsprechung. Das Althing befand sich auf der Ebene um den Thingvallavatn, einem See etwa 50 km nordöstlich von Reykjavik.

## Staatsgründung

Das erste Althing fand 930 n. Chr. statt. Hier gaben sich die Isländer eine eigene Verfassung. Damit war die Gründung des Staates Island vollzogen. Die Goden wählten eine Art Staatsoberhaupt auf drei Jahre, den Jögsögumadur, den Gesetzessprecher. Dieser hatte ausschließlich gesetzgebende und rechtsprechende Gewalt. Exekutive, also vollstreckende Macht, besaß er nicht.

Jedes Jahr trafen sich die Volksvertreter für zwei Wochen auf dem Thingvellir (= Thingebene), um Streitigkeiten zu schlichten. Dabei wurden Gesetze vom Gesetzessprecher auswendig vorgetragen, denn eine schriftliche Form dieser Gesetze gab es anfangs nicht. Gleichzeitig war das Althing Treffpunkt, hatte ein sportliches und kulturelles Beiprogramm und diente dem Handel. Außerdem wurden hier Ehen geschlossen.

965 teilte man das Land nach den Himmelsrichtungen in vier Teile, jeden mit drei bis vier lokalen Thingverbänden. Im Frühjahr und Herbst besprach man die Gemeindeangelegenheiten bei den Thingversamlungen, kompliziertere Angelegenheiten besprach man im Althing.

Die Godentümer konnten verkauft oder vererbt werden. Damit war eine Anhäufung mehrerer Godentümer auf eine Person möglich. Aus dem Freistaat entstand so allmählich eine Herrschaftsform, in der nur wenige das Sagen hatten, in der nicht mehr die Basis regierte. Auch der Friede nach der Staatsgründung dauerte nur 70 Jahre, dann wurde der junge Staat seiner ersten Belastungsprobe unterzogen.

Bisher hatten die Isländer vor allem an die alten germanischen Götter geglaubt. Als sich aber in Norwegen das Christentum immer mehr ausbreitete, kamen Missionare auch nach Island. Im Jahre 1000 n. Chr. sollte im Althing über die Einführung des Christentums entschieden werden. Als heftige Auseinandersetzungen drohten, brach bei Reykjavik ein Vulkan aus. Das wurde als Wink der Götter gedeutet, das Christentum abzulehnen. Gleichzeitig erinnerte man sich aber auch des vulkanischen

Ursprungs der Insel. Um blutige Auseinandersetzungen zu verhindern, versuchte man einen Kompromiß zu schließen: Alle sollten sich taufen lassen und Christen sein; wer aber wollte, konnte auch weiterhin den alten Göttern opfern.

Um die Kirche zu finanzieren, wurde der Zehnte eingeführt; der zehnte Teil des Besitzes mußte als eine Art Steuer an die Kirche abgeführt werden. Die Kirche war verpflichtet, die Gesetze anzuerkennen; doch allmählich entstand daraus ein eigener Machtfaktor, der sich auch nicht mehr dem Papst verpflichtet fühlte. Gleichzeitig sorgte die Kirche auch dafür, daß das isländische Gedankengut niedergeschrieben wurde. Schulen und Bildungsstätten wurden errichtet; hier erhielt unter anderem Snorri Sturluson seine Ausbildung. Später wurde er einer der größten isländischen Dichter.

## Ende des Freistaates

Zu Beginn des 12. Jahrhunderts konzentrierte sich die Macht der Godentümer immer mehr auf einzelne Personen. 100 Jahre später herrschten einige wenige Familien über das ganze Land. Dazu gehörte auch die Sippe von Sturluson. Streitigkeiten, die sich immer mehr ausbreiteten, und blutige Unruhen waren die Folge.

Als zwei Bischofssitze neu zu besetzen waren, wurden zwei Norweger vom Bischof von Trondheim eingesetzt. Die norwegischen Bischöfe versuchten, die Kirche vom isländischen Staat unabhängig zu machen. Sie verlangten von den Goden, ihnen die Gotteshäuser und den kirchlichen Landbesitz zu übereignen. Ein Widerstand der Goden war aber wegen der Streitigkeiten innerhalb der eigenen Reihen unmöglich. So wurde der norwegische König um Hilfe gebeten. Dieser nutzte die Gelegenheit, seinen Machtbereich auf Island auszudehnen. 1262 wurde ein Unionsvertrag geschlossen, in dem Teile Islands der norwegischen Krone unterworfen wurden. Das war das vorläufige Ende des unabhängigen Freistaates.

## Fremdregierungen

Island war durch die zunehmende Holzknappheit nicht mehr in der Lage gewesen, Schiffe zu bauen. Durch einseitige Nutzung des Bodens traten zudem Vegetationsschäden auf. Große Viehbestände verendeten deshalb in dem folgenden harten Winter. Nach der Unterwerfung durch die Norweger wurde die wirtschaftliche Versorgung erst einmal wiederhergestellt.

Von 1380 an wurde das Land völlig von Norwegen regiert. Es galten norwegische Gesetze, und das Althing war praktisch bedeutungslos.

In Dänemark kam 1375 der fünfjährige Olafur, Enkel des vorherigen Königs Valdemar IV., an die Macht. Sein Vater, der König von Norwegen, verstarb 1380 und vererbte Olafur zusätzlich die norwegische Krone. Als Olafur 1387 starb, wurde seine Mutter Margarethe Königin von Dänemark und Norwegen.

Im 14. Jahrhundert kamen viele Menschen bei mehreren Vulkanausbrüchen der Hekla und des Oraefajökull ums Leben. Im folgenden Winter drang Treibeis bis an die Küste vor, wodurch sich die Vegetation verzögerte: Hungersnöte und Seuchen waren die Folge, und der Handel ging fast ganz zurück. Die Situation der isländischen Bewohner verschlechterte sich immer mehr.

## Handelseinschränkungen

Als die Engländer und die Hanse Island günstig Waren anboten, wurde ein strenges Handelsverbot von Dänemark ausgesprochen. Die Dänen befürchteten, daß sie sonst ihre eigenen Waren nicht mehr absetzen könnten. Im 17. Jahrhundert schließlich entstand ein Handelsmonopol mit einigen wenigen skandinavischen Städten.

Im 18. Jahrhundert forderte ein Ausbruch der Lakispalte neue Opfer, ein Fünftel der Bevölkerung kam dabei um. Es folgte ein strenger Winter, der weitere Menschenleben kostete.

Auf dem europäischen Festland wurde zu dieser Zeit der sogenannte Napoleonische Krieg geführt. Dabei verbündete sich Dänemark mit Frankreich unter Napoleon, das dann den Krieg verlor. Dänemark mußte als Kriegsschuld deshalb Norwegen an Schweden abtreten. Island, Grönland und die Färöer blieben unter dänischer Herrschaft.

1830 setzten in Europa Freiheitsbewegungen ein. Die Isländer schlossen sich an und suchten ebenfalls ihre Unabhängigkeit zurückzugewinnen. Sie entsendeten zwei Abgeordnete ins dänische Parlament. Jón Sigurdsson (1811-1879) tat sich dabei als Freiheitskämpfer hervor. Er konnte 1845 die Wiedereinsetzung des Althing erreichen, das aber anfangs ausschließlich beratende Funktion hatte.

1851 forderten die Isländer ein freies Bündnis mit Dänemark mit eigenen Völkerrechten. Der dänische König gestand ihnen bei der 1000-Jahr-Feier der Besiedlung Islands im Jahre 1874 eine neue Verfassung zu. Das Althing erhielt die Finanzkontrolle zurück, außerdem bekam es gesetzgebende Funktion – zusammen mit dem dänischen König. Die Exekutivgewalt lag bei einem Gouverneur, der dem dänischen Minister für isländische Angelegenheiten unterstand. 1904 hatten die Isländer dann wieder ihren ersten eigenen Minister. 1918 wurde Island unabhängiger Bestandteil des Königreichs Dänemark mit eigener Innenpolitik. Nur die Außenpolitik unterstand noch weiterhin den Dänen.

## Gründung der Republik Island

Als Dänemark 1940 im Zweiten Weltkrieg von deutschen Truppen besetzt wurde, übernahmen die Isländer ihre eigene Außenpolitik. Damit endete die politische Verbindung mit Dänemark. Am 17. Juni 1944 wurde im Thingvellir die parlamentarische demokratische Republik Island ausgerufen. Der erste Ministerpräsident war Sveinn Björnsson. Heute ist der 17. Juni der isländische Nationalfeiertag.

An der Spitze der Isländer steht seit 1980 eine Frau; Staatspräsidentin ist Vigdis Finnbogadottir.

## Stellung in der Europa- und Weltpolitik

1946 trat der neugegründete Staat den Vereinten Nationen bei, 1949 der NATO. Eigene Streitkräfte gibt es in Island jedoch bis heute nicht. 1951 erhielten die Amerikaner im Rahmen eines Schutzabkommens die Genehmigung, Soldaten in Keflavik zu stationieren, die auch die Sicherheit der Isländer garantieren sollen. Sie betreiben auf Island mehrere Radarstationen zur Überwachung des Nordatlantiks. Es sind auch heute noch Teile der amerikanischen Streitkräfte dort stationiert.

Seit 1950 ist Island Mitglied des Europarats.

# Kultur

## Die isländische Sprache

Isländisch gehört zu den westnordischen Sprachen, einer Unterfamilie der germanischen Sprachen.

Zur indogermanischen Sprachfamilie gehören außer dem Französischen, dem Italienischen, dem Polnischen, dem Russischen und dem Indischen auch die germanischen Sprachen. Man unterscheidet einerseits die nordgermanischen Sprachen Englisch, Deutsch und Holländisch, andererseits die westnordischen Sprachen Dänisch, Färöisch, Norwegisch, Schwedisch und Isländisch.

Die isländische Sprache hat sich seit ihrer Entstehung in den letzten 1000 Jahren nur sehr wenig verändert. Mit Ausnahme von unterschiedlichen Betonungen kennt man auf Island keine Dialekte. Deshalb können die Isländer heute ohne Schwierigkeiten ihre mittelalterliche Literatur lesen. Es handelt sich beim Isländischen um einen letzten direkten Zeugen der altnordischen Sprachen.

Im Isländischen gibt es etwa 100000 Wörter. Da es viele Wörter mit unterschiedlichem Sinn gibt, leiten sich aus diesen Wörtern etwa 600000 Bedeutungen ab. Für uns ist die Sprache schwierig zu erlernen, die Aussprache kompliziert und ungewohnt.

Um die traditionelle Eigenart der Sprache zu erhalten, werden bis heute Fremdwörter weitestgehend vermieden. Bereits 1779 wurde in Kopenhagen die »Isländische Gesellschaft der Gelehrten Künste« gegründet, die sich um die Reinhaltung der Sprache von Fremdwörtern bemüht. Notwendig gewordene Neuerungen sollen aus bereits vorhandenen Begriffen gebildet werden. Heute besteht jedoch die Gefahr, daß sich Fremdwörter besonders leicht durch die Medien einschleichen.

In der isländischen Sprache gibt es einige Buchstaben, die in unserem Alphabet nicht vorkommen. Außerdem werden Vokale teilweise mit Akzenten gekennzeichnet, was eine andere Aussprache bewirkt. Ohne Akzent werden alle Wörter auf der ersten Silbe betont.

## Die isländische Namensgebung

Auch durch die Namensgebung bleibt eine alte Tradition erhalten, die wahrscheinlich einmal im ganzen germanischen Sprachraum verbreitet war. Bei den Isländern stehen die Vornamen im Vordergrund. In der Regel erhalten die Kinder den Vornamen des Vaters als Nachnamen mit der Endung »-son« für Jungen und »-dottir« für Mädchen. Jonsdottir ist demnach die Tochter von Jon, Olafsson der Sohn von Olaf. Bei der Eheschließung gibt es grundsätzlich keine Namensänderung – die Geburtsnamen werden beibehalten.

Dementsprechend sind die Namen in Telefon- oder Adreßbüchern nach Vornamen geordnet.

Nur bei Einwandererfamilien wurde diese Tradition früher durchbrochen, sie behielten ihre herkömmlichen Nachnamen.

## *Kultur*

Lediglich die Literatur kann in Island auf eine lange Tradition zurückblicken. Künstlerisches Schaffen in Architektur, Musik, Malerei, Bildhauerei und Theater haben erst im Laufe des letzten Jahrhunderts an Bedeutung gewonnen. Gleichzeitig hat sich aber in wenigen Jahrzehnten ein reichhaltiges kulturelles Angebot entwickelt.

## *Literatur*

Bei den Isländern gilt das Sprichwort: »Ein Mensch ohne Buch ist blind«. Darin drückt sich die große Bedeutung der Literatur aus.

Bei den ältesten Formen isländischer Dichtkunst unterscheidet man zwischen skaldischer und eddischer Dichtung. Diese Formen haben ihren Ursprung in Norwegen, bekamen in Island jedoch bald individuelle Züge und gelangten dort zu außergewöhnlicher Blüte.

Die traditionelle isländische Literatur ist ein Beweis für die hochentwickelte Dichtung des germanischen Altertums. Sie spiegelt das vorchristliche Leben wider und ist ein Beweis der hohen literarischen Schule.

Die *Skaldendichtung* besteht aus komplizierten Versen. Sie beinhaltet Loblieder auf zeitgenössische Herrscher. Die Poeten, sogenannte Skalden, waren namentlich bekannt und genossen hohes Ansehen. Sie verdienten ihr Geld aber vor allem an norwegischen Höfen.

Der berühmteste dieser Skaldendichter ist *Egill Skallgrímsson*, der etwa zwischen 910 und 990 lebte. Von vielen Literaturkritikern wird er als der berühmteste nordische Dichter aller Zeiten bezeichnet. Er verließ Island, um an Raubzügen der Wikinger teilzunehmen, und wurde dabei vom englischen König Erik Blutaxt zum Tode verurteilt. Er erhielt jedoch eine Chance, seinem Tod zu entgehen, wenn er ein Gedicht verfaßte, das dem König gefiel. Skallgrímsson gelang dies mit »Höfudlausu«, was Haupteslösung oder Kopfgeld bedeutet.

Der Staatsmann und »Doctor Poeticus« *Snorri Sturluson* (1179 – 1241) verfaßte die »Snorra-Edda«, auch »Jüngere« oder »Prosa-Edda« genannt. Sie ist ein Lehrbuch skaldischer Dichtkunst. Hierbei handelt es sich um die umfangreichste Quellenschrift nordischer Mythologie überhaupt. In Stabreimen erzählt die Edda von germanischen Gottheiten wie Thor, Wieland oder Sigurd. Die »Heimskringla«, auf deutsch »Weltkreis«, ist ein Teil der Edda und erzählt die Geschichte der norwegischen Könige bis Ende 1170.

In der »Jüngeren Edda« werden zwei wichtige und typische Stilmittel verwendet. Beim »Kenning« wird eine Art Metapher, eine Umschreibung, verwendet. Ein Wort wird dabei durch zwei andere ersetzt. Ein König ist beispielsweise ein Berghirte. Beim »Heiti« wird ein vorhandenes Wort mit einem anderen umschrieben, ein Pferd ist demnach ein Renner.

Sowohl Skaldenlieder als auch Eddalieder sind versgebunden. Eddalieder enthalten Spruchweisheiten, Götter- und Heldenlieder, Zaubersprüche und eine Sittenlehre. Ihre Verfasser sind oft unbekannt. Wahrscheinlich handelt es sich um alte, mündliche Überlieferungen. Dies läßt sich aus Schilderungen schließen, die bis ins 5. Jahrhundert zurückgehen. Aus diesen Überlieferungen entstand die »Lieder-Edda« oder auch »Ältere Edda«. Um 1250 sammelte ein Unbekannter den größten Teil des eddischen Gutes. Es stammte aus der Zeit vom 9. bis zum 12. Jahrhundert. Bei der »Lieder-Edda« handelt es sich um die einzige zuverlässige Quelle des Lebens und der Weltanschauung der germanischen Völker aus dieser Zeit. Die »Lieder-Edda« bildet auch die Grundlage für den »Ring der Nibelungen« von Richard Wagner (1813-1883).

Das Jahr 1117 wird als Beginn der isländischen Literatur angesehen. Ab diesem Jahr wurden die Gesetze beim jährlich stattfindenden Althing nicht mehr ausschließlich auswendig vorgetragen, sondern auch schriftlich festgehalten. In dieser Zeit verfaßte auch *Ari Thorgilsson* (1067-1148) das »Islendingabók«. Es erzählt von der Entdeckung und Besiedlung des Landes bis etwa 1120 und von der Annahme des Christentums.

Seit der Christianisierung wird auf Island zwar das lateinische Alphabet in Verbindung mit einigen eigenen Buchstaben verwendet, aber die Texte wurden nicht auf lateinisch, sondern auf isländisch abgefaßt. Thorgilsson war auch Mitverfasser des »Landnámabók«, in dem die ersten Siedler Islands ausführlich vorgestellt werden.

Bei den »Sagas«, auf deutsch Geschichten, handelt es sich um eine Mischung aus erdichtetem Roman und dokumentarisch historischen Fakten. Die Sagas waren praktisch der einzige Beitrag zur mittelalterlichen Literatur.

Die ersten schriftlich festgehaltenen Sagas waren die »König-Sagas«; sie berichteten über norwegische Könige.

Außerdem gibt es die »Islendingasögur«, die Isländer-Sagas, die vom Leben der Geschlechter in der Zeit der Landnahme während der Jahre 874 bis 1030 handeln. Etwa 40 dieser Familiensagas sind überliefert. Sie wurden vermutlich in Klöstern geschrieben, ihre Verfasser sind gänzlich unbekannt.

Die bekannteste Isländer-Saga ist wohl die »Egills-Saga«, die das Leben des Skaldensängers Egill Skallagrímson schildert. Wahrscheinlich wurde sie von Snorri Sturluson verfaßt. Andere bekannte Sagas sind die »Laxdaela-Saga«, die »Gísla-Saga«, die »Grettis-Saga« und die »Gudruns-Saga«.

In den Sagas sind skaldische Strophen als Texteinschübe enthalten. Ihr Inhalt ist oft blutrünstig. Vorherrschende Themen sind Mord und Blutrache. Es sind aber auch alte Beschreibungen von Orten darin enthalten, die heute noch existieren.

Um eine Saga niederzuschreiben, wurden mehr als 100 Kalbshäute benötigt. Ein Zehntel dieser Pergamente ist heute noch vorhanden.

Es wurden zwar bis zum 16. Jahrhundert sagaähnliche Texte verfaßt; diese besaßen aber längst nicht mehr denselben literarischen und künstlerischen Wert. Mit dem Untergang des isländischen Freistaates (1262-1264) war auch die Blüte des Literaturschaffens vorbei. Danach wurden hauptsächlich einfache Reimgedichte, sogenannte Rímur, verfaßt. Bedeutende Dichter waren nur noch einige ausschließlich religiös motivierte Lyriker. Zu nennen sind hier vor allem der katholische Bischof *Jón Arason* (1484-1550) sowie der Geistliche *Hallgrímur Pétursson* (1614-1674) mit seinen Passionsgesängen.

Erst zur Zeit der Romantiker und des Realismus kam es zu einem Wiedererwachen der isländischen Literatur. Im 19. Jahrhundert war *Jónas Hallgrimsson* der Meister isländischer Romantik.

In seiner Heimat ist *Jón Sveinsson* nahezu vergessen. Mit dem Jugendbuch »Nonni«, in dem Sveinsson seine Kindheitserinnerungen aus der Umgebung von Akureyri niedergeschrieben hat, hat er sich jedoch in anderen europäischen Ländern, vor allem in Deutschland, einen Namen gemacht. Von der Literaturwissenschaft wird er kaum beachtet, und außerhalb Skandinaviens erhielt er nicht die verdiente Bedeutung. Sveinsson wurde 1857 geboren und kam 1944 bei einem Bombenangriff in Köln ums Leben. Dort liegt er auch begraben.

Im 20. Jahrhundert wurden neue literarische Höhepunkte gesetzt durch *Gunnar Gunnarsson* (1889-1975) und *Halldór Kiljan Laxness* (geb. 1902). Laxness erhielt im Jahre 1955 den Nobelpreis für Literatur.

Bekannte Romane von Gunnarsson sind »Die Leute auf Borg« (erschienen 1927), »Die Eidbrüder« (1934) und »Der weiße Krist« (1935). Gunnarsson lebte überwiegend in Dänemark und schrieb seine Bücher auch auf dänisch. Bei der Übersetzung ins Isländische griff er auf die Hilfe von Laxness zurück.

Halldór Laxness wird als progressiver Humanist eingestuft. Er schreibt in erster Linie über arme und rechtlose Menschen. Dabei behandelt er dunkle Kapitel der isländischen Geschichte, aber auch aktuelle Themen. Die 1951 erschienene »Islandglocke« beschreibt den Prozeß gegen den Zinsbauern Jón Hreggrisson im Jahre 1700. In »Atomstation« setzt sich Laxness kritisch mit der Präsenz amerikanischer Truppen auf Island auseinander. Weitere bekannte Bücher von Laxness sind »Das Fischkonzert«, »Sein eigener Herr«, »Weltlicht«, »Das wiedergefundene Paradies«, »Seelsorge am Gletscher« und »Auf der Hauswiese«.

## Architektur

In Island fehlten eine reiche Oberschicht und lange Zeit auch ein gesellschaftliches, kulturelles und wirtschaftliches Zentrum. Die Hauptstadt Reykjavik war im 18. Jahrhundert noch ein Dorf mit wenigen Hundert Einwohnern. 1910 zählte die Stadt erst 12000 Einwohner. Außerdem herrschte in Island immer Baustoffmangel; dauerhaftes Material zur Errichtung von Bauten war nicht vorhanden. Architektonische Denkmäler wie Burgen, Schlösser, alte stattliche Kirchen oder Bürgerhäuser fehlen daher auf Island völlig.

Alte Bausubstanz gibt es auf Island nicht – mit Ausnahme einiger in Freilichtmuseen erhaltener Bauten und vereinzelter alter, schlichter Kirchen.

Bis vor wenigen Jahrzehnten wurden die meisten isländischen Wohnhäuser in einer sehr einfachen Bauweise errichtet. Wahrscheinlich waren sie nicht komfortabler als Jahrhunderte zuvor. Als Baumaterial dienten Steine, Grassoden, Treibholz und Torf.

Heute herrschen Beton und Wellblech beim Hausbau vor. Die schlichten Häuser werden von den Isländern durch kräftige Farben verschönert.

Ein herausragender isländischer Architekt dieses Jahrhunderts war *Gudjón Samúelsson* (1887-1950). Er entwarf in Reykjavik die Universität, das Nationaltheater, die katholische Kirche, die Hallgrímskirche sowie das Hotel »Borg«. In Akureyri lieferte er die Pläne für die Hauptkirche.

## Musik

Auch die Musik hatte lange Zeit keine internationale Bedeutung. Die Wurzeln isländischer Volksmusik reichen jedoch bis in die Zeit der Landnahme zurück.

Erst am Ende des letzten Jahrhunderts fand das erste Konzert mit klassischer Musik statt. Heute gibt es ein Symphonieorchester in Reykjavik und mehrere kleine Ensembles, die regelmäßig Konzerte geben.

Die ersten isländischen Komponisten, die international Anerkennung fanden, gab es ebenfalls erst Ende des 19. Jahrhunderts. Sie studierten und wirkten oft in Deutschland.

Isländische Pop- und Rockmusik haben in den letzten Jahren international für Aufsehen gesorgt. Die Gruppen »Mezzoforte« und »Sugar Cubes« nahmen vordere Plätze in den internationalen Hitparaden ein.

## Malerei

Auch die Malerei gehört – international gesehen – zu den jungen Künsten auf Island. Bis zum 19. Jahrhundert galt Malerei ausschließlich als Volkskunst. Eine Ausnahme bildeten lediglich einige klerikale Kunstwerke.

Die bekanntesten modernen Maler sind *Jón Stefánsson* (1889-1962), *Asgrimúr Jónsson* (1876-1958) und *Jóhannes Kjarval* (1885-1972). Das Lebenswerk von Jónsson und Kjarval befindet sich in eigenen Galerien in Reykjavik.

Bei der Biennale – der internationalen Kunstausstellung in Venedig – machte der isländische Maler Erró (Gudmundur Gudmundsson) durch seine »Escape-Bilder« auf sich aufmerksam. Er ist einer der populärsten zeitgenössischen Maler. Mit seinen surrealistischen Werken findet er auch international Anerkennung.

Zur Avantgarde gehörte *Nína Tryggvadottir* (1913-1968), die erste abstrakte Malerin Islands. Ihre Glasmalereien und Mosaiken finden auch im Ausland Anerkennung.

## Bildhauerei

Der bekannteste isländische Bildhauer ist *Einar Jónsson* (1874-1954). In Reykjavik steht sein »Denkmal der Geächteten«, in Akureyri eine Kopie davon. In Reykjavik befindet sich außerdem die »Statue von Ingólfur Arnarsson«, dem ersten Siedler Islands, ebenfalls ein Werk von Jónsson.

Im Einar-Jónsson-Museum neben der Hallgrimskirche sind Werke von Jónsson ausgestellt.

Ein bekannter Schöpfer moderner Plastik ist *Asmundur Sveinsson* (1893-1982). In seinem ehemaligen Studio in Reykjavik existiert eine Sammlung seiner Werke.

## Theater

Das isländische Theater kann auf keine lange Tradition zurückblicken. Seit 1950 gibt es ein staatliches Schauspielhaus, das Nationaltheater in Reykjavik. Hier kommen Stücke nationaler und internationaler Autoren zur Aufführung.

## Film

Der isländische Film gewann in letzter Zeit an internationaler Bedeutung. Die Themen reichen von historischen Vorlagen, vor allem Sagas, bis zur Abhandlung gesellschaftlicher Probleme der Gegenwart.

Im Ausland gibt es immer häufiger isländische Filmwochen. Meistens sind dabei Werke von Agúst Gudmundsson (»Gisli, der Rächer«), von Hrafn Gunnlaugsson (»Im Schatten der Raben«) oder von Thorsteinn Jónsson (»Atomstation«) vertreten.

Auch im deutschen Fernsehen werden hin und wieder isländische Filme gezeigt. In Island selbst werden die inländischen Filme meistens von 100 000 Isländern im Kino gesehen. Das ist in etwa die Hälfte der Bevölkerung.

# Die isländische Bevölkerung heute

## Bevölkerungsentwicklung

Die isländische Bevölkerung nahm zwischen 1981 und 1989 um über 11% zu. Ende 1990 lebten 255855 Menschen auf Island. Beinahe 98000 davon wohnten in Reykjavik, im Großraum der Hauptstadt fast 150000.

Nach Reykjavik ist Akureyri mit über 14000 Einwohnern die zweitgrößte Stadt. Es folgen Keflavik, Akranes, Vestmannaeyjar, Isafjördur und Neskaupstadur.

Von 250000 Menschen wohnen über 150000 in Orten mit über 200 Bewohnern. Einzelne Höfe werden häufig verlassen.

Die Lebenserwartung ist mit beinahe 80 Jahren bei Frauen und fast 75 Jahren bei Männern mit die höchste in Europa.

Von den zwischen 1981 und 1989 geschlossenen Ehen wurde beinahe jede zweite wieder geschieden.

## Soziale Absicherung

Seit Ende des Zweiten Weltkriegs regeln Sozialgesetze die Renten-, Unfall- und Krankenversicherung der Isländer. Bei der Arbeitslosenversicherung besteht eine Versicherungspflicht. Das Rentenerwerbsalter auf Island ist höher als bei uns.

Isländische Jugendliche beginnen schon während ihrer Schulzeit zu arbeiten. In den drei Sommermonaten, in denen die Schulen geschlossen sind, helfen die Jugendlichen entweder in der Landwirtschaft mit oder gehen anderen Tätigkeiten nach. Damit tragen sie zu ihrer finanziellen Absicherung selbst bei. Einen Teil des so verdienten Geldes bekommen sie ausgezahlt. Ein Teil wird gespart, unter anderem dafür, um später eigenen Wohnraum erwerben zu können.

Das Gesundheitswesen ist in Island größtenteils staatlich. Jeder Isländer muß etwa 10% der entstehenden Kosten aus eigener Tasche bestreiten. Die Kosten für den Zahnarzt zahlen die Isländer ganz. Ausgenommen sind lediglich Kinder und Rentner.

Die Zahl der isländischen Krankenhäuser erhöhte sich bis 1988 auf 41. Diese verfügten über rund 3700 Betten. Statistisch gesehen gibt es pro Tausend Einwohner fast drei Ärzte. Die Anzahl der behandelten Patienten betrug 1988 etwa 70000.

## Lebensstandard

Die Preise für Grundnahrungsmittel auf Island sind fast doppelt so hoch wie bei uns in Deutschland. Das durchschnittliche Einkommen ist eher niedriger. Dennoch ist der Lebensstandard hoch, denn das uns bekannte umfangreiche Warenangebot kennen die Isländer nicht.

Den hohen isländischen Lebensstandard kann man an folgenden Zahlen ablesen: Jeder zweite Einwohner hat – statistisch gesehen – ein Auto. Etwa jeder dritte Isländer verfügt über Radio und Fernsehen, jeder zweite über ein eigenes Telefon. 75% der Isländer leben in Eigentumswohnungen, meistens in eigenen Häusern.

Der Baustil isländischer Häuser ist eher einfach. Hauptmaterialien sind Beton und Wellblech. Die Isländer verstehen es aber, diese Häuser durch bunte Farben, kleine Gemüsegärten für den Eigenbedarf, Blumen und eine liebevolle Einrichtung sehr einladend zu gestalten.

Die Pro-Kopf-Ausgaben der Isländer sind hoch, ebenso die Pro-Kopf-Verschuldung.

Die Isländer sind sehr reiselustig. Während der Sommermonate nutzen sie die hellen Nächte dazu, Ausflüge zu unternehmen. Besonders aus den Städten kommen die Menschen in die ländliche Umgebung. Oft nutzen sie auch die Wochenenden, um sich mit Freunden auf Campingplätzen zu treffen oder Sehenswürdigkeiten zu bewundern.

Viele junge Isländer verbringen die Wintermonate auf Reisen. Sie begeben sich dann oft aufs europäische Festland oder in die USA. Damit können sie neue Länder kennenlernen – aber auch dem überwiegend dunklen Winter entgehen.

# Wirtschaft

## Landwirtschaft und Viehzucht

Die landwirtschaftlich genutzte Fläche nimmt nur rund 1% der Gesamtfläche Islands ein. Gründe dafür sind die geographische Lage, die Oberflächenstruktur und das Klima. Allerdings bietet die Landwirtschaft etwa 50% der Bevölkerung Arbeit.

Bei der ersten Volkszählung Islands im Jahre 1703 waren 69% der Bevölkerung Bauern, zu Beginn des 20. Jahrhunderts waren es nur noch die Hälfte. Bis 1988 reduzierte sich die Zahl der Isländer, die ihren Haupterwerb in der Landwirtschaft hatten, auf 5%. Die »Landflucht« hält weiter an.

Zu Beginn der Besiedelung Islands bauten die ersten Siedler hier Gerste und Hafer an. Durch die Klimaverschlechterung kam es dann zu Mißernten, so daß im 16. Jahrhundert der Getreideanbau ganz eingestellt wurde. Im Süden Islands werden heute vielversprechende Versuche mit dem erneuten Anbau von Gerste gemacht.

Für die Heuproduktion wird der größte Teil der landwirtschaftlich genutzten Fläche verwendet. Ein geringer Teil davon wird in andere nordische Länder exportiert, sofern dort in trockenen Sommern Heumangel besteht.

Kartoffelanbau ist wegen des kurzen Sommers auf Island schwierig. Dennoch können die Isländer 60 bis 80% ihres Eigenbedarfs an Kartoffeln decken.

Bereits seit 1924 nützt man heiße Quellen für den Gemüseanbau in Treibhäusern. Für den Eigenbedarf wird heute auf etwa 160000 $m^2$ Fläche Gemüse angebaut, vor allem Tomaten, Gurken, Weißkohl, Möhren und Blumenkohl. Der meiste Umsatz wird jedoch mit dem Anbau von Blumen gemacht. Etwa 60% der Treibhauskulturen befinden sich in Hveragerdi zwischen Selfoss und Reykjavik.

Den wichtigsten Faktor in der Landwirtschaft macht heute die Viehzucht aus. 1990 betrug die Anzahl der Schafe nach der Schlachtzeit 545000. Da im Durchschnitt die Hälfte der Tiere geschlachtet wird, kann man von knapp 1,5 Millionen Schafen ausgehen. Für die inländische Fleischproduktion spielt die Schafzucht nach wie vor eine große Rolle.

Insgesamt ist die Agrarproduktion in den letzten Jahrzehnten effektiver geworden. Vorher wurde hauptsächlich für den Eigenbedarf gewirtschaftet. Durch die Trockenlegung von Sümpfen und Mooren sowie die Kultivierung von Weideland konnte zusätzliche Anbau- und Weidefläche geschaffen werden. Durch den Einsatz von Düngemitteln wurde der landwirtschaftliche Ertrag gesteigert.

Die Landwirte können deshalb heute marktorientiert wirtschaften. Bei der Milch- und der Schaffleischproduktion gab es sogar Überschüsse, die ins Ausland exportiert wurden.

Zur Zeit besteht eher ein Überangebot an Lammfleisch. Außerdem soll die zunehmende Zerstörung der Vegetation eingedämmt werden. Deshalb ist man dabei, die Schafhaltung zugunsten der Rinderhaltung zu verringern.

Besonders in Ballungsgebieten werden zur Milchproduktion Kühe gehalten. Die Milchwirtschaft stellt dadurch die Haupteinnahmequelle in der Landwirtschaft dar.

Nach dem Geflügel nehmen die Pferde die zweite Stelle der Zuchttiere in Island ein. Es folgen Füchse und Nerze, die auf Pelztierfarmen gezüchtet werden, sowie Schweine.

## Fischfang und Fischzucht

Auch der Fischfang diente den Isländern jahrhundertelang nur zur Selbstversorgung. In geringem Ausmaß wurden lediglich Lachs, Tran, Stock-, Salz- und Klippfisch exportiert. Im 19. Jahrhundert – nach Aufhebung des Handelsmonopols durch Dänemark – nahm die Fischerei einen wirtschaftlichen Aufschwung, und man arbeitete von da an marktorientiert. Zu Beginn des 20. Jahrhunderts konnte die isländische Fischereiflotte deutlich vergrößert werden. Dies war auch der Zeitpunkt, ab dem die isländischen Fischer zur ernsthaften Konkurrenz für die Fischereiflotten anderer europäischer Staaten wurden. Diese kannten bereits seit mehreren Jahrhunderten den Fischreichtum der Gewässer rund um Island. Bis zum Zweiten Weltkrieg verachtfachte sich der Ertrag isländischer Fischer. Sowohl die Fischmenge als auch die Größe der Fischereiflotte vervierfachte sich noch einmal bis 1986. Obwohl der Fischfang im darauffolgenden Jahr zurückging, konnte der daraus erzielte Erlös erhöht werden.

Über 70% des Gesamtexports von Island bestehen aus Fisch und Fischprodukten. Größte Abnehmer sind die USA, Großbritannien, Portugal, Japan und Deutschland. Gut 10% der Isländer sind im Fischfang oder in der fischverarbeitenden Industrie tätig.

Rund um Island werden etwa 25 verschiedene Sorten Fisch sowie eine Hummerart, Garnelen und Kammuscheln gefangen.

Am wichtigsten sind für die Industrie Kabeljau, Lodde, Rotbarsch, Hering, Köhler und Schellfisch.

Als Stockfisch, Klippfisch, Frischfisch oder tiefgekühlt wird er ins Ausland verkauft. Tran und Fischmehl finden hauptsächlich als Viehfutter Verwendung. Fischkonserven gewinnen erst seit kurzem an Bedeutung.

Die Fischereigrenzen wurden von Island mehrfach ausgedehnt, um die Überfischung durch fremde Flotten zu verhindern und die eigenen Fangerträge zu vergrößern. Die anderen Fischereinationen wehrten sich daraufhin. 1958 begann deshalb der sogenannte »Erste Kabeljaukrieg«, 1972 folgte der »Zweite Kabeljaukrieg«; vor einem dritten Kabeljaukrieg sollten die Fischereigrenzen bereits auf 200 Meilen ausgedehnt werden. Island drohte zur Durchsetzung dieser Grenzen mit dem Austritt aus der NATO und unterbrach die diplomatischen Beziehungen zu Großbritannien. All die Auseinandersetzungen wurden dann allerdings mit Verträgen beigelegt. Es wurde jedoch auch Waffengewalt angewendet. Nach wie vor ist es nur wenigen Ländern gestattet, in isländischem Hoheitsgebiet zu fischen.

Bei der Fischzucht hat der Lachs die größte Bedeutung. Die Nachfrage steigt ständig, so daß es schon lange nicht mehr genügt, die Fische in den etwa 80 Lachsflüssen auszusetzen. Sie werden vermehrt in den Küstenregionen gezüchtet. Zur Laichablage kehren sie dann oft in die ursprünglichen Gewässer zurück. Vor allem im Südwesten der Insel gibt es Lachszuchtgehege in geothermal beheiztem Meerwasser. Ideal für die Aufzucht sind 15 bis 20$^{O}$ C, eine Temperatur, die das Meer hier auf natürlichem Wege nie erreichen kann. Außer Lachs werden noch Regenbogenforellen und Aale gezüchtet.

Der umstrittene Walfang hatte in Island eine lange Tradition, wurde jedoch nur in geringerem Ausmaß betrieben. Norwegen gründete Ende des letzten Jahrhunderts in Island die erste Walfangstation; 1930 errichteten die Isländer ihre erste eigene.

In den letzten Jahren kam es zu zahlreichen Protesten durch Umweltschutzorganisationen gegen den Walfang. Die Isländer gerieten immer mehr unter Druck, so daß sie schließlich nur noch zu »wissenschaftlichen« Zwecken Wale fingen. Walfleisch wurde vorher vor allem nach Japan exportiert. Walöl diente aber auch in Europa zur Herstellung von Kosmetika, Linoleum und Kunstharz.

## *Exportwirtschaft und Industrie*

Den größten Teil des isländischen Exports nehmen mit über 70% Fisch und Fischprodukte ein. Unter anderem wegen fehlender Rohstoffe im eigenen Land können die Isländer sonst kaum eigene Produkte ausführen und müssen viele Dinge importieren, die nicht in Island gefertigt werden. Das Bestreben der isländischen Regierung geht jedoch dahin, daß das Land sich von Importen zunehmend unabhängig macht und der Exportmarkt erweitert wird.

An größeren Fertigungsbetrieben gibt es in Island eine Düngemittelfabrik, ein Kieselgurwerk und staatliche Zementfabriken. Sowohl in der Düngemittel- als auch in der Zementherstellung wird sogenannter Muschelschill – Kalkmaterial aus tief im Meer liegenden Muschelbänken – als Rohstoff verarbeitet. Aus Diatomeenschlamm – Ablagerungen von Schalen der Kieselalgen, die im Myvatn vorkommen – wird bei Reykjahlid Kieselgur hergestellt. Es dient zur Herstellung von Filtern, Isoliermaterial und Dynamit und wird fast ausschließlich exportiert.

Außerdem besitzt Island einige Stahlschiffsbauwerften.

In den Export gehen Wollprodukte, Bimsstein, Lederwaren, Farben, Schiffsausrüstungen und Maschinen für die Fischverarbeitung.

Die Exportindustrie bietet einer Vielzahl von Isländern Arbeitsplätze. Neben den USA und Großbritannien ist Deutschland Hauptabnehmer isländischer Produkte. Etwa die Hälfte des isländischen Exports geht in Länder der europäischen Gemeinschaft. Beim isländischen Import steht Deutschland vor Dänemark und Norwegen an der Spitze.

## Energiewirtschaft

Da Island durch Wasserkraftwerke und geothermale Energie über große Energiereserven verfügt, entstanden in den letzten Jahren neue Fertigungsbetriebe. Durch die niedrigen Energiekosten rentiert sich ein Import von Rohstoffen über weite Schiffswege. Südlich von Reykjavik wird Aluminum aus australischen Rohstoffen gewonnen. Mit dem dadurch gewonnenen Rohaluminum werden 10% des Exporterlöses erwirschaftet. Die Errichtung einer weiteren Aluminiumhütte ist geplant.

1979 entstand in Westisland ein Ferrosilikatwerk. Mit importierten Rohstoffen wird hier Ferrosilizium hergestellt, das zur Stahlherstellung vor allem in westeuropäischen Ländern verwendet wird.

Die beiden genannten Fertigungsbetriebe entstanden unter finanzieller Beteiligung anderer Nationen.

Ein Großteil des Energiebedarfs der isländischen Bevölkerung wird durch geothermale Energie gedeckt. Wasser wird auf natürliche Weise entweder durch unterirdische Vulkanaktivität erhitzt oder entstammt Thermalgebieten. Mit diesem heißen Wasser oder Wasserdampf werden Wohnanlagen, Gewächshäuser und Schwimmbäder gespeist. Aber auch Gehwege und Straßen werden durch eine unterirdische »Heizung« im Winter schnee- und eisfrei gehalten.

Die Warmwasserquellen waren bereits Ingólfur Arnarson, dem ersten Siedler Islands, bekannt. Für die Beheizung wurde diese Energie jedoch erst ab Anfang dieses Jahrhunderts genutzt. Durch Bohrungen werden ständig neue Warmwasservorräte erschlossen.

1969 wurde das erste geothermale Kraftwerk in Betrieb genommen, 1978 ein wesentlich leistungsstärkeres an der Krafla. In der geothermalen Energie liegen riesige Reserven, die vermutlich niemals ganz genützt werden müssen. Zur Zeit kommt es noch zu großen Energieverlusten bei der Umwandlung von geothermischer in elektrische Energie: Nur ein Zehntel kann verwertet werden.

Wesentlich ergiebiger sind Wasserkraftwerke. Um jedoch mehr Wasserkraft ausnützen zu können, müßten Wasserläufe im Hochland gestaut werden. Dies würde große Eingriffe in die Natur notwendig machen. Deshalb stößt der weitere Ausbau von Wasserkraftwerken auf breite Kritik. Große Wasserwerke bestehen am Búrfell, am Hrauneyjafoss und in Sigalda. Im Fljótsdalur in Ostisland ist das bisher größte Wasserkraftwerk geplant.

## Verkehrswesen und Transport

Lange Zeit konnte man sich in Island nur auf dem Pferd fortbewegen. Dabei forderten das weite Hochland und das Durchqueren der Flüsse viele Opfer. Erst zu Beginn dieses Jahrhunderts begann man mit dem Straßenbau für Pferdefuhrwerke. Der Ausbau des Straßennetzes verlief langsam. Die Ringstraße beispielsweise, die rund um Island führt und die wichtigste Landverbindung zwischen den einzelnen Orten darstellt, wurde erst zur 1100-Jahr-Feier im Jahre 1974 fertiggestellt. Bis zu dieser Zeit fehlten im südlichen Sandergebiet Dämme und Brücken.

Die Verkehrsdichte im Großraum Reykjaviks entspricht in etwa der in unseren Großstädten. Im Durchschnitt fährt jeder zweite Isländer ein Auto. Auf abgelegeneren Straßen begegnet man jedoch nur wenigen Fahrzeugen pro Tag.

Da es in Island keine Eisenbahn gibt, sind neben dem Auto Bus und Flugzeug die wichtigsten Fortbewegungsmittel.

Die Busse übernehmen den gesamten öffentlichen Personenverkehr und verbinden alle größeren Orte miteinander. Eine Reservierung bei Linienbussen ist nicht erforderlich. Die Busfahrer versuchen den Fahrplan genau einzuhalten. Zusteigen und Aussteigen ist an jeder beliebigen Stelle möglich.

Neben den Linienbussen verkehren auch Ausflugsbusse verschiedener Veranstalter zu touristisch sehenswerten Orten.

Das innerisländische Flugnetz ist gut ausgebaut. Alle wichtigen Orte sind per Flugzeug zu erreichen. Neben der staatlichen Fluggesellschaft Icelandair gibt es mehrere Privatgesellschaften. Inlandflüge bieten schnelle Reisemöglichkeiten, teilweise imposante Ausblicke über das Land und sind verhältnismäßig preiswert.

Neben den Linienflügen werden auch Charterflüge von kleinen Fluggesellschaften angeboten. Sie sind gut organisiert, machen jeden Ort mit Landepiste per Flug erreichbar, sind jedoch vergleichsweise teuer.

Außerdem werden eine Vielzahl von Sightseeing-Flügen angeboten. Dadurch sind auch Kurzausflüge auf die Westmännerinsel oder nach Grönland leicht zu realisieren.

Es gibt in Island einige Binnenfährverbindungen, vor allem über die Fjorde. Durch den Ausbau des Flugnetzes verlieren sie jedoch an Bedeutung. Der Versuch, eine dauerhafte Fährverbindung vom europäischen Festland nach Island zu schaffen, ist gescheitert.

Bedingt durch die isolierte Insellage behält das Schiff jedoch für die Wirtschaft, insbesondere für den Im- und Export, seine herausragende Bedeutung.

## *Tourismus*

Island erfreut sich als Reiseziel für den »zivilisationsmüden Naturfreund« ständig zunehmender Beliebtheit. Für die isländische Volkswirtschaft gewinnt der internationale Fremdenverkehr außerdem immer mehr an Bedeutung. Das Land bemüht sich, durch den Ausbau seiner touristischen Infrastruktur – wie zum Beispiel die Erweiterung von Campingplätzen und Parkplätzen oder den Ausbau des Transportwesens – seine Gäste immer mehr zufrieden zu stellen. Die Zahl der Islandreisenden nimmt auch immer weiter zu. Waren es 1970 noch 50 000 Touristen, die das Land besuchten, kamen 1990 bereits über 140 000. Davon waren rund ein Viertel Amerikaner, die ihren Europatrip in Island unterbrachen, um dieses Land genießen zu können. Etwa die Hälfte kam aus den skandinavischen Ländern und aus Finnland. An dritter Stelle folgten deutsche Touristen sowie Österreicher, Schweizer und Italiener. Hinzu kamen noch knapp 10 000 Teilnehmer an Kreuzfahrten. 1987 betrugen die Einnahmen durch den Fremdenverkehr in Island etwa 80 Millionen Dollar.

Obwohl Island im Fremdenverkehr die höchste Zuwachsrate in Europa hat, entwickelt sich eine regelrechte Reiseindustrie nur zögernd. Von Massentourismus kann glücklicherweise noch nicht gesprochen werden, obwohl viele touristische Attraktionen bereits extrem überlaufen sind. Bewegt sich der Individualreisende jedoch etwas abseits der bekanntesten Routen, kommt er noch voll auf seine Kosten. Damit ist aber nicht der »Abenteuertourist« gemeint, der durch sein unüberlegtes Handeln die Natur gefährdet oder ihr sogar irreparable Schäden zufügt.

Island ist daran interessiert, sein Land das ganze Jahr über attraktiv zu machen. Zur Zeit wird es von mehr als der Hälfte in den Sommermonaten Juni, Juli und August besucht. Das Reiseangebot soll auf das ganze Jahr ausgeweitet werden. Hierfür soll auch die Zahl der sogenannten Edda-Hotels erweitert werden: Internate für isländische Schüler, die über die Sommermonate geschlossen sind und in dieser Zeit als Hotels genützt werden.

# Teil 2: Allgemeine Vorbereitungen

## Anreisemöglichkeiten

Island ist entweder über den Seeweg oder per Flugzeug zu erreichen. Will man sein eigenes Fahrzeug mitnehmen, ist auch eine Kombination beider Reisemöglichkeiten sinnvoll.

### Fährverbindungen

Die färöische Reederei »Smyril Line« unterhält die zur Zeit einzige durchgehende Fährverbindung von Europa nach Island. Einmal wöchentlich verbindet die Autofähre MS »Norröna« Island und die Färöer-Inseln mit dem europäischen Festland.

Es gibt mehrere Möglichkeiten, mit der »Norröna« nach Island zu gelangen. Am Samstagabend legt das Schiff in Esbjerg in Dänemark ab. Erstes Ziel der Fähre ist Tórshavn, die Hauptstadt der Färöer-Inseln und Heimathafen der »Norröna«. Hier legt das Schiff am Montagmorgen an. Alle Reisenden mit dem Ziel Färöer-Inseln oder Island gehen hier von Bord.

Das Schiff fährt dann weiter nach Bergen in Norwegen. Wer genügend Zeit hat und den Südteil Norwegens kennenlernen will, kann sich auch erst hier einschiffen. Am Dienstag legt die »Norröna« nachmittags in Bergen ab und fährt zurück nach Tórshavn, um dort die Reisenden mit Ziel Island wieder an Bord zu nehmen.

Der letzte Teil der Schiffsreise dauert von Mittwochnachmittag bis Donnerstagmorgen. Am Donnerstag um 7 Uhr Ortszeit legt die »Norröna« in Seydisfjördur an.

Die Rückfahrt erfolgt direkt; die »Norröna« legt dabei die rund 1000 km in $2\frac{1}{2}$ Tagen zurück. Das Schiff läuft in Seydisfjördur am Donnerstagmittag aus und erreicht Esbjerg am Samstagabend.

Der Fahrplan der »Norröna« im Überblick:

| | Wochentag | an | ab |
|---|---|---|---|
| Esbjerg | samstags | | 22.00 Uhr |
| Tórshavn | montags | 10.00 Uhr | 14.00 Uhr |
| Bergen | dienstags | 12.00 Uhr | 15.00 Uhr |
| Tórshavn | mittwochs | 11.00 Uhr | 15.00 Uhr |
| Seydisfjördur | donnerstags | 7.00 Uhr | 11.00 Uhr |
| Tórshavn | freitags | 5.00 Uhr | 8.30 Uhr |
| Esbjerg | samstags | 19.00 Uhr | |

Die Uhrzeiten sind jeweils in Ortszeit angegeben. Auf den Färöern weichen die Angaben gegenüber der mitteleuropäischen Sommerzeit um eine Stunde ab, auf Island um eine weitere Stunde.

Sowohl auf Island als auch auf den Färöern gilt die Greenwich Mean Time (GMT), was bedeutet, daß die Uhren gegenüber der MEZ um eine Stunde zurückgestellt werden. Auf den Färöern gilt zusätzlich die Sommerzeit.

Ist die Fähre voll besetzt, können sich Ankunfts- und Abfahrtszeit durch das Ausladen der Fahrzeuge verzögern. Normalerweise holt die Fähre diese Verspätung jedoch auf offener See wieder auf.

Die »Norröna« verkehrt nur während der Sommermonate zwischen Dänemark und Island: Die früheste Fährverbindung gibt es Ende Mai, und die letzte Fähre kommt Anfang September in Esbjerg an. Dies entspricht auch der Hauptreisezeit der Islandtouristen. Preisnachlässe gibt es innerhalb der Nebensaison in den ersten drei Wochen und beim letzten Fährtermin.

Außerdem gelangt man mit der »Smyril Line« von Hanstholm im dänischen Jütland über die Shetland-Inseln auf die Färöer. Das Schiff legt montags um 15 Uhr ab, erreicht am Dienstagnachmittag Lerwick und am Mittwochmorgen Tórshavn. Von dort aus geht es weiter mit der »Norröna« nach Seydisfjördur. Der Vorteil dieser Verbindung liegt in der Zeitersparnis. Der zweitägige Aufenthalt auf den Färoern kann so umgangen werden.

Bis 1992 fuhr die »Norröna« von Hanstholm über die Shetland-Inseln nach Tórshavn und weiter nach Bergen und Seydisfjördur. Ab 1993 verkehrt die »Smyril« zusätzlich und ermöglicht die Überfahrt nach Island ohne Zwischenaufenthalt auf den Färöern. Der Fahrplan der »Norröna« ändert sich dadurch geringfügig gegenüber den Vorjahren, der Ablegehafen ist ab 1993 Esbjerg.

Die Reederei »Eimskip« fährt pro Woche einmal von Hamburg über Rotterdam, Antwerpen und Immingham nach Reykjavik. Zwei Containerschiffe bieten seit 1989 Privatreisenden mit ihren Autos die Möglichkeit, nach Island zu reisen. Im Fahrpreis eingeschlossen sind die Unterbringung in gut ausgestatteten Kabinen, die Mitnahme des eigenen PKWs, die Benutzung mehrerer Sporteinrichtungen (Schwimmbad, Sauna, Kraftraum und andere) und die Verpflegung. Die Überfahrt dauert auf dem Hinweg sieben und auf dem Rückweg fünf Tage.

## *Flugverbindungen*

Island wird von Deutschland aus von zwei Fluggesellschaften angeflogen. Die »Icelandair« fliegt täglich von Frankfurt/Main, Luxemburg oder Salzburg nach Reykjavik. Die »Lufthansa« bietet Flüge von Düsseldorf und München nach Reykjavik an.

Reisende, die Island mit dem Fahrrad erkunden wollen, können ihr Gefährt im Flugzeug mitnehmen.

Es besteht auch die Möglichkeit, das Fahrzeug mit dem Frachtschiff nach Island überführen zu lassen und selbst zu fliegen. Denn meistens ist der Passagiertransport auf Frachtschiffen verboten. Gelegentlich kann man auch auf einem Frachtschiff anheuern und sich seine Überfahrt erarbeiten. Durch die Arbeit an Bord ist die Passage dann kostenlos.

# Klima und Hauptreisezeit

Selbstverständlich hat auch bei schlechtem Wetter – so ein Sprichwort – jede Wolke einen silbernen Streifen. Wenn das Wetter schlecht ist, braucht man nur ein paar Minuten zu warten, und es ändert sich wieder. Vielleicht zum Bessern, vielleicht wird es auch schlechter – aber es ändert sich.

## Das Wetter auf Island

Das isländische Wort für Wetter – »verdur« – kann wegen seines häufigen Wechsels sogar in der Mehrzahl benutzt werden. Das »beste« Wetter herrscht im Ostteil der Insel, obwohl lange sonnige Abschnitte im Sommer auch im Norden nicht ungewöhnlich sind. Starker Wind weht fast immer. Der Wind erweckt oft den Eindruck, aus allen Richtungen gleichzeitig zu kommen.

Für den Wanderer ist es wichtig, daß er auf jedes Wetter eingestellt ist. Sonne, Regen, Wind, Glätte, Hagel und Schnee können während des ganzen Jahres auftreten, manchmal sogar zur selben Zeit. Warme und regensichere Kleidung sowie trockene Sachen zum Wechseln sollten deshalb im Wandergepäck nie fehlen – auch dann nicht, wenn keine Wolke am Himmel ist.

Bei Touren im Winter gilt zu beachten: Sieht das Gebiet noch so harmlos aus, kann es immer auch ernstzunehmende Risiken bergen. Man sollte nur zu einer Wanderung aufbrechen, wenn man komplett dafür ausgerüstet ist. Außerdem sollte man einen Mitreisenden, den Hüttenwart oder jemand anderen über seine Pläne informieren, damit er im Bedarfsfall Hilfe holen kann.

## Klima

Auf Island herrscht kühles ozeanisches Klima; es wird stark durch das Meer beeinflußt. Die Meerestemperaturen verändern sich im Laufe des Jahres nur geringfügig. Im Sommer erreichen sie Werte von maximal 10 bis 11$^{\circ}$ C im Süden und 7 bis 8$^{\circ}$ C im Osten. Im Winter beträgt die Meerestemperatur zwischen 1 und 6$^{\circ}$ C.

Obwohl die Insel auf Höhe des nördlichen Polarkreises liegt, ist das Klima durch den vorbeifließenden Ausläufer des eher warmen Golfstroms relativ mild. Der kalte Ostislandstrom, der das Klima im Nordosten bestimmt, schwächt die Wirkung des Golfstroms jedoch ab.

Trotz der relativ warmen Meerestemperaturen im Winter kann Treibeis an Islands Küsten vordringen, gelegentlich sogar bis an den Süden der Insel. Nur im Südwesten bleibt die Küste immer eisfrei. In manchen Jahren kann es bis in den Sommer dauern, bis das Treibeis ganz geschmolzen ist. In diesen Jahren sinken die Temperaturen deutlich ab, und die Wachstumsperiode verkürzt sich.

Die Sommer auf Island sind kühl. Die durchschnittliche Temperatur liegt in Reykjavik bei 5,1$^{\circ}$ C. Der Unterschied zwischen den Winter- und den Sommermonaten beträgt etwa 10$^{\circ}$ C.

Im Landesinneren sind die Temperaturschwankungen stärker ausgeprägt. Hier herrscht mehr das kontinentale Klima vor, je weiter man ins Landesinnere kommt.

Auf Island treffen sich oft kalte und warme Luftmassen. Wenn feuchte Warmluft den Südwesten der Insel erreicht, steigt sie an den Bergen auf und sorgt dort für Niederschlag. Das vom Wetterbericht bekannte Islandtief – Kaltluft polaren Ursprungs – kommt eigentlich aus Grönland und erreicht Island von Norden, aber auch von Süden. Dies ist auch die Ursache dafür, daß das Wetter auf Island oftmals im Süden ganz anders ist als im Norden.

Selbst im Sommer sind tagelange Schneefälle keine Seltenheit. Im Inland kann es das ganze Jahr über zu Frosteinbrüchen kommen. Das führt dann dazu, daß die Hochlandpisten unpassierbar werden. Aber auch an der Südküste Islands kann das Thermometer im Sommer die Null-Grad-Grenze erreichen. Durch den oft damit verbundenen Wind werden die Temperaturen subjektiv als noch niedriger empfunden. Gewitter und Nebel kommen in Island seltener vor.

Während der Mittsommernacht wird es im Laufe der Nacht höchstens dämmrig, die Sonne verschwindet nur kurz hinter dem Horizont. Bereits ab Mitte August kann man in Island Nordlichter beobachten. In der Nähe beider Erdpole entstehen in sehr großen Höhen Lichterscheinungen: Leuchtend grüne, blaue oder rote Streifen wandern in unterschiedlicher Helligkeit über den Nachthimmel, um gleich wieder zu verschwinden. Im Sommer sieht man das Nordlicht nur gelegentlich, in den Wintermonaten kann durch diese Erscheinung allerdings eine gespenstische Atmosphäre entstehen.

Die isländische Luft ist klar und sauber. Dies führt unter anderem dazu, daß bei schönem Wetter sehr gute Fernsicht herrscht. Beim Schätzen von Entfernungen kann das jedoch auch zu optischen Täuschungen führen.

## Hauptreisezeit

Die meisten Touristen kommen zwischen Mai und September nach Island. Bei der Reiseplanung gilt es allerdings zu berücksichtigen, daß im Mai und Juni die Hauptschneeschmelze stattfindet und damit viele Straßen unpassierbar sind. Einige Hochlandpisten sind erst ab Mitte Juli oder Anfang August befahrbar. Vorher sind viele Strecken gesperrt.

Im September setzen bereits die ersten starken Schneefälle ein, die Pisten werden dann aus Sicherheitsgründen wieder gesperrt. Die ideale Reisezeit für den Hochlandtouristen liegt deshalb im August.

In den letzten Jahren gibt es zunehmend Bemühungen, Island auch im Winter und Frühjahr attraktiv zu machen: Es werden Skitouren und Expeditionen mit dem Motorschlitten angeboten. Island hat auch im Winter seinen Reiz!

# Reise-vorbereitungen

## PKW oder Geländewagen

Sollten Sie gerade vor der Entscheidung stehen, sich einen Geländewagen oder einen PKW zu kaufen, und denken über die Eignung des jeweiligen Fahrzeugtyps auf Island nach, hier einige Ratschläge. Wir waren mit unserem eigenen Geländewagen unterwegs und hatten genügend Zeit, mit der Fähre überzusetzen; dabei fuhren wir bisher immer mit der »Norröna«. Entweder wählten wir die Route von Hanstholm nach Seydisfjördur mit Zwischenstation auf den Färöern, oder wir fuhren nach Bergen in Norwegen und setzten von dort direkt nach Island über.

Mit unserem Geländewagen hatten wir weder auf der Ringstraße noch auf den Hochlandpisten nennenswerte Schwierigkeiten.

Sollten Sie jedoch mit einem normalen PKW nach Island fahren wollen, gibt es einiges zu beachten. Auf der Ringstraße, die rund um die Insel führt und viele Sehenswürdigkeiten miteinander verbindet, dürfte es mit dem PKW keine Probleme geben. Die nicht asphaltierten Teile zwingen allerdings auf losem Schotter zum Langsamfahren, insbesondere in den Kurven. Zum Vordermann sollte man genügend Abstand halten wegen eventuell hochgeschleuderter Steine – bitte auch beim Überholen daran denken. Auf kleineren Straßen oder Pisten hängt es von der Bodenfreiheit Ihres Fahrzeuges ab, wie weit Sie kommen. Besondere Beachtung sollte den Furten gelten.

Denkbar wäre auch eine Kombination zwischen Autotouren mit dem eigenen Wagen, einem Leih-Geländewagen, Wandertouren in unwegsamere Gebiete oder Ausflügen mit den Allrad-Linienbussen, die alle sehenswerten Punkte auf Island erschließen.

Aber auch ein allradangetriebenes Fahrzeug garantiert noch kein Durchkommen: Sowohl bei PKWs als auch bei Campingbussen muß zudem genügend Bodenfreiheit vorhanden sein!

## Kartenmaterial

Zur Planung der Route und zur Orientierung auf Island ist eine gute Straßenkarte unerläßlich. Man kann diese Karten entweder schon in Deutschland oder direkt in Island kaufen.

In Deutschland bezieht man sie am einfachsten über Arktis Reisen Schehle, Memminger Str. 71-75, 8960 Kempten, Tel. (0831) 21049, oder aber man bestellt sie in einer Buchhandlung.

In Island erhält man Landkarten in Buchläden, an Tankstellen, in vielen Supermärkten oder beim Isländischen Landvermessungsamt (isländisch: »Landmaelingar Islands«), Laugarvegur 178, 105 Reykjavik. Die Preise für die Karten sind vergleichsweise hoch und je nach Laden auch unterschiedlich.

Landkarten gibt es in verschiedenen Maßstäben. Eine Übersichtskarte von ganz Island hat den Maßstab 1:1000000. Eine amtliche Touristenkarte erhält man wie die Übersichtskarte auf einem Blatt im Maßstab 1:750000. Eine genauere Autokarte (isl.: »Ferdakort«) gibt es im Maßstab 1:500000. Geologische Karten oder Generalkarten (isl.: »Adalkort«) sind im Maßstab 1:250000 zu bekommen. Eine noch genauere topographische Karte bildet im Maßstaab 1:100000 oder 1:50000 ab.

Außerdem gibt es noch Spezialkarten von touristisch interessanten Gebieten. Zu erhalten sind sie von folgenden Gebieten: Thórsmörk, Landmannalaugar, Húsavik-Myvatn-Jökulsargljufur, Hornstrandir und Skaftafell, jeweils im Maßstab 1:100000. Vom Myvatn, den Westmänner-Inseln und der Hekla beträgt der Maßstab der Karten 1:50000, vom Thingvellir und Skaftafell 1:25000.

Stadtpläne, zum Beispiel von Akureyri oder Reykjavik, sind im Maßstab 1:15000 erhältlich. Die Touristen-Information gibt sie kostenlos aus.

## Ausweispapiere, Versicherungen

Zur Einreise nach Island wird von Bürgern der Europäischen Gemeinschaft lediglich ein gültiger Personalausweis oder Reisepaß benötigt. Gehört das Heimatland des Islandreisenden einem der Staaten des Nordischen Rates (Norwegen, Schweden, Dänemark) an, benötigt dieser überhaupt keinen Ausweis.

Übersteigt der Islandaufenthalt jedoch drei Monate, benötigt der Tourist ein Visum. Man kann es bei der jeweils zuständigen Botschaft oder beim Konsulat beantragen.

Wollen Sie mit Ihrem eigenen Fahrzeug einreisen, benötigen Sie einen gültigen Führerschein; ein internationaler ist nicht erforderlich. Für das Fahrzeug müssen Sie den Fahrzeugschein sowie die grüne Versicherungskarte dabeihaben. Der Versicherungsnachweis muß für die Dauer des gesamten Islandaufenthaltes Gültigkeit haben.

Für das mitgeführte Fahrzeug empfiehlt sich ein Auslandsschutzbrief, der einen Rücktransport des Fahrers, eventueller Mitfahrer sowie des Fahrzeugs gewährleistet. Auch ein schrottreifes Auto muß nämlich wieder mit ausgeführt werden. Außerdem können wir eine zusätzliche Versicherung gegen Glasschäden am Fahrzeug – möglichst sogar ohne Selbstbeteiligung – empfehlen, da kleinere Schäden an Windschutzscheibe und Scheinwerfern häufig vorkommen.

Eine zusätzliche Krankenversicherung ist nicht erforderlich. Es ist allerdings möglich, daß Sie eventuelle Arzt- oder Krankenhauskosten zunächst vorstrecken müssen; diese Kosten erstattet Ihnen aber Ihre Krankenkasse.

## Zoll- und Einfuhrbestimmungen

Haustiere dürfen Sie nach Island nicht mitnehmen.

Bei der Einreise darf man 3 kg Lebensmittel dabeihaben. Streng verboten ist aber das Mitführen von frischem oder geräuchertem Fleisch sowie von Fleischprodukten, Eiern, Molkereiprodukten oder ungekochter Milch. Eine Ausnahme bilden hier lediglich Vollkonserven. Die Zollbeamten in Seydisfjördur machen Stichproben und erheben Gebühren auf zuviel eingeführte Lebensmittel.

An alkoholischen Getränken darf jeder volljährige Islandtourist 1 l Spirituosen (bis 47%) und 1 l Wein (bis 21%) einführen. Eines der beiden Getränke kann durch 6 l importiertes Bier oder 8 l isländisches Bier ersetzt werden. Zu beachten ist, daß auf den Färöern keine Getränkedosen eingeführt werden dürfen.

Jeder Mitreisende ab 15 Jahren darf 250 g Tabak oder 200 Zigaretten mitnehmen.

Das Mitführen von Waffen, waffenähnlichen Gegenständen, Drogen jeglicher Art, Gift oder Arzneien ist streng verboten. Arzneien dürfen ausschließlich in kleinen Mengen für den persönlichen Bedarf eingeführt werden.

Ein PKW kann ebenfalls für die Dauer von drei Monaten eingeführt werden, ohne daß Zoll dafür bezahlt werden muß. Wenn er im Ausland zugelassen ist, bestimmte Ausmaße nicht überschreitet und nicht gewerblich genutzt werden soll, wird eine für die Dauer des Aufenthaltes begrenzte Einfuhrgenehmigung erteilt. Auf alle mit Diesel betriebenen Fahrzeuge wird eine Steuer erhoben. Die Höhe dieser Steuer hängt vom Gewicht des Fahrzeugs und von der Verweildauer ab.

Wird eine Angel- oder Reitausrüstung mitgenommen, muß diese entweder fabrikneu sein, oder es muß eine Bescheinigung vorliegen, daß die Gegenstände desinfiziert wurden. Liegt diese Bescheinigung nicht vor, besteht beim Zoll die Möglichkeit, die Ausrüstung gegen Gebühr desinfizieren zu lassen.

Elektrogeräte müssen möglicherweise bei der Einreise angegeben und bei der Ausreise vorgezeigt werden.

Ausländische Zahlungsmittel können in unbegrenzter Höhe mitgebracht werden. Die Einfuhr von isländischen Kronen ist beschränkt. Da diese Währung starken Schwankungen unterliegt, lohnt es nicht, bereits im Heimatland Geld einzutauschen. Zudem werden von den Banken zum Teil beträchtliche Gebühren für den Umtausch und die Beschaffung dieses nicht häufig verlangten Zahlungsmittels erhoben. Es gibt sowohl auf der Fähre als auch in Seydisfjördur die Möglichkeit, Geld in isländische Kronen zu tauschen oder einen Scheck einzulösen.

# Unterkunftsmöglichkeiten

## Hotels

Fast jedes größere Dorf hat zumindestens ein kleines Hotel. Da diese Hotels aber meist nur über eine geringe Anzahl von Betten verfügen, empfiehlt es sich, die Unterkunft rechtzeitig zu buchen.

Das Isländische Fremdenverkehrsamt verschickt Verzeichnisse von Hotels in den wichtigsten Ortschaften. Für eine Reservierung gibt es mehrere Möglichkeiten: Entweder man setzt sich mit dem jeweiligen Hotel direkt in Verbindung oder bucht über das genannte Fremdenverkehrsamt oder über ein Reisebüro.

## Edda-Hotels

Edda-Hotels sind reine »Sommerhotels«: Die Internatsschulen für isländische Kinder und Jugendliche bleiben während der Sommerferien von Juni bis August geschlossen, und die Schulen dienen während dieser Zeit als Touristenunterkünfte.

Ausstattung, Preise und Leistungen der Edda-Hotels entsprechen denen der übrigen Hotels. Ihre Küchen sind ganztägig geöffnet. Der

Vorteil der Edda-Hotels ist, daß sie meistens sehr schön gelegen sind.

Da das Netz der Edda-Hotels ständig erweitert wird, kann man problemlos von einem Hotel zum anderen reisen. Lediglich im Nordwesten Islands und im Hochland gibt es sehr wenige Edda-Hotels.

Eine rechtzeitige Reservierung ist auch bei den Edda-Hotels unerläßlich. Ein Verzeichnis erhalten Sie über das Isländische Touristenbüro Ferdaskriftstofa Rihisins, Reykjanes Braut 6, Reykjavik, Tel (91) 25855, oder über das Isländische Fremdenverkehrsamt. Hier können Sie auch ein Zimmer vorbestellen.

## Schlafsackunterkünfte

Hotels und Edda-Hotels bieten auch Schlafsackunterkünfte an. Man schläft hier mit mehreren Personen in einem Raum, Matratzen werden gestellt. Ein eigener Schlafsack ist mitzubringen.

## Jugendherbergen

Das isländische Wort für Jugendherberge heißt »Farfuglaheimili«, was Zugvögelheim bedeutet. Die Jugendherbergen unterscheiden sich in Größe und Ausstattung, entsprechen aber alle dem internationalen Standard.

Jugendherbergen bieten »jungen« Leuten jeden Alters Unterkunft. In den Schlafsälen erhält man Bett, Kopfkissen und Decke. Ein Leinenschlafsack muß mitgebracht oder ausgeliehen werden. Mit Ausnahme der Jugendherberge in Reykjavik werden in allen anderen auch eigene Schlafsäcke toleriert.

Die Jugendherbergen bieten dem Gast keine Verpflegung an. Es stehen jedoch Kochgelegenheiten, fließendes Wasser, Duschen und Zentralheizung zur Verfügung. Oft gibt es Unterbringungsmöglichkeiten für die gesamte Familie und meist eine gute Anbindung an das Busnetz.

Nähere Informationen kann man über das Isländische Fremdenverkehrsamt oder den Verband isländischer Jugendherbergen, Baudalag Islenskra Farfugla, Laufavegur 41, P. O. Box 1045, IS-121 Reykjavik, Tel. (91) 1049-0 erfahren.

Eine rechtzeitige Anmeldung ist hier ebenfalls erforderlich.

Jugendherbergen gibt es in Reykjavik und Akureyri (jeweils zwei) sowie in Varmaland, Breidavik, Hrútafjördur, Húsey, Seydisfjördur, Mjóifjördur, Bermas, Skaftafell, Höfn, Reynisbrekka, Fljótsdalur, Leirubakki, Reykholt, Hveragerdi und Vestmanneyjar.

## Ferien auf dem Bauernhof

Eine zunehmend beliebter werdende Möglichkeit, Urlaub auf Island zu verbringen, sind »Ferien auf dem Bauernhof« (Farm Holidays). Mehr als hundert Bauernhöfe bieten fast im ganzen Land Privatzimmer an. Besonders für Familien mit Kindern ist dies eine attraktive Art, Urlaub zu machen. Nähere Informationen gibt es bei »Farm Holidays in Iceland«, Baendahöllin, Hagatorg (im Gebäude des Saga-Hotels), Reykjavik, Tel. 91-19200 oder 623640.

## Hüttenunterkünfte

Touristen- und Schutzhütten gibt es in ganz Island, vor allem an den Küsten und im Hochland.

Dabei ist zu beachten, daß Schutzhütten keine Dauerunterkünfte sind, sondern nur im Bedarfsfall benützt werden sollten. Es wird erwartet, daß nach Benützung ein kleines Entgeld in der Hütte hinterlegt wird. Werden vorhandene Vorräte wie Lebensmittel, Kohle oder Brennholz in Notsituationen benötigt, müssen die verbrauchten Dinge bei der jeweiligen Gemeinde oder beim nächstgelegenen Hof bezahlt werden.

Rettungshütten dürfen nur im äußersten Notfall benutzt werden. Sie sind über ganz Island verteilt. Meistens sind es orange gestrichene Holzhäuschen, die Notquartiere für vier bis sechs Personen bieten. In den Hütten befinden sich meistens ein Funkgerät, ein Ofen und ein Herd mit Brennholz und Streichhölzern, Decken und oft auch eine Notration an Lebensmitteln.

Außer den genannten Hütten gibt es auch Touristenhütten, die von verschiedenen Vereinen unterhalten werden. Es gibt den Isländischen Touristenverein (»Ferdafélag Islands«) und Touristenvereine in folgenden Städten: Akureyri (»Ferdafélag Akureyrar«) und Egilsstadir (»Ferdafélag Fljótsdalshérads«).

Die Hütten stehen in erster Linie den Vereinsmitgliedern zur Verfügung, aber auch Nichtmitglieder können dort übernachten. Wir haben es nie erlebt, daß jemand abgewiesen wurde – egal, wie belegt die Hütte bereits war.

Im Sommer gibt es meistens einen Hüttenwart, der die Besucher einweist, die Übernachtungsgebühren kassiert und Auskünfte gibt. Hütten sind mit Öfen, Kochgelegenheiten und Geschirr ausgerüstet. Meistens gibt es fließendes Wasser. Unterkunft erhält man in Schlafräumen auf Betten oder Matratzen.

Auskünfte über Touristenhütten gibt es beim Isländischen Fremdenverkehrsamt oder direkt beim Ferdafélag Islands, Öldugata 3, Reykjavik, Tel. (91) 19533 oder 11793.

## Campingplätze

Die Zahl der Campingplätze (isl.: »Tjaldstaedi«) ist in den letzten Jahren gestiegen und wird noch erweitert. Sie sind fast immer gebührenpflichtig und verfügen über unterschiedlichen Standard.

Größere, gut ausgestattete Campingplätze gibt es in Reykjavik, Akureyri, Egilsstadir, Húsafell, Varmahlid, Isafjördur, Hella, Laugarvatn, Pingvellir, Jökulsárgljufur (Hljódaklettar), Skaftafell und am Myvatn (Reykjahlid).

Die kleineren Campingplätze entsprechen oft nicht den Anforderungen des Gesundheitsministeriums. Das bedeutet, daß meistens nur wenige sanitäre Einrichtungen für viele Camper zur Verfügung stehen. Manchmal fehlt sogar fließendes Wasser.

Obwohl die Sommersaison nur kurz ist, wird der Komfort auf den Campingplätzen doch ständig erweitert. Es gibt auch immer mehr kleine Hütten auf den Campingplätzen.

Zelten außerhalb von Campingplätzen ist überall dort erlaubt, wo es nicht ausdrücklich verboten ist. Es gibt jedoch einiges zu beachten: Verboten ist das Zelten grundsätzlich in Nationalparks und Naturschutzgebieten außerhalb der markierten Zeltplätze. Auf privatem Gelände, insbesondere auf kultiviertem Land, ist immer die Erlaubnis des Eigentümers einzuholen. Liegt ein Campingpltz in der Nähe, sollte dieser benutzt werden.

# Anforderungen an die Ausrüstung

## *Campingausrüstung*

Wohnmobile oder Campingfahrzeuge werden oftmals an den Rand des Campingplatzes oder auf separate asphaltierte Parkplätze verbannt. Der Vorteil dieser Fahrzeuge liegt darin, daß man praktisch überall kampieren kann und nicht so leicht naß wird. Die Isländer selbst reisen häufig mit Campinganhängern.

Wenn Sie sich entschließen, Campingurlaub auf Island zu machen, sollten Sie an Ihrem *Zelt* nicht sparen! Wichtig ist, daß das Zelt wasserdicht und sturmsicher ist. Dafür sind unterschiedliche Materialien geeignet. Starke Stürme sind auf Island beinahe alltäglich, besonders am Meer. Da es kaum windgeschützte Plätze – zum Beispiel hinter Bäumen – gibt, muß das Zelt standsicher sein. Wir haben gute Erfahrungen mit einem Kuppelzelt gemacht; geeignet sind aber auch andere Zeltformen. Wichtiger als die Zeltform ist, daß das Zelt aus Innen- und Außenplane besteht und diese weit genug voneinander abspannbar sind.

Da oftmals nur auf steinigem, felsbodenähnlichem Untergrund gezeltet werden kann, sollten Stahlheringe oder Zeltnägel mitgenommen werden. Das Gestänge sollte nicht allzu flexibel sein. Ersatzgummis und zusätzliche Abspannleinen sind empfehlenswert.

Ebenso empfiehlt es sich, eine *Luftmatratze* oder zumindest eine *Isoliermatte* mitzunehmen.

Der *Schlafsack* sollte auch für Temperaturen um den Gefrierpunkt geeignet sein. Dabei ist nicht wichtig, ob ein Daunen- oder ein Kunstfaserschlafsack benutzt wird. Beim Daunenschlafsack ist allerdings zu beachten, daß ihm große Feuchtigkeit nicht bekommt. Eine zusätzliche Decke ist empfehlenswert.

Wir verwendeten bei unseren Reisen immer *Gaskocher*. Sie haben den Vorteil, daß man sie auch im Zelt relativ gefahrlos verwenden kann. Man sollte jedoch darauf achten, daß der Kocher möglichst standfest ist – zum Beispiel durch einen zusätzlichen Standfuß gesichert. Es empfiehlt sich auch ein Windschutz.

Bei Flugreisen beachten Sie bitte, daß der Brenner nur ohne Gaskartuschen mitgenommen werden darf. Man erhält aber in Island problemlos Kartuschen, entweder in Eisenwarenhandlungen, Sportgeschäften, Tankstellen oder in Supermärkten.

Ein *Spirituskocher* ist nicht zu empfehlen, da Spiritus in Island extrem teuer ist. Einen *Benzinkocher* können Sie verwenden, aber eben nur außerhalb des Zelts.

Campingausrüstung kann auch geliehen werden. Wenden Sie sich dazu am besten an »Tjaldaleigan« – Rent a tent, Vatnsmyrarvegi 9, Reykjavik. Bei organisierten Touren wird die Ausrüstung üblicherweise gestellt.

Bei der *Kleidung* sollten Sie auf folgendes achten: Feuchte und kühle Witterung ist beinahe alltäglich. Deshalb sollten Sie entsprechend darauf eingestellt sein. Anorak oder Parka sind ebenso unerläßlich wie eine strapazierfähige lange Hose, die möglichst leicht waschbar ist, und ein warmer, aber leichter Pullover. Wir haben uns auf Island einen handgestrickten Schafwollpullover für die oft sehr kühlen Nächte gekauft. Zum Gepäck sollten außerdem gehören: genügend warme Bekleidung zum Drunterziehen, warme Unterwäsche, dicke Socken. Eine Wollmütze und Handschuhe können wir nur empfehlen. Regenkleidung sollte möglichst von guter Qualität sein, da Sie sie viel brauchen. Atmungsaktives Gewebe ist hierfür optimal geeignet.

Für wärmere Temperaturen sollten auch T-Shirts mitgenommen werden, außerdem eine Sonnenbrille und Sonnenschutzmittel. Darauf können Sie vor allem in Gletschernähe kaum verzichten.

Besondere Beachtung sollte den Schuhen gehören. Da wohl fast jeder zumindestens eine kleine Wanderung macht, empfehlen sich robuste, aber bequeme Wanderschuhe mit rutschfester Profilsohle. Über Gummistiefel gibt es unterschiedliche Meinungen. Wir benötigten sie häufig.

Bei Wanderungen, bei denen Furten durchquert werden müssen, empfehlen sich sonst Badesandalen oder auch Turnschuhe. Haben Sie vor, häufiger in Hütten oder Schlafsackunterkünften zu übernachten, sind ein Paar leichte Haus- oder Hüttenschuhe angebracht.

## *Essen und Trinken*

Insgesamt ist die isländische Küche eher einfach. Seitdem die Alkoholbeschränkungen gelockert wurden, entstanden sehr viele Restaurants, vor allem in Reykjavik. Eine Tischreservierung ist angebracht. Isländische Spezialitäten sind meistens Fisch oder Lammfleisch.

Es gibt in Island generelle Essenszeiten, von denen nicht wesentlich abgewichen wird. Sie gelten vor allem für Hotels. Danach gibt es Frühstück zwischen 8 und 9 Uhr, Mittag zwischen 12 und 13 Uhr, Kaffee zwischen 15 und 16 Uhr und Abendessen zwischen 19 und 20 Uhr.

Bei den Fischspezialitäten gibt es vor allem Schellfisch (isl.: »Ysa«), Heilbutt (»Lyda«) und Dorsch (»Smathorskur«). In der Fangsaison werden Forellen und Lachs angeboten. Auch isländische Krabben sind eine besondere Spezialität.

Die Isländer essen häufig Trockenfisch, aber auch Hai. Gerne gegessen werden zudem Fischklöße aus Fisch, Paniermehl und Gewürzen.

Lamm- und Hammelfleisch gibt es bei den Isländern häufig, da sie es selbst produzieren. Eine besondere Spezialität sind Schafsköpfe, eines der ältesten isländischen Gerichte. Diese zu essen ist aber wohl nicht jedermans Sache.

Rind- oder Schweinefleisch werden eher selten angeboten.

Das isländische Nationalgericht ist Skyr, ein quark- oder joghurtähnliches Milchprodukt.

Eine Spezialität sind auch die Papageitaucher oder Lundi. Wir haben sie aber nicht probiert.

Die Läden sind in der Regel von 9 bis 18 Uhr geöffnet, freitags manchmal auch bis 22 Uhr. Samstag sind viele Geschäfte geschlossen oder öffnen nur von 9 bis 12 Uhr. Läden zu finden ist kein Problem. In jeder etwas größeren Siedlung findet man zumindest ein Geschäft. Das Warenangebot ist jedoch sehr unterschiedlich, ebenso wie die Preise. In kleineren Geschäften erhält man Lammfleisch oder Fisch meistens tiefgefroren. Darunter leidet die Qualität aber nicht.

# Autofahren

## Allgemeines

Autos und Busse sind die wichtigsten Verkehrsmittel in Island. Zwischen allen bedeutenden Orten besteht außerdem ein enges Flugnetz, das von ein- und zweimotorigen Passagierflugzeugen bedient wird. Island hat keine Eisenbahn.

Island verfügt insgesamt über etwa 13000 km Straßen. Nur ungefähr ein Viertel davon ist asphaltiert. Asphaltierte Straßen gibt es überwiegend in der Umgebung von Ortschaften und als Hauptverbindungsstrecken in den dichter besiedelten Gebieten in Küstennähe. Die meisten Straßen sind nicht asphaltiert, sondern geschottert. Bevorzugtes Straßenbaumaterial ist feiner, schwarz-grauer Lavakies. Tiefe Schlaglöcher, Spurrillen und größere Steine auf den Straßen sind eher die Regel als die Ausnahme. Nichtasphaltierte Straßen sind staubig, bei Regen glitschig und verschlammt. Die Seitenstreifen der Straßen bestehen meist aus aufgeschüttetem, lockerem Schotter.

Islands Straßen sind schmäler als die mitteleuropäischen. Steile Auf- und Abfahrten mit unübersichtlichen Kuppen und engen Kurven sind häufig. Der Straßenbelag wechselt je nach verwendetem Baumaterial: Grober Schotter, feines Lavagestein, Sand und Lehm sind üblich. Die Gefahr, daß entgegenkommende oder vorausfahrende Fahrzeuge Steine hochschleudern, die zu Glas- und Lackschäden am eigenen Fahrzeug führen, ist ständig gegeben.

Manche Nebenstraßen und vor allem die Hochlandpisten sind nur mit besonders robusten, hochbeinigen Fahrzeugen befahrbar. Auf Islands unbefestigten Straßen wird das Fahrwerk eines Autos extrem beansprucht. Bei allzu schneller Fahrweise sind teure Schäden am Fahrwerk – insbesondere auch an der Lenkung, den Radlagern, der Federung und an den Stoßdämpfern – unvermeidlich. Folglich ist eine vorsichtige Fahrweise angezeigt.

Auf asphaltierten Straßen gilt außerorts eine Höchstgeschwindigkeit von 90 km/h. Auf nichtasphaltierten Straßen ist die Geschwindigkeit auf 80 km/h begrenzt. Innerorts gilt Tempo 50 und in Wohngebieten 30 km/h.

Die Haupt- und Nebenstraßen in Island sind numeriert. Man unterscheidet Straßennummern mit 1, 2 oder 3 Ziffern. Je mehr Ziffern die Straßenbezeichnung aufweist, desto untergeordneter ist die Straße. Hochlandpisten sind mit einem »F« und einer zweistelligen Nummer gekennzeichnet. Nebenstraßen, die mit drei Ziffern gekennzeichnet sind, stellen gelegentlich schon die Grenze dessen dar, was man einem normalen PKW an Schlaglöchern und grobem Schotter zumuten sollte. Die numerierten Haupt- und Nebenstraßen sind in der Regel aber ohne Probleme mit jedem normalen PKW befahrbar. Völlig ungeeignet für die nichtasphaltierten isländischen Straßen sind jedoch Fahrzeuge mit tiefergelegtem Fahrwerk. Unterbodenfreiheit ist das entscheidende Kriterium, um ohne Schaden Islands Straßen befahren zu können.

Aufgrund dieser Gegebenheiten stellt sich die Frage, welches Fahrzeug am besten für die isländischen Straßenverhältnisse geeignet ist: Geländewagen oder PKW?

Mit normalen PKWs können in bewohnten Gebieten alle numerierten Straßen befahren werden. Auch die Überlandstrecken, die in Küstennähe durch unbewohnte Landstriche führen, sind gut befahrbar. Island ist durchaus ein Reiseland für den Autotouristen ohne geländegängiges Fahrzeug. Die bekanntesten Sehenswürdigkeiten, Wasserfälle, Lavalandschaften und heißen Quellen sind meistens problemlos mit einem PKW erreichbar. Gerade deshalb ist Island ein Land für Reisen mit dem Wohnmobil. Nur im Hochland bleiben normalen PKWs die meisten Pisten verschlossen. Obwohl die Isländer einzelne Hochlandstrecken, für die eigentlich ein Geländewagen das geeignetere Fahrzeug wäre, mit dem PKW befahren, raten wir eindeutig davon ab. Die Gefahr, daß das Auto größeren Schaden nimmt, ist einfach zu groß. Wir haben in Island viele PKWs gesehen, die manche Streckenabschnitte nur unter größten Schwierigkeiten und mit der Hilfe Dritter bewältigen konnten. Denken Sie daran, daß die unbefestigte Straße mit Lehm- oder Erdbelag bei Regen für PKWs schnell unpassierbar wird; auf losem Schotter können manche Steigungen nur mit genügend Schwung gemeistert werden: Ein Wiederanfahren am Berg ist manchmal unmöglich – die Räder drehen haltlos durch. Eine flache, harmlose Furt kann nach starken Regenfällen innerhalb von wenigen Stunden beträchtlich anschwellen.

Wer die Weite und die Einsamkeit des Hochlands »erfahren« möchte, wer das Abenteuer sucht oder die vom Vulkanismus und vom Eis der Gletscher gestaltete Landschaft hautnah erleben will, ist auf ein geländegängiges Fahrzeug angewiesen. Im Hochland ist nur der robuste, hochbeinige Geländewagen das Auto der Wahl. Selbst allradangetriebene PKWs stoßen auf den Hochlandpisten schnell an ihre Grenzen: Ihr Fahrwerk ist weniger robust als das echter Geländewagen, und die Räder sind zu klein. Normale PKW-Reifen sind untauglich für Pisten mit scharfkantiger Lava. Die Unterbodenfreiheit mag vielleicht gerade noch ausreichen, damit Gesteinsbrocken nicht ständig am Bodenblech schrammen; die vorderen und hinteren Überhänge der Karosserie sind jedoch zu groß, um stufiges Gelände in Lavafeldern zu meistern. Haupthindernis ist auch die meist ungenügende Watfähigkeit der PKWs, die allenfalls 30 cm beträgt. Viele Flüsse, die auf Hochlandpisten gefurtet werden müssen, sind doppelt so tief.

An dieser Stelle eine Warnung! Der Abenteuer-Reisende hat in Island keine grenzenlose Freiheit. Seinem Toben mit Vierradantrieb in unberührter Landschaft sind strikte Grenzen gesetzt. Zu Recht! Naturschutz hat Vorrang! Die Landschaft und die dünne Pflanzendecke sind hier in der Nähe des Polarkreises sehr empfindlich. Die Spuren wilder Geländefahrten abseits der Pisten brauchen Jahrzehnte, um wieder zu verheilen.

In Island ist der Geländewagen weder Statussymbol noch Modeerscheinung – und schon gar nicht äußeres Zeichen von Draufgängertum und Abenteurernatur. Der Geländewagen ist im Hochland ein unabdingbares Muß, ein reines Mittel zum Zweck, um sicher und ohne Schaden von einem Ort zu einem anderen zu gelangen. Dies sind Fahrten, die für viele Isländer eine tägliche Notwendigkeit sind.

Isländer sind aber auch Autonarren. Manch ein Geländewagen, meist amerikanischer oder japanischer Herkunft, erinnert mehr an eine Miniaturausgabe des legendären Big Foot als an ein alltagstaugliches Off-road-Gefährt. Ein höhergelegtes Fahrwerk und vier dicke Reifen der Dimension 36 x 14,5 R 15 bestimmen mitunter auch das Straßenbild Reykjaviks. Lakonischer Kommentar eines Isländers: »Damit kann ich besser durch die Flüsse fahren – und ist doch echt stark«.

Das Tankstellennetz ist ausreichend dicht. Nur für ausgedehnte Hochlandtouren empfiehlt sich die Mitnahme von Reservetreibstoff. Im Sommer 1992 galten folgende Benzinpreise:

Bleifreies Normalbenzin 92 Oktan
(»Bensin blylaust«) 57,80 isl. Kronen
Bleifreies Superbenzin 95 Oktan
(»Bensin blylaust«) 61,20 isl. Kronen
Verbleites Superbenzin 98 Oktan
(»Bensin bly«) 64,80 isl. Kronen
Diesel (»Dísel«) 20,70 isl. Kronen
Petroleum (»Steinolía«) 35,40 isl. Kronen

28 isländische Kronen entsprechen (Stand: Sommer 1992) etwa 1 DM.

Auf den ersten Blick ist Diesel in Island um etwa zwei Drittel billiger als Benzin. Dafür wird allerdings bei der Einfuhr eines Dieselfahrzeugs nach Island eine Steuer fällig. Diese sogenannte Dieselsteuer richtet sich nach dem Gewicht des Fahrzeugs und der Dauer des Aufenthalts. 1992 mußten für die Dieselsteuer folgende Beträge pro Woche veranschlagt werden:

Fahrzeuggewicht bis 1000 kg:
2 689 isl. Kronen
Fahrzeuggewicht von 2,4 bis 2,59 t:
4 028 isl. Kronen
Fahrzeuggewicht von 7,4 bis 7,59 t:
7 385 isl. Kronen

Der Zoll in Seydisfjördur akzeptierte 1992 nur Bargeld, keine Kreditkarten oder Euroschecks. Es empfiehlt sich deshalb, die Beträge für die Dieselsteuer bereits auf der Fähre einzutauschen oder das Geld beim Zwischenstopp in Torshavn auf den Färöern zu wechseln.

## Mietwagen

Autovermieter gibt es in Island in allen größeren Orten. Die Preise für Mietwagen sind jedoch extrem hoch. Hier einige Beispiele: Fiat Uno oder Nissan Sunny als typische Vertreter der Kleinwagen kosten – einschließlich 700 Freikilometer – pro Woche rund 1200 DM. Jeder zusätzlich gefahrene Kilometer wird mit etwa 1 DM berechnet. Ein kleiner Geländewagen wie Lada Niva oder Suzuki Fox kostet pro Woche rund 2 000 DM; jeder weitere Kilometer zusätzlich etwa 1,60 DM. Ein großer Geländewagen wie Mitsubishi Pajero oder Nissan Terrano kostet etwa 2 800 DM pro Woche, jeder zusätzliche Kilometer ungefähr 2 DM. Der Mieter eines Leihwagens muß mindestens 20 Jahre alt sein.

Es kann billiger sein, sich in Deutschland einen Geländewagen zu mieten und die zusätzlichen Kosten und die Zeit für die Fähre aufzubringen, als in Island ein Fahrzeug zu leihen. Einige deutsche Autoverleiher bieten beispielsweise einen Mitsubishi Pajero oder Mercedes G für vier Wochen inclusive 5 000 km zu einem günstigen Pauschalpreis an, der weniger als die Hälfte des isländischen Mietpreises beträgt. Die Kosten für einen in Island gemieteten großen Geländewagen summieren sich in vier Wochen bei 2 800 gefahrenen Kilometern auf immerhin 11200 DM – und wer Island eingehender bereisen und in die Westfjorde fahren will, erreicht leicht 4 000 km und mehr.

## Straßen- und Pistenkennzeichnung

Die Straße Nr. 1, die »Ringstraße«, wie sie gewöhnlich genannt wird, verläuft in Küstennähe rund um die ganze Insel. Sie ist zugleich Hauptverkehrsstraße und Lebensader des Landes, verbindet sie doch die wirtschaftlich wichtigsten Orte an der Küste untereinander und mit der Hauptstadt. Dieser Ring wurde erst 1974 zur 1100-Jahr-Feier Islands durch Brükkenbauten im Skeidararsandur geschlossen. Die 1411 km lange Ringstraße ist keine mehrspurige, asphaltierte Autobahn, sondern vielmehr eine Landstraße mit Engstellen und Gegenverkehr. Mehr als die Hälfte der Ringstraße ist nicht asphaltiert, von Schlaglöchern und Querrillen übersät, staubig und bei Regen mitunter glitschig.

Island ist in neun Provinzen eingeteilt; daran orientiert sich auch die Kennzeichnung der Straßen. Alle Straßen, die mit der Ziffer 2 beginnen, liegen beispielsweise im Süden, solche mit der Ziffer 7 liegen im Norden, und alle Straßen im Osten tragen die Anfangsziffer 9. An den Provinzgrenzen ändern die Straßen ihre Nummer. Nur die Ringstraße trägt überall die Nummer 1.

Islands Verkehrswege lassen sich grob in fünf Kategorien einteilen.

Bei Straßen der *Kategorie 1* handelt es sich um gut ausgebaute, ständig unterhaltene Hauptverkehrsverbindungen, die überwiegend asphaltiert sind. Dazu zählen die Straßen in den Großräumen Reykjavik, Keflavik und Selfoss sowie Teile der Ringstraße.

Auch Straßen der *Kategorie 2* sind Hauptverkehrsadern. Sie sind teilweise asphaltiert, weisen sonst aber alle »holprigen« Eigenschaften von Schotterstraßen auf. Straßen der Kategorie 2 tragen zweistellige Straßennummern.

Straßen der *Kategorie 3* sind mit dreistelligen Nummern gekennzeichnet. Diese Straßen sind überwiegend nicht asphaltiert. Von Zeit zu Zeit werden Schlaglöcher und Querrillen mit schweren Raupenfahrzeugen geglättet und von Regen- und Schmelzwasser unterspülte Abschnitte ausgebessert.

Befestigte und regelmäßig kontrollierte und unterhaltene Pisten zählen zu den Straßen der *Kategorie 4*. Diese Strecken sind nicht asphaltiert. Sie weisen meist einen groben Schotterbelag auf oder bestehen aus festgefahrenem Naturboden. Straßen dieser Kategorie sind mit einem »F« und einer zweistelligen Nummer gekennzeichnet. Solche Pisten erfordern meist schon ein geländegängiges Fahrzeug mit Allradantrieb und hoher Unterbodenfreiheit. Diese Straßen führen ins zentrale Hochland. Beispiele sind die Piste F28 »Sprengisandsleid« oder die F98 »Öskjuleid« zur Askja. Auf Straßen der Kategorie 4 wird der Autofahrer bereits mit allen Schwierigkeiten konfrontiert, die auf Islands Hochlandpisten auftreten können: Sand, tiefe Furten, stufige Lavafelder. Diese Pisten werden in aller Regel nur einmal – zu Beginn der Sommermonate – ausgebessert und markiert. Je länger das zurückliegt und je mehr Regen in den Sommermonaten fällt, desto ausgefahrener sind die Spuren und um so tiefer und häufiger die Schlaglöcher!

Zu den Straßen der *Kategorie 5* zählen wir die vielen nicht numerierten Allradpisten, die oftmals als Stichstraßen zu abgelegenen Plätzen im zentralen Hochland oder an den Rand der Gletscher führen. Ein robuster, allradangetriebener Geländewagen ist Voraussetzung, um diese Strecken risikolos befahren zu können. Diese Pisten werden in aller Regel nicht durch die Straßendienste unterhalten. Für ihre Befahrbarkeit müssen die Geländewagenfahrer selbst sorgen. Teile der Piste, die durch Schmelzwasser oder starken Regen unterspült und weggerissen worden sind, müssen umfahren werden. Ist dies nicht möglich, kann es sogar passieren, daß derjenige, der eine solche Strecke nach ihrer Freigabe im Sommer zum ersten Mal befährt, die Straße in aufwendiger Handarbeit erst selbst zum Befahren herrichten muß. Typisch für Straßen der Kategorie 5 sind Flüsse ohne Brücken, eine fehlende durchgehende Markierung und Beschilderung, Naturboden aus Fels, Erde oder tückischem Weichsand und – selbst im Hochsommer noch – meterhoher Altschnee.

Auf allen isländischen Straßen muß man ständig darauf vorbereitet sein, daß Schafe unvermittelt auf die Fahrbahn laufen. Fahrer, die ein Tier verletzen oder töten, sind gegenüber dem Bauern, dem das Tier gehört, zum Schadenersatz verpflichtet. Der Bauer haftet andererseits nicht für Schäden am Fahrzeug.

## *Verkehrsschilder und Verkehrsregeln*

Verkehrsschilder und Verkehrsregeln in Island unterscheiden sich nur unwesentlich von den mitteleuropäischen. Das isländische Straßenverkehrsgesetz schreibt vor:

- Sicherheitsgurte anlegen
- auch tagsüber mit Abblendlicht fahren
- zumindest an den Hinterrädern Schmutzfänger montieren
- kein Alkohol! Grenzwert 0,5 Promille
- Höchstgeschwindigkeit innerhalb geschlossener Ortschaften 30 oder 50 km/h, außerhalb geschlossener Ortschaften 90 km/h auf Asphaltstraßen und 80 km/h auf Schotterstraßen
- das Verlassen ausgeschilderter Pisten oder gar das Fahren abseits der Pisten ist verboten, also ist Island auch im unbewohnten Hochland kein Land für Querfeldeinfahrer! Gesperrte Pisten (Schild »LOKAD«) dürfen nicht befahren werden.

Auf Schotterstraßen ist es wichtig, bei Gegenverkehr die Geschwindigkeit zu senken und an die rechte Außenseite der Fahrbahn zu fahren, um eventuelle Schäden an Lack und Glas durch aufgewirbelte Steine so gering wie möglich zu halten. Bedenken Sie aber, daß die Ränder der Fahrbahnen meist aus aufgeschüttetem Schotter bestehen. Gerät man mit einem Rad in den lockeren Schotter, so kann man leicht die Kontrolle über das Fahrzeug verlieren! Es ist auch sinnvoll, die Scheinwerfer mit einem engmaschigen Schutzgitter zu versehen, um Glasschäden durch hochgeschleuderte Steine zu vermeiden. Ein solches Scheinwerferschutzgitter kann leicht selbst aus verzinktem Drahtgeflecht gefertigt werden, das es in Baumärkten zu kaufen gibt (Mückengitter). An Fahrzeugen mit Rammschutz läßt sich das Schutzgitter einfach vor den Scheinwerfern befestigen. Isländische Tankstellen bieten Scheinwerferschutzgitter mit speziellen Halterungen an, die zwischen der Stoßstange und der Karosserie festgeklemmt werden. Diese Gitter können normalerweise an allen Fahrzeugtypen angebracht werden.

Die meisten Brücken in Island sind nur einspurig. Die Fahrbahn über die Brücke besteht häufig aus Holz. Bei Nässe kann sie deshalb äußerst glatt sein.

Islands Straßen haben viele unübersichtliche Kuppen, die den Gegenverkehr verdecken. Sie werden auf den Hauptstraßen durch ein Warnschild mit dem Zusatz »BLINDHAED« angekündigt. Hier bitte langsam und vorsichtig fahren!

Am Anfang verschiedener Hochlandpisten stehen Warnschilder mit einem Zusatzschild, das stilisiert einen Geländewagen mit der Aufschrift »4 WD« sowie einen durchgestrichenen PKW zeigt. Auch wenn diese Pisten anfangs noch gut befahrbar zu sein scheinen, dürfen sie nur mit allradangetriebenen Fahrzeugen befahren werden.

Im Sommer 1989 gab das Staatliche Straßenbauamt Islands gemeinsam mit dem Isländischen Naturschutzrat erstmalig eine Übersichtskarte über die Befahrbarkeit der Hochlandpisten heraus. Diese Karte wird während der Sommermonate wöchentlich aktualisiert. Auf ihr sind schraffiert die Gebiete eingezeichnet, die noch nicht zum Befahren freigegeben sind. Die Karte ist folglich für die Planung einer Hochlandtour in den Monaten Juni und Juli, wenn viele Pisten noch gesperrt sind, unerläßlich. Die Karte hängt an den meisten Tankstellen, Touristenbüros und Campingplätzen aus.

## Öffnungszeiten der Pisten

Die Hochlandpisten werden jedes Jahr an folgenden Tagen für den öffentlichen Verkehr freigegeben:

| Hochlandstrecke | Tag der Öffnung frühestens | spätestens |
|---|---|---|
| Lakagigar | 14. Juni | 27. Juli |
| *Fjallabaksleid nyrdri, F22* | | |
| 1. Sigalda – Landmannalaugar | 22. Juni | 30. Juli |
| 2. Landmannalaugar – Eldgjá | 12. Juli | 2. August |
| 3. Skaftártunga – Eldgjá | 18. Juni | 6. Juli |
| *Fjallabaksleid sydri* | | |
| 1. Keldur – Hvanngil | 4. Juli | 4. August |
| 2. Fljótshlid–Hvanngil | 6. Juli | 29. Juli |
| 3. Hvanngil – Skaftártunga | 4. Juli | 1. August |
| Landmannaleid | 24. Juni | 27. Juli |
| *Kjalvegur, F37* | | |
| 1. Gullfoss – Kerlingarfjöll | 24. Juni | – |
| 2. Kerlingarfjöll – Blanda | 22. Juni | 26. Juli |
| Sprengisandsleid, F28 | 20. Juni | 28. Juli |
| Skagafjardaleid, F72 | 1. Juli | 2. August |
| Eyjafjardaleid, F82 | 6. Juli | 15. August |
| Kaldadalsvegur, F35 | 24. Juni | 20. Juli |
| *Öskjuleid, F88* | | |
| 1. Hrossaborg – Drekagil | 29. Mai | 4. Juli |
| 2. Drekagil – Askja | 18. Juni | 14. Juli |
| Kverkfjallaleid | 2. Juni | 11. Juli |

Das Datum der Pistenöffnung richtet sich nach den Wetterverhältnissen. Zieht sich die Schneeschmelze im Hochland bis in die Sommermonate hin, werden die Pisten erst spät geöffnet. Einige Strecken können unter Umständen auch das ganze Jahr über geschlossen bleiben. Anfang September fällt dann oft schon wieder der erste Schnee. Dann werden die Pisten unbefahrbar und geschlossen. Im Winter, wenn der Boden gefroren ist und hoher Schnee das Land bedeckt, darf man mit speziell dafür ausgerüsteten und umgebauten Fahrzeugen im Wortsinn »off-road« über den Schnee fahren – ein Spaß, der in Island viele Freunde hat.

Die Aufstellung zeigt, daß die Hochlandpisten überwiegend erst ab Juli und im August zum Befahren freigegeben sind. Dies ist die beste Zeit für erlebnisreiche und abenteuerliche Touren auf Island. Allerdings sind dann auch viele Fahrzeuge im Hochland unterwegs: Die Isländer haben Urlaub und die Reiseveranstalter Hochsaison.

# Das Fahrzeug

## Anforderungen an das Fahrzeug

Das Fahrwerk der meisten in Mitteleuropa zugelassenen Geländewagen ist auf die dort vorherrschenden guten Straßenverhältnisse abgestimmt. Federn, Stoßdämpfer und serienmäßige Reifen wurden unter dem Aspekt der Fahrsicherheit und des Komforts optimiert. Auch bei höheren Geschwindigkeiten sollen die Geländewagen noch gutmütige, leicht beherrschbare Fahreigenschaften aufweisen.

Der weitaus größte Teil dieser Fahrzeuge bekommt nie echtes Gelände unter die Räder. Auf normalen Straßen werden die Fahrzeuge nicht sonderlich beansprucht. Im Gelände dagegen stößt manch ein PS-strotzender Geländewagen schnell an seine Grenzen, wenn sich das feine Profil der Straßenreifen mit Lehm zusetzt oder Spoiler und andere Verkleidungen die Bodenfreiheit und den Böschungswinkel zu sehr einschränken. Eine Stoßstange aus flexiblem Kunststoff schiebt keinen schweren Schnee beiseite, wenn man sich den Weg durch Schneeverwehungen oder Altschneefelder bahnen muß. Auch beim Furten tiefer Gletscherflüsse reißen Stoßstangen aus Kunststoff viel eher aus als solche aus massivem Stahl. Viele serienmäßig angebrachte Kunststoffverkleidungen sind fester Bestandteil der allgemeinen Betriebserlaubnis und dürfen folglich nicht ohne TÜV-Genehmigung entfernt werden. Seitliche Trittbretter aus Aluminium sehen zwar gut aus, werden im Gelände beim Überklettern großer Gesteinsbrocken aber allzuleicht eingedrückt. Die Fahrzeuge werden durch solche Beschädigungen zwar meist nicht in ihrer Funktionsfähigkeit eingeschränkt, zu Hause stehen aber teure Reparaturen an. Es stellt sich deshalb die Frage, welches Zubehör die Geländegängigkeit erhöht und auf welches Zubehör man in Island besser verzichten sollte.

Es gibt in Island Pisten, die für so manchen Geländewagen eine arge Schinderei bedeuten. Gelegentlich wird dabei bereits die Grenze dessen überschritten, was man dem Fahrzeug überhaupt zumuten sollte. Nach sechs Wochen auf Schotterpisten kann sich solch ein Fahrzeug in einem technischen Zustand befinden, der sonst einer mehrjährigen Laufleistung mit 100 000 Straßenkilometern entspricht: Lenkung ausgeschlagen, Stoßdämpfer ruiniert, Auspuff abgerissen, Teile des Unterbodens eingedrückt, Kunststoffteile beschädigt, Lackschäden durch Steinschlag. Kein Wunder also, daß die Mietwagenkosten in Island so extrem hoch sind!

Aufgrund dieser Anforderungen sollte ein Geländewagen so robust wie möglich sein, über eine ausreichend große Bodenfreiheit von mindestens 20 cm verfügen und mechanisch eher einfach gebaut sein, so daß wesentliche Motorfunktionen nicht nur mit einer hochgezüchteten Elektronik funktionieren. Diese kann unter widrigen Off-road-Bedingungen anfällig für Störungen sein.

Auch auf eine bedarfsgerechte Ausrüstung und Ausstattung des Wagens sollte man großen Wert legen. Dazu zählen die Reifen, ein durchdachter Wasser- und Staubschutz für den Motor und den Innenraum sowie das mitzuführende Werkzeug.

# Die Ausrüstung des Wagens

## Reifen

Isländische Schotterpisten und Lavafelder verlangen nach robusten, großen Geländereifen, denen weder spitze Steine noch scharfkantige Lava etwas anhaben können. Die Reifen sollten grob profiliert sein, um auch auf weichen Erdpisten noch griffig zu sein. Die Serienbereifung vieler Geländewagen ist für den überwiegenden Einsatz auf asphaltierten Straßen abgestimmt. Ebenso wie PKW-Reifen sind diese von ihrem Aufbau und ihrer Gummimischung her so empfindlich, daß sie auf Schotter leicht von außen nicht sichtbare Schäden erleiden und später bei Belastung versagen können. Vor einer Reise nach Island sollten solche »Straßenreifen« durch Reifen ersetzt werden, die besser für einen Einsatz unter erschwerten Geländebedingungen geeignet sind. Diese Reifen besitzen verstärkte Flanken und eine verstärkte Karkasse mit mehreren Stahleinlagen. Wenn solche Reifen nicht in der im Kraftfahrzeugschein eingetragenen Größe erhältlich sind, muß der Geländewagen auf die neue Reifengröße umgerüstet werden. Dazu sind in Deutschland einige Behördengänge notwendig.

Sind an Ihrem Fahrzeug andere Reifen montiert als in den Fahrzeugpapieren angegeben, erlischt die Betriebserlaubnis. Folglich muß jede andere Reifengröße erstens vom TÜV abgenommen sein und zweitens von der Kraftfahrzeugzulassungsstelle in den Fahrzeugpapieren eingetragen werden. Voraussetzung dafür ist ein »TÜV-Gutachten« beziehungsweise die sogenannte »Unbedenklichkeitsbescheinigung«, die es bei den Reifenherstellern gibt. Das Gutachten bestätigt, daß die Reifengröße an Ihrem Geländewagentyp montiert und gefahren werden kann.

Grundsätzlich gibt es zwei Arten der Umbereifung: Die einfachste und billigste besteht darin, eine andere Reifengröße auf der Serienfelge zu montieren, ohne daß technische Änderungen am Fahrzeug erforderlich werden. Es gibt in Deutschland die sogenannte Acht-Prozent-Regel, die besagt, daß der Abrollumfang einer anderen Reifengröße nicht mehr als acht Prozent über dem Abrollumfang des Serienreifens liegen darf. Berücksichtigt man diese Gegebenheiten, so bedeutet dies, daß man beispielsweise anstelle eines Serienreifens der Größe 215 R15 auf Felgen des Typs 6J x 15 an den meisten Fahrzeugen auch Reifen der Größe 235/75 R15 oder 30 x 9,50 R15 montieren kann. Für Reifen der Seriengröße 205 R16 auf 6J x 16-Felgen gibt es die Alternative 215/85 R16.

Auch für wesentlich größere und breitere Reifenformate erteilt der TÜV eine Genehmigung, nur werden dann technische Änderungen am Fahrzeug erforderlich. Diese hängen entscheidend vom Fahrzeugtyp ab und können im einfachsten Fall die Angleichung der Tachowelle an die neue Reifengröße und Kotflügelverbreiterungen beinhalten. Es kann aber auch erforderlich sein, daß Arbeiten an der Karosserie durchgeführt werden müssen, daß der Lenkeinschlag begrenzt werden muß oder daß die maximale Achslast und damit gleichbedeutend das zulässige Gesamtgewicht reduziert werden müssen. Für die an vielen isländischen Fahrzeugen montierten Superreifen der Größe 35 x 12,5 R15 ist sogar eine Höherlegung des Fahrwerks notwendig.

Durch die Umbereifung auf die maximal mögliche Reifengröße kann die Bodenfreiheit eines Geländewagens auf einfache Art und Weise um einige Zentimeter erhöht werden. Dabei gilt die Devise »breit und groß«. Reifen der Größe 235/75 R15 erbringen gegenüber der 215 R15-Serienbereifung etwa 1,5 cm mehr Bodenfreiheit. Eine andere für isländische Pisten gut geeignete Reifendimension ist die Größe 31x10,5 R15, montiert auf Felgen des Typs 7J x 15. Reifen der Dimension 235/85 R16, die auf Felgen der Größe 6J x 16 montiert sind, bieten gegenüber der 205 R16-Serienbereifung bis zu vier Zentimeter mehr Bodenfreiheit. Selbst gegenüber den schon großen 31x10,5 R15-Reifen erhält man damit noch weitere 2 cm Bodenfreiheit.

Höhergelegte isländische Super-Jeeps sind meist mit noch größeren und breiteren Reifen bestückt: 33 x 12,5 R15 oder 35 x 12,5 R15. Diese Riesenräder leisten auf Islands Off-road-Pisten Erstaunliches. Für normale Fahrbahnverhältnisse sind sie jedoch viel zu groß und bieten nur Nachteile.

Im Winter montieren die Isländer sogar Reifen des Formats 38 x 14,5 R15. Die Lauffläche dieser Reifen ist 36 cm breit, der Durchmesser des Rads beträgt knapp einen Meter. Diese gewaltigen Räder erlauben das Fahren über Schneeflächen, ohne daß das Fahrzeug im Tiefschnee einsinkt. Durch eine Reduzierung des Reifendrucks läßt sich die Auflagefläche des Reifens noch zusätzlich vergrößern. Hiermit fahren die Isländer im Winter auf dic Gletscher. Das ist »off-road total«! Ein Fahren, das für die meisten Islandreisenden aber ein Traum bleibt.

## *Differentialsperren*

Es gibt im Gelände Situationen, in denen der beste Allradantrieb nichts nützt. Wenn die Achsverschränkung nicht mehr ausreicht und die Federwege am Ende sind, können zwei diagonal gegenüberliegende Räder haltlos durchdrehen. In diesem Fall hat das Differential dem Vortrieb ein Ende gesetzt. Hier kann nur der weiterfahren, dessen Geländewagen über eine Differentialsperre verfügt.

Jedes Kraftfahrzeug besitzt an der angetriebenen Achse ein Differential. Dieses hat die Aufgabe, das von Motor und Getriebe vorgegebene Drehmoment gleichmäßig auf die angetriebenen Räder zu verteilen. In Kurven legen sowohl das linke wie das rechte Rad einer Achse als auch die Räder an der Vorder- und Hinterachse unterschiedlich lange Wege zurück. Folglich müssen sich die Räder unterschiedlich schnell drehen können. Dafür sorgt das Differential. Im normalen Straßenbetrieb ermöglicht es ein unbeschwertes Autofahren und verhindert unnötigen Verschleiß an den Reifen.

Im Gelände offenbart sich schnell der Nachteil des Differentials: Die ausgleichende Wirkung lenkt das meiste Drehmoment nur auf das Rad, das am leichtgängigsten ist, also die geringste Bodenhaftung aufweist. Dieses Rad dreht haltlos, aber mit doppelter Geschwindigkeit, durch. Das gesamte Drehmoment verpufft am durchdrehenden Rad: Das Fahrzeug sitzt fest.

Könnte man einen Teil der Antriebskraft – anders als vom Differential vorgegeben – auch auf das stillstehende Rad mit der besseren Traktion übertragen, so würde dies ausreichen, um das Fahrzeug wieder zu bewegen. Dies ist die Aufgabe und Wirkungsweise von Differentialsperren – oder in anderer Ausdrucksweise Sperrdifferentialen.

Für Geländewagen gibt es Differentialsperren unterschiedlichster Bauart und Funktionsweise. Hier sollen nur zwei erwähnt werden: Die 100 %ige Differentialsperre verteilt das Drehmoment immer unabhängig vom Belastungszustand gleichmäßig auf beide Räder der angetriebenen Achse. Teilsperrende Differentiale oder schlupfabhängige Differentialsperren übertragen einen Teil des Drehmoments auf das Rad mit der besseren Traktion. Sie treten meist erst dann merklich in Erscheinung, wenn ein Rad durchzudrehen beginnt. Diese teilsperrenden Differentiale arbeiten entweder mit einem fest vorgegebenen Sperrfaktor, der üblicherweise zwischen 30 % und 60 % liegt, oder sie sind drehmomentgesteuert. Bei letzterer Bauart wird der Sperrgrad umso stärker, je mehr Drehmoment am Differential anliegt. Beim Fahren mit Reduziergetriebe und hoher Antriebsleistung wirkt eine drehmomentgesteuerte Differentialsperre besonders stark. Andererseits verliert sie ihre Wirkung, sobald nur noch wenig Drehmoment übertragen werden muß, um ein Rad zu beschleunigen. Folglich wirkt eine drehmomentgesteuerte Differentialsperre nicht, wenn ein Rad auf eisglattem Boden durchdreht oder gar in der Luft hängt.

Bei beiden Arten teilsperrender Differentiale sorgen Lamellen, die von Tellerfedern zusammengepreßt werden, für die Sperrwirkung.

100 %ige Differentialsperren können eigentlich nur zum Anfahren oder bei langsamer Fahrt eingesetzt werden. Das Fahrverhalten eines Geländewagens mit vollständig gesperrtem Differential ist unberechenbar. Bei einer Vorderachssperre wird das Lenken fast unmöglich. Deshalb werden 100 %ige Differentialsperren meist nur an der Hinterachse verwendet.

Teilsperrende Differentiale verhalten sich viel gutmütiger und erbringen meist auch die gewünschte Wirkung. Aus diesem Grund sind einige Geländewagentypen serienmäßig bereits mit teilsperrenden Differentialen ausgestattet.

Ein Geländewagen verfügt bekanntlich über zwei angetriebene Achsen. Beide Achsen besitzen ein Differential. Fahrzeuge mit permanentem Allradantrieb haben zusätzlich ein drittes Differential im Antriebsstrang zwischen der Vorder- und der Hinterachse. Eine zuschaltbare oder automatisch wirkende Sperre im Mittendifferential gehört bei diesen Fahrzeugen zur Serienausstattung. Einfachere Ausführungen des Allradantriebs verzichten auf dieses Mittendifferential. Ihr Allradantrieb ist starr zuschaltbar. Dies entspricht der Wirkung einer 100 %igen Differentialsperre zwischen der Vorder- und der Hinterachse. Um Verspannungen im Antriebsstrang und Verschleiß zu vermeiden, sollte bei diesen Fahrzeugen der Allradantrieb nur dann zugeschaltet werden, wenn die Geländebedingungen es erfordern. Sinnvoll ist bei diesen Fahrzeugen ein teilsperrendes Differential an der Hinterachse. Dieses sorgt für ausreichende Traktion der Räder auch bei Zweiradantrieb. Auf normalen Pisten muß man hier meist keinen Allradantrieb zuschalten.

Laien setzen in Differentialsperren oft höhere Erwartungen, als in der Praxis an Nutzen gewonnen wird. Die Geländetauglichkeit eines Fahrzeugs wird durch die Reifen, lange Federwege und eine gute Achsverschränkung wesentlich stärker beeinflußt als durch Differentialsperren.

## *Wasserschutz*

Tiefe Wasserdurchfahrten sind auf Islands Hochlandpisten unvermeidlich. Bis etwa 50 cm Wassertiefe sind Flüsse für einen Geländewagen in aller Regel ohne Schwierigkeiten passierbar. Manche Furten sind jedoch wesentlich tiefer. Die Strömung kann den sandigen Untergrund örtlich bis zu einen Meter tief ausgespült haben. Beim Durchfahren einer solchen Furt wird der Motor für einige Sekunden unter Wasser gesetzt; auch der Wagenboden, das Getriebe und die Achsen tauchen voll ein. Die Bugwelle überspült die Motorhaube, und auf der Anströmseite steht das Wasser bis zur halben Türhöhe.

Jeder Geländewagen ist entsprechend seinem Einsatzzweck auch für das Durchfahren von Flüssen gebaut worden. Gegen Wasser empfindliche Teile an den Achsen, am Getriebe und im Motorraum sind mit Dichtungen versehen, versiegelt oder auf eine andere Art vor dem Eindringen von Wasser geschützt. Die Entlüftungsleitungen der Achsdifferentiale sind hochgezogen. Elektrische Komponenten sind entweder ins Wageninnere verlegt, im Motorraum sehr hoch – oberhalb einer möglichen Wasserstandslinie – angeordnet oder wasserdicht versiegelt. Der Luftansaugstutzen liegt ebenfalls hoch im Motorraum und an einer spritzwassergeschützten Stelle; die Luftschläuche sind lang und durchlaufen einen Wasserabscheider, bevor sie in den Motor münden.

Die Autohersteller garantieren eine bestimmte Wassertiefe, bis zu der das Fahrzeug keinen Schaden nimmt. Diese sogenannte Wattiefe liegt bei echten Geländewagen werksseitig bei 50 bis 70 cm. Die Wattiefe allradgetriebener PKWs und auch von »Geländewagen«, die vornehmlich für den Straßeneinsatz konzipiert worden sind, kann beträchtlich tiefer liegen. Beachten Sie diesbezüglich unbedingt die Betriebsanleitung Ihres Fahrzeugs, oder fragen Sie Ihren Autohändler.

Wer durch zu tiefes Wasser fährt, riskiert Schäden am Fahrzeug: Glück im Unglück hat derjenige, dessen Motor in der Furt nur abstirbt, weil die Elektrik durch Wasserberührung ausgefallen ist. Dieser Schaden tritt bei Benzinmotoren eher als bei Dieselmotoren auf. Ein Dieselmotor läuft notfalls auch unter Wasser noch weiter, sofern nicht die Hochdruckpumpe von Direkteinspritzern ihren Dienst versagt. Saugt ein Motor jedoch außer Treibstoff und Luft auch noch Wasser an, so stirbt er augenblicklich. Wasser läßt sich im Brennraum des Motors nicht verdichten und bremst dadurch den Kolben während seiner Aufwärtsbewegung so stark ab, daß sich die Pleuel verbiegen. Ist dieser »Wasserschlag« aufgetreten, hilft meist nur noch eine gute Werkstatt weiter. Der Motor wird zerlegt und getrocknet, und die Pleuel müssen ausgetauscht werden. Entsprechend dem »Wasserschlag« gibt es auch einen »Ölschlag«, der eintreten kann, wenn Wasser ins Motoröl gelangen konnte. Auch hier kommt es zu einem gravierenden Motorschaden durch Verbiegen der Pleuel. Liegt die Öffnung des Ölmeßstabs beispielsweise zu tief oder ist sie nicht mehr richtig abgedichtet, kann hier Wasser ins Motoröl gelangen.

Wasser kann in die Achsdifferentiale und Radlager eindringen, wodurch die Schmierung unterbleibt, und nach einigen hundert bis tausend Kilometern treten dann Schäden durch Verschleiß auf.

Zum Glück sind derartig gravierende Schäden äußerst selten. Sie passieren eigentlich nur, wenn man die Grenzen seines Fahrzeugs nicht kennt, oder aber – und dies ist leider die häufigste Ursache – bei allzu forscher Fahrweise.

Wer Hochlandpisten mit tiefen Furten mit seinem Fahrzeug befahren will oder muß, kann die Watfähigkeit seines Geländewagens durch einfache Maßnahmen sicherstellen oder durch technisch aufwendigere Umbauten beträchtlich erhöhen.

Die einfachen Maßnahmen kann jeder selbst vornehmen. Sie sind vor einer Reise nach Island auf jeden Fall angeraten.

Informieren Sie sich zuerst über die Wattiefe Ihres Fahrzeugs. Liegt sie bei 50 cm oder mehr und ist Ihr Wagen nicht älter als etwa fünf Jahre, so genügt es, alle beweglichen Teile wie Radlager, Freilaufnaben, Gelenkwellen und dergleichen fett abzuschmieren. Alle Gummidichtungen zur Fahrgastzelle hin sollten auf Schäden überprüft und mit Silikonspray eingefettet werden. Sinnvoll ist auch ein Behandeln der Aggregate im Motorraum mit einer wasserabweisenden und vor Korrosion schützenden Versiegelung, wie es nach einer Motorwäsche üblich ist.

Fahrzeuge, die älter als etwa fünf Jahre sind, sollten in der Werkstatt wieder »wasserfest« gemacht werden. Hierbei werden meist Dichtungselemente ausgewechselt, die mit der Zeit verschleißen, im normalen Straßenbetrieb aber noch lange ihren Dienst erfüllen würden.

Liegt die Wattiefe Ihres Fahrzeugs bei nur 30 bis 45 cm, so sollte geprüft werden, ob die Watfähigkeit durch technische Maßnahmen erhöht werden kann. Fahrzeuge, bei denen die Zündkerzen – oder beim Dieselmotor der Turbolader – sehr tief liegen, können praktisch nicht ohne großen Aufwand für tiefere Wasserdurchfahrten präpariert werden. Bei allen anderen Fahrzeugen empfiehlt sich zusätzlich zu den bereits genannten Maßnahmen besonders der Schutz aller elektrischer Komponenten im Motorraum durch Versiegeln, Abdichten oder Höherlegen. Die Achsentlüftungen können mit Schläuchen verlängert werden. Der Luftansaugstutzen sollte so hoch wie möglich und spritzwassergeschützt im Motorraum angebracht werden. Bei einigen Fahrzeugtypen verteilt das laufende Lüfterrad Spritzwasser überall im Motorraum. Bei längeren Watfahrten kommt dies einer Totalflutung des Motors gleich! Der Lüfter sollte mit einem Spritzwasserschutz umgeben und möglichst sogar mit einer Viskokupplung oder einem Schalter versehen werden, damit der Ventilator bei tiefen Watfahrten kurzzeitig stillgelegt werden kann.

Nicht erforderlich ist es, die Luft in Dachhöhe über einen sogenannten Schnorchel anzusaugen. Islands Flüsse sind nicht nur tief, sondern auch reißend. Furten durch schnell strömende, wilde Gletscherflüsse, die mehr als oberschenkeltiefes Wasser führen, sind selbst für schwere Fahrzeuge unpassierbar. Die Gewalt des Wassers kann hier sogar einen großen Geländewagen leicht umwerfen.

### *Staubschutz*

Islands Hochlandpisten sind bei trockenem Wetter staubig. Die meisten Fahrzeuge sind gegen das Eindringen von Staub in den Fahrgastraum gut durch Gummidichtungen an den Türen und Filter in den Luftzuführungen geschützt. Bei älteren Fahrzeugen können die Gummidichtungen und die Staubfilter verschlissen oder beschädigt sein. Vor einer Reise nach Island sollten die Filter gesäubert und die Türdichtungen überprüft und mit Silikon eingesprüht werden.

Der Motor kann über die Verbrennungsluft feinen Staub ansaugen, der zu Schäden führen kann. Bei vielen Geländewagen gehören deshalb Zyklonluftfilter zur Serienausstattung. Sie verhindern wirkungsvoll, daß Staubteilchen in den Motor gelangen.

### *Technische Veränderungen*

Die Geländefähigkeiten eines Fahrzeugs können durch gezielte technische Veränderungen am Fahrwerk beträchtlich gesteigert werden.

Immer mehr Isländer lassen ihre Geländewagen umrüsten und umbauen, um die Geländegängigkeit und Watfähigkeit zu erhöhen, vor allem aber, um mögliche Schäden am Fahrzeug weitestgehend auszuschließen und Robustheit und Lebensdauer des Wagens zu steigern. Der Geländewagen soll schließlich auch nach einigen Jahren noch keine merklichen Verschleißerscheinungen zeigen.

Die sinnvollsten technischen Veränderungen am Fahrzeug beinhalten den Einbau eines Lenkungsdämpfers, sofern dieser nicht schon serienmäßig vorhanden ist. Er verhindert wirkungsvoll ein vorzeitiges Ausschlagen der Lenkung. Moderne Gasdruckstoßdämpfer schlukken grobe Stöße wesentlich besser als ältere Öldruckstoßdämpfer. Bei schwer beladenen Geländewagen kann die Pistentauglichkeit durch den Einbau stärkerer Federn und Stoßdämpfer gesteigert werden. Einige Geländewagenhersteller bieten dies als Sonderausstattung an.

Eine Höherlegung des Fahrwerks ist nur für denjenigen interessant, der sein Fahrzeug für extremes Gelände präparieren möchte. Die Höherlegung bedeutet meist den Einbau eines komplett neuen Fahrwerks, das speziell auf den jeweiligen Fahrzeugtyp abgestimmt sein muß und eine Zulassung durch den TÜV besitzt. Ein solches Komplettfahrwerk beinhaltet Spezialfedern – entweder Blattfedern mit einem stärkeren Krümmungsradius oder langhubige und versteifte Schraubenfedern. Lange Federwege werden durch den Einbau von speziellen Teleskop-Gasdruckstoßdämpfern erzielt. Ein solches Heavy-duty-Fahrwerk hebt die Karosserie um 5-10 Zentimeter an, was deutlich mehr Bauchfreiheit ergibt. Der Unterboden und die Seitenteile werden vor Bodenberührungen ausreichend geschützt. Die Gefahr des Festfahrens im Morast wird gemindert, da das Fahrzeug im weichen Untergrund kaum noch bis zum Bodenblech einsinken kann. Die Watfähigkeit wird gesteigert. Unter ein höhergelegtes Fahrwerk lassen sich große Räder montieren, die auch unter den meist tiefliegenden Achsdifferentialen einige Zentimeter mehr Bodenfreiheit ergeben. Ein höhergelegtes Fahrwerk gewährleistet einige Grad mehr an Böschungs- und Rampenwinkel. Mit einem derartig umgebauten Fahrzeug lassen sich auch extreme Geländebedingungen wie halbmeterhohe Lavastufen oder tief ausgefahrene Spurrillen meistern, ohne daß dies zu Beschädigungen am Fahrzeug führt.

Wenig sinnvoll hingegen ist eine Höherlegung des Fahrwerks um 2-3 cm nur über verlängerte Federgehänge und eine stärkere Vorspannung der Federn. Die Fahreigenschaften des Geländewagens werden dadurch meist nur verschlechtert. Achsverschränkung und Federwege werden ebenfalls vermindert. Auf schnell gefahrenen Pisten können die Räder aufgrund der meist viel zu straffen Federung leicht den Bodenkontakt verlieren, wodurch das Fahrverhalten unkontrollierbar werden kann.

## *Werkzeug und Ersatzteile*

Wer sein Fahrzeug ordentlich gewartet und für die erschwerten Pistenbedingungen präpariert hat, kann seine Reise nach Island starten, ohne daß unterwegs größere Pannen auftreten sollten. Wir haben schon viele tausend Kilometer auf isländischen Pisten zurückgelegt – nennenswerte Pannen oder platte Reifen hatten wir noch nie. Natürlich lockern sich gelegentlich ein paar Schrauben, und man fährt sich auch schon einmal fest; das gehört in Island jedoch zum Autoalltag.

Ersatzteile sind in Island zwar sehr teuer, aber immerhin erhältlich. Aus diesem Grund brauchen Ersatzteile nicht von zu Hause mitgebracht werden. Viel wichtiger ist es, das richtige Werkzeug für kleine Reparaturen unterwegs und einige für Hochlandtouren unbedingt erforderliche Hilfsmittel dabeizuhaben. Diese Werkzeuge und Hilfsmittel sind schnell aufgezählt:

### *Werkzeuge*

- Reparaturhandbuch bzw. Betriebsanleitung des Fahrzeugs
- Kombizange

- Rohrzange
- Hammer
- Radmutternschlüssel (Radkreuz)
- Steckschlüssel mit Verlängerung und Einsätzen von 6-25 mm bzw. entsprechende Schraubenschlüssel
- Zündkerzenschlüssel
- Schraubenzieher und Kreuzschlitzschraubenzieher in verschiedenen Größen
- Imbusschlüssel in verschiedenen Größen
- kleine Feile
- 2 m Stahldraht
- 2 m Elektrokabel
- 10 m feste Schnur
- Taschenmesser
- Ersatzsicherungen und Ersatzglühbirnen
- Arbeitshandschuhe
- Putzlappen
- Taschenlampe

### *Hilfsmittel*

- ein vollwertiges Reserverad. Für ausgedehnte Hochlandtouren werden zwei Reserveräder empfohlen
- Wagenheber mit einer etwa 30 x 40 x 0,5 cm großen Unterlegplatte aus Stahl
- ein etwa 10 m langes Abschleppseil mit Schäkel oder Karabinerhaken, das eine Last von mindestens 2 Tonnen aushält
- ein gefüllter 20-l-Reservekanister
- ein Starthilfekabel
- eine große Schaufel
- reißfestes Klebeband

Anstelle des serienmäßigen Wagenhebers leistet auch ein sogenannter Hi-Lift-Wagenheber, der über einen besonders langen Hebeweg verfügt, gute Dienste. Unbedingt erforderlich ist er aber nicht. Wer für jedes Gelände gerüstet sein will, packt einen an die Autobatterie anschließbaren Kompressor und ein Luftdruckmeßgerät mit ein. Auf Weichsand und Schnee kann es erforderlich werden, den Luftdruck der Reifen absenken zu müssen. Nachdem diese Pistenabschnitte passiert sind, müssen die Reifen wieder aufgepumpt werden! Eine Seilwinde ist zwar ebenfalls nicht unbedingt notwendig, sie verleiht aber ein Gefühl von Sicherheit und kann im Hochland durchaus ihre Berechtigung haben, wenn man ein Fahrzeug bergen muß, das beispielsweise in einer Furt oder im Treibsand steckengeblieben ist. Auf Sandbleche hingegen kann getrost verzichtet werden. Da Glasschäden an den Scheinwerfern und an der Windschutzscheibe durch hochgeschleuderte Steine nicht auszuschließen sind, empfiehlt sich die Mitnahme einer Ersatz-Windschutzscheibe aus Klarsichtfolie.

# Fahrtechniken im Gelände

## Fahren auf Pisten

Die meisten Hochlandpisten bestehen aus grobem Schotter. Sie sind mit Schlaglöchern und Rillen übersät und bei trockenem Wetter staubig. Vereinzelt liegen kopfgroße Gesteinsbrocken auf der Piste. Daher sollte man konzentriert und vorausschauend fahren, denn ohne Vorankündigung kann sich der Pistenzustand schlagartig ändern: Halbmetertief ausgespülte Querrinnen, ebensotiefe Schlaglöcher, weicher Sand, Schlamm, Morast, scharfkantige Lava und hohe Stufen sind normal auf den isländischen Hochlandpisten.

Die Pisten befährt man im Geländewagen normalerweise ohne zugeschalteten Allradantrieb. Auf einer festen Oberfläche aus Lavagrieß oder feinem Schotter kommt man zügig mit 50-60 km/h voran. Manche »Pistenautobahn« erlaubt sogar 80 km/h.

Auf einigen Strecken findet man regelrechte »Wellblechpisten« vor. Die Fahrbahn weist hier waschbrettartige, quer über die Piste verlaufende Rillen auf. Fährt man hier allzu langsam, wird das Fahrzeug ordentlich durchgerüttelt. Obwohl die Fahrbahn extrem holprig wirkt, sollte man auf Wellblechpisten eher schneller fahren. Bei 50-60 km/h federn die Räder nicht mehr in jedes Rillental voll ein – der Wagen »schwebt« über die Piste, und die Fahrt verläuft insgesamt ruhiger. Federn und Stoßdämpfer werden jedoch massiv beansprucht.

Manche Pistenabschnitte sind mit ausgefahrenen Längsrillen durchsetzt, die von anderen Fahrzeugen stammen; sie können über 20 cm tief sein. Fährt man in diesen Rillen, ist die Bodenfreiheit nur noch gering. Selbst kleine Steine schruppen am Bodenblech, und es besteht die Gefahr, daß das Fahrzeug aufsetzt.

Laufen die zwei Räder einer Wagenseite in den Längsrillen, werden diese durch die Schräglage des Fahrzeugs belastet und die Räder der anderen Wagenseite entlastet. Auf lockerem Untergrund können die entlasteten Räder trotz zugeschaltetem Allradantrieb durchdrehen. In dieser Situation ist eine Differentialsperre von großem Nutzen.

Auf Pisten mit ausgefahrenen Längsrillen kommt man nur langsam voran. Dies ist auch der Grund dafür, weshalb manche Pistenabschnitte sehr breit sind. Jeder meidet die bereits ausgefahrenen Spuren und sucht sich einen eigenen, besseren Weg neben der Piste.

Aus tiefen Spurrillen wieder herauszukommen, ist gar nicht so einfach. Wer nur zaghaft lenkt, rutscht immer wieder in die Rillen zurück; das Auto fährt wie auf Schienen, und der Weg ist von den Spurrillen vorgegeben. Um aus den Rillen herauszukommen, müssen die Vorderräder in einen spitzen Winkel zur Rillenkante gebracht, die Lenkung also möglichst voll eingeschlagen werden. Gleichzeitig muß man stärker Gas geben und mit Schwung aus den Rillen herausfahren.

Die Befahrbarkeit der Hochlandpisten hängt entscheidend vom Wetter ab. Erdpisten sind bei trockenem Wetter zwar staubig, aber einfach zu befahren. Bei Regen weicht die Erde auf, die Piste wird schmierig und verschlammt. Hat es längere Zeit geregnet, kann die Erdpiste auch mit Allradantrieb unpassierbar werden.

In Schlamm und Morast sind grobstollige Reifen von Vorteil. Ihr Profil setzt sich nicht mit Erde oder Lehm zu, sondern reinigt sich wieder von selbst. Bei feiner profilierten Reifen verschmiert das Profil schnell. Man fährt wie auf Slicks, und der Reifen kann keine Kraft mehr für den Vortrieb übertragen und auch keine Seitenführungskräfte mehr aufbauen. Das Fahrzeug rutscht unkontrolliert und dreht sich auf der Stelle.

Durch Schlamm und Morast sollte man mit zugeschaltetem Allradantrieb und im 2. Gang des Untersetzungsgetriebes (2L) fahren. Schalten Sie im tiefen Morast nicht, sondern durchfahren Sie ein derartiges Pistenstück zügig und mit konstantem Gas.

Das isländische Hochland besteht teilweise aus ausgedehnten Sandwüsten. Fahren Sie hier ebenfalls zügig mit zugeschaltetem Allradantrieb im zweiten Gang der Straßenübersetzung (2H). Bei einer Geschwindigkeit von 30-40 km/h hat man genügend Schwung, um auch tiefe Weichsandstellen durchfahren zu können. Im Sand sind breite Reifen von Vorteil. Durch die größere Auflagefläche sinkt der Reifen nicht so tief ein.

Mitunter kann es erforderlich werden, den Reifendruck je nach Beladung auf 0,5 bis 0,8 bar zu verringern. Die Auflagefläche wird dadurch noch größer, und der Reifen paßt sich der Oberfläche besser an. Bei Reifen, deren Luftdruck reduziert ist, zeigt die Reifenflanke eine deutliche Ausbeulung. Die Walkarbeit eines solchen Reifens ist wesentlich größer als bei normalem Reifendruck. Das Material wird beim Fahren hoch beansprucht, und der Reifen erwärmt sich. Auch der Reifenunterbau leidet bei reduziertem Luftdruck. Deshalb müssen die Reifen schnell wieder auf Normaldruck aufgepumpt werden, sobald der Untergrund fest genug ist. Mit reduziertem Luftdruck darf nur langsam und nur für kurze Zeit gefahren werden. Ein leistungsfähiger, elektrisch betriebener Kompressor, der an das 12-V-Bordnetz angeschlossen wird, eignet sich am besten für das Aufpumpen der Reifen. Von Hand betriebene Luftpumpen sind für große Geländewagenreifen ungeeignet. Das Pumpen ist mühsam, und für vier Reifen würde man viel Zeit benötigen.

Tiefer Sand erfordert eine enorme Motorkraft. Die Motoren von schwer beladenen und PS-schwachen Fahrzeugen können in ausgedehnten Sandgebieten wie der Odádahraun recht heiß werden. Solche Fahrzeuge kommen in tiefem Sand nur langsam voran. Es gibt auch immer wieder Fälle, in denen sich Geländewagen im Weichsand festfahren. Mitunter ist es schwierig, aus eigener Kraft wieder freizukommen. Entweder reicht die Motorkraft für das Wiederanfahren nicht aus, oder die Kupplungsbeläge verbrennen. Hier können Sandbleche nützlich sein, oder man wartet auf ein anderes Fahrzeug, das einen herauszieht. Derartige Situationen sind in Island jedoch selten. Sie treten eigentlich nur dann auf, wenn man in Sandgebieten die gekennzeichnete Piste verläßt. Nach unserer Ansicht ist es deshalb nicht notwendig, auf einer Islandreise Sandbleche mitzuführen, denn das Verlassen der gekennzeichneten Pisten im Hochland ist bekanntlich untersagt.

In steinigem Gelände, in dem große Felsen überklettert werden müssen, oder in Lavafeldern muß man bei zugeschaltetem Allradantrieb und eingelegtem Reduziergetriebe stellenweise so langsam wie möglich in 1L fahren. Vorteilhaft ist in diesem Gelände eine Erhöhung des Reifendrucks um 15%. Große Steine, denen man auf einer schmalen Piste nicht ausweichen kann, überklettert man mit den Rädern einer Wagenseite. Über Stufen fährt man ebenfalls so langsam wie möglich, sonst federt das Fahrzeug so stark ein, daß der Unterboden aufschlagen kann. Geländewagen, deren Räder an der Vorderachse einzeln aufgehängt sind, sind in stufigem Gelände beträchtlich im Nachteil. Ihre Einzelradaufhängung kann in Verwindungspassagen die Bodenfreiheit so weit einschränken, daß das Fahrzeug ständig über den Fels schrammt und der Wagen sogar aufsetzen kann. Fahrzeuge mit »echten« Geländeambitionen haben aus diesem Grund sowohl vorne als auch hinten Starrachsen. Nur diese gewährleisten in felsigem Gelände eine gleichbleibend hohe Bodenfreiheit und eine ausreichend hohe Achsverschränkung.

Die Fahrzeuge werden extrem beansprucht auf Pisten, die kilometerweit durch ausgetrocknete Flußbetten und über große Gesteinsbrokken verlaufen oder in Lavafeldern über hohe Lavablöcke führen. Trotz einer langsamen und vorsichtigen Fahrweise können Materialbrüche und Verschleiß am Fahrwerk nicht ausgeschlossen werden. Ebenso wird die Motor- und Getriebeaufhängung in Mitleidenschaft gezogen. Nach einem längeren Einsatz unter erschwerten Geländebedingungen ist deshalb eine eingehende Inspektion des Fahrzeugs angeraten.

## Flußdurchfahrten

Im isländischen Hochland sind viele Bäche und Flüsse nicht überbrückt; sie müssen gefurtet werden. Watfahrten sind immer potentielle Gefahrenpunkte, die keinesfalls unterschätzt werden dürfen. Nachlässigkeiten und Draufgängertum können schnell das Ende einer Hochlandtour bedeuten. Mahnende Beispiele dafür, daß jedes Jahr Geländefahrzeuge in allzu tiefen Furten oder durch Fahrfehler schwer beschädigt werden, gibt es genügend. Selbst Totalschäden sind nicht selten. Manche Fahrzeuge werden von der Gewalt des Wassers umgeworfen, die Insassen können dabei verletzt werden. Es hat auch schon Tote gegeben! Betroffen von diesen Unfällen sind meist Touristen. Die Unfallursachen sind fast immer Unterschätzen der Gefahren, Überschätzen des eigenen Fahrvermögens und Unkenntnis der Leistungsgrenzen des Fahrzeugs.

Solche Unfälle sind vermeidbar, wenn man beim Furten ein paar Regeln beachtet und überlegt handelt. Ein Umkehren vor einer besonders tiefen und reißenden Furt gilt nicht als Schwäche, sondern zeugt von Verantwortungsgefühl für die eigene Person, die Mitfahrer und das Fahrzeug. Das oberste Gebot auf einer Hochlandtour muß lauten: »Sicher ankommen!«

In Island gibt es drei Arten von Wasserläufen, die gefurtet werden müssen.

*Quellflüsse* sind meist klar und bis auf den Grund einsehbar. Ihre Fließgeschwindigkeit ist oft niedrig, das Flußbett sandig oder von feinem Geröll bedeckt. Die Furten durch Quellflüsse sind selten tiefer als 50 cm. Quellflüsse bergen meist keine unvorhersehbaren Gefahren.

Ganz anders ist die Situation bei *Gletscherflüssen*. Gletscherflüsse sind stets grau und trüb von zermahlenem Gestein; der Grund ist nicht sichtbar, die Strömungsgeschwindigkeit hoch. Das Flußbett besteht überwiegend aus grobem Schotter mit kopfgroßen Steinen. Auch wesentlich größere Gesteinsbrocken können unter der Wasseroberfläche verborgen sein. Werden solche Steine vom Wasser überspült, bilden sich Wirbel und weiße Schaumkronen. Fahrzeuge können hier aufsetzen und sich dadurch festfahren.

Gletscherflüsse sind tückisch und gefährlich. Im Verlauf eines Tages ändert sich ihr Wasserstand beträchtlich. Frühmorgens führen sie am wenigsten Wasser; gegen Abend erreicht der Wasserstand seinen höchsten Wert. Die Wasserführung der Gletscherflüsse hängt vom Wetter und von den Temperaturen ab. Tags schmilzt das Eis eines Gletschers durch die Sonneneinstrahlung, ebenso schmilzt warmer Wind viel Eis und Schnee: Der Gletscherfluß schwillt an. Nachts gefriert das Wasser des Gletschers wieder, und die Wasserführung nimmt ab. Auch starke Regenfälle lassen einen Gletscherfluß anschwellen. Das Regenwasser versickert kaum im Eis, sondern fließt ungehindert vom Gletscher in die Flüsse.

Die starke Strömung wäscht das Flußbett aus. Tiefe Rinnen entstehen, die vom Ufer aus nicht zu sehen sind. Die Strömungsgeschwindigkeit des Wassers ist in den schmalen Rinnen wesentlich höher als im übrigen Flußbett. Ein stellenweise metertiefer, reißender Gletscherfluß kann selbst einen schweren Geländewagen umwerfen, falls dieser in einer ausgespülten Rinne in eine zu starke Schräglage gerät.

Die dritte Art Fluß sind *Abflüsse von Seen oder von Oberflächenwasser*, das sich während der Schneeschmelze oder nach starken Regenfällen bildet. Solche Flüsse können alle Eigenschaften von Quell- und Gletscherflüssen aufweisen. Auch hier lauern ständig Gefahren, die zu besonderer Vorsicht mahnen.

Am sichersten durchfährt man eine Furt hinter einem vorausfahrenden Fahrzeug, dessen Fahrer die Tücken der Furt kennt. Dies empfiehlt sich vor allem dann, wenn man noch keine Erfahrung im Furten hat. Auf den bekanntesten Hochlandpisten muß man meist nicht allzu lange warten, bis ein anderes Fahrzeug kommt. Die Isländer sind hilfsbereit und lotsen einen Fremden dann durch den Fluß.

Abgelegene und kaum befahrene schwierige Pisten sollte man aus Sicherheitsgründen prinzipiell nur mit mindestens zwei Fahrzeugen befahren, um sich gegenseitig helfen zu können. Steht man alleine vor einer Furt, so helfen bestimmte Verhaltensregeln und bewährte Fahrweisen weiter, die ein sicheres Furten selbst von tiefen Flüssen ermöglichen. Da Flußdurchfahrten in Island häufig vorkommen, wollen wir uns damit eingehender beschäftigen.

Die erste Regel lautet, daß man einen unbekannten, tiefen Fluß nicht ohne vorherige Prüfung durchfahren sollte. Die Prüfung besteht zunächst darin, vor der Furt anzuhalten und den weiteren Verlauf der Piste am anderen Ufer auszumachen. Radspuren, die in das Wasser hineinführen, markieren nicht immer den einfachsten Weg durch den Fluß. Bei breiten Flüssen mit Schotterbänken ist es manchmal besser, in Etappen von Schotterbank zu Schotterbank zu fahren. Dabei ist keinesfalls der direkte, gerade Weg immer der beste. Viele Flüsse werden vorteilhafter in einem Bogen flußabwärts durchfahren. Wichtig beim Furten ist, möglichst durch flaches Wasser zu fahren, um im Fluß nicht mit dem Unterboden auf einem großen Felsbrocken hängenzubleiben.

Die breiteste Stelle eines Flusses ist meist auch die flachste. Denken Sie daran, daß im Flußbett tiefe Rinnen ausgespült sein können, in denen die Strömung besonders stark ist. Dieses sind meistens die Hauptarme eines Flusses. Macht der Fluß einen Bogen, so ist das Wasser vor dem angeströmten Prallhang (Außenseite) tiefer als an dem gegenüberliegenden Gleithang (Bogeninnenseite).

In Lavagebieten können die Furten stufig sein. Fährt man zu schnell über eine derartige Lavaplatte, »plumpst« das Auto regelrecht ins Wasser. Der Motorraum kann dabei völlig naß werden.

Achten Sie vor allem auf sandige Stellen im Flußbett. Sand im Wasser kann sehr weich und tief sein. Es besteht die Gefahr, daß man sich festfährt. Treibsand ist gefürchtet.

Ist man sich bezüglich der Wassertiefe und des Untergrunds nicht sicher, sollte die Furt zuerst zu Fuß durchwatet werden. Bedenken Sie, daß das Wasser der isländischen Flüsse meist sehr kalt ist; Gletscherflüsse haben selbst im Sommer nur eine Temperatur von 4° C. Das eiskalte Wasser schmerzt beim Durchwaten. Man kann sich schnell unterkühlen und auch Probleme mit dem Kreislauf bekommen. Besser als mit Turnschuhen und in kurzer Hose durchwatet man eine Furt mit einer hüfthohen Wathose, wie sie Angler tragen. Von Watstiefeln, die in Höhe des Oberschenkels enden, raten wir aus Sicherheitsgründen ab. Eine Unachtsamkeit oder ein tiefes Loch im Flußbett, und die Watstiefel füllen sich mit Wasser. Sie werden schnell so schwer, daß man umgeworfen werden kann. In über knietiefem Wasser ist es ratsam, stets mit dem Blick flußaufwärts gerichtet zu gehen. Die Strömung trifft so nicht die Kniekehlen. Hilfreich ist auch ein zwei Meter langer Stock oder Stab zum Abstützen und Ausloten der Wassertiefe vor dem nächsten Schritt. Die Kraft des Wassers darf nicht unterschätzt werden. Gehen Sie probeweise einmal im Schwimmbad in oberschenkeltiefem Wasser. Es ist mühsam, und man steht unsicher auf den Beinen. In Islands Furten hat das tiefe Wasser zusätzlich eine hohe Strömungsgeschwindigkeit.

Ist ein Fluß so tief und reißend, daß er zu Fuß nicht mehr gefahrlos durchwatet werden kann, sollte man ihn nicht durchfahren. Hat man einen passierbaren Weg durch den Fluß gefunden, so kann man mit dem Fahrzeug die Furt wagen.

Die Uferböschungen eines Flusses sind manchmal sehr steil und bestehen aus losem Schotter oder Lavagrieß. Bevor man in den Fluß hineinfährt, sollten alle nicht zum Furten benötigten elektrischen Verbraucher wie Scheinwerfer und Heckscheibenheizung abgeschaltet werden. Schalten Sie den Allradantrieb zu, und legen Sie das Untersetzungsgetriebe ein. Sperren Sie auch die Differentiale, sofern dies bei Ihrem Wagentyp möglich ist. Flüsse, die flacher als etwa 30 cm sind, kann man zügig in 2L durchfahren. Tiefere Flüsse sollten grundsätzlich nur in 1L gefurtet werden. Fahren Sie so langsam wie möglich in den Fluß hinein. Haben Sie die Böschung passiert, geben Sie ein wenig Gas und bringen den Motor auf die Drehzahl, bei der er sein maximales Drehmoment hat. Dies liegt bei Dieselmotoren um 2000 U/min, bei Benzinern um 3000 – 4000 U/min. Durchfahren Sie den Fluß zügig mit gleichbleibend hoher Drehzahl, ohne den Fuß vom Gas zu nehmen, ohne zu kuppeln und ohne zu schalten. Wenn Sie merken, daß die Drehzahl zu sinken beginnt, geben Sie mehr Gas. Tiefes Wasser und schwerer Boden erfordern enorm viel Motorkraft. Manchem PS-schwachen Geländewagen fehlt trotz Untersetzungsgetriebe im tiefen Wasser und auf weichem Untergrund gelegentlich die Kraft: Der Motor wird abgewürgt.

Ist die Böschung am anderen Ufer sehr steil, so geben Sie kurz davor Gas und nehmen den Anstieg aus dem Wasser mit Schwung.

In einem tiefen Fluß sollten Sie es unter allen Umständen vermeiden, anzuhalten. Ein Fahrzeug, das im tiefen Wasser einmal steht, kommt meist nicht mehr aus eigener Kraft frei: Um den Widerstand des Wassers zu überwinden, erfordert das Anfahren so viel Kraft, daß beim Gasgeben die Räder auf dem weichen Untergrund durchdrehen können – die zum Anfahren notwendige Motorkraft wird nicht mehr übertragen. Hier brauchen Sie die Hilfe eines anderen Fahrzeugs, das Sie herauszieht.

Betätigen Sie in einem Fluß, der tiefer als etwa 40 cm ist, nicht mehr die Kupplung. Beim Wiedereinkuppeln kann sich ein dünner Wasserfilm zwischen die Kupplungsscheiben legen, wodurch die Kupplung durchrutscht und keine Kraft mehr überträgt.

Wenn man zu schnell in einen Fluß hineinfährt oder im Flußbett tiefere Rinnen durchfährt, kann die Bugwelle über die Motorhaube schwappen. In diesem Moment klatscht ein Wasserschwall gegen die Windschutzscheibe, der für einen Sekundenbruchteil jede Sicht unmöglich macht. Erschrecken Sie in dieser Situation möglichst nicht! Fahren Sie weiter, ohne langsamer zu werden. Das Wasser ist schnell wieder von der Windschutzscheibe abgeflossen. Betätigen Sie die Scheibenwischer. Einem guten Geländewagen schadet ein solcher kurzzeitiger Wasserschwall in aller Regel nicht.

Nach einer tiefen Flußdurchfahrt funktionieren gelegentlich die Bremsen nicht mehr einwandfrei. Besonders nasse Scheibenbremsen büßen einen großen Teil ihrer Wirkung ein. Treten Sie nach einer Flußdurchfahrt beim Fahren einige Male kräftig auf die Bremse. Dieses »Trockenbremsen« hat seine Berechtigung. Unmittelbar vor Herdubreidarlindir gibt es eine bisweilen tiefe Furt. Hinter der Furt wollten wir auf einem mit Holzpfosten und Balken markierten Parkplatz anhalten. Die Bremse zeigte keine Wirkung. Erst unmittelbar vor einem dicken Pfosten blockierten die Räder und rutschten über den losen Untergrund – die Delle in der Stoßstange war zum Glück nur klein.

## »Quicksands«

»Quicksands« ist ein im englischen Sprachraum geprägter Begriff für Treibsand. Dies ist weicher, grundloser Sand, der noch vollständig mit Wasser durchsetzt ist. Es ist quasi ein Brei aus Sand und Wasser. Man findet »Quicksands« überwiegend im Uferbereich von Flüssen, aber auch im Flußbett selbst. »Quicksands« sind deshalb so gefürchtet, weil sie ein Fahrzeug, das sich einmal festgefahren hat, schnell so tief einsinken lassen, daß es mit dem Bodenblech aufsetzt. Ein Befreien aus eigener Kraft ist dann nicht mehr möglich.

Wenn man hingegen zügig über »Quicksands« fährt, trägt der nasse Sand. Hält man jedoch an und versucht wieder anzufahren, graben sich die Räder sofort ein, da der Sand schlagartig flüssig wie Brei wird. Zu Fuß und mit Stiefeln kann man die Wirkung von »Quicksands« leicht ausprobieren. Treten Sie einmal auf den feinen Sand am Rand eines Flusses, wo der Boden noch mit Wasser gesättigt ist. Bleiben Sie ruhig stehen. Der Sand trägt. Jetzt bewegen Sie ein wenig die Füße. Sofort wird der Sand um die Stiefel »flüssig«, und Sie sinken Zentimeter um Zentimeter ein. Keine Angst: Sie versinken nicht im Sand und kommen auch leicht wieder frei – ein Mensch kann den Fuß heben und an einer anderen Stelle wieder aufsetzen. Die Räder eines Autos können sich nur auf einer Stelle drehen und sinken folglich immer tiefer ein.

## Fahren im Schnee

Bis in den Juli hinein können im Hochland ausgedehnte Altschneefelder die Pisten versperren. Abseits der üblichen Touristenrouten, die im Sommer mehrmals täglich mit allradangetriebenen Reisebussen befahren werden, wird der oft noch meterhoch liegende Schnee nicht geräumt. Für schwerbeladene Geländewagen sind diese Schneefelder ohne extrabreite Sonderbereifung nicht passierbar. Schmale Reifen graben sich schnell in den Schnee ein, und das Fahrzeug sitzt fest. Ist der Geländewagen nicht schwer beladen und sind relativ breite Reifen montiert (etwa 31x10,5 R15 oder ähnliche), kann man versuchen, den Altschnee mit reduziertem Reifendruck zu überqueren. Voraussetzung dafür ist jedoch, daß ein zweites Fahrzeug in der Nähe ist, das einen notfalls an einem langen Seil wieder aus dem Schnee herausziehen kann. Außerdem muß man einen Kompressor dabei haben, um die Reifen hinter dem Schneefeld wieder aufpumpen zu können.

Manche Altschneefelder können querfeldein umfahren werden. Dabei sind aber oft kilometerweite Umwege und eine verläßliche Orientierung erforderlich.

Viele Isländer haben ihre Fahrzeuge so umgebaut, daß sie über den Altschnee und sogar auf die Gletscher fahren können. Unter einem höhergelegten Fahrwerk haben sie Riesenräder mit den Maßen 35x12,5 R15 bis 38x14,5 R15 montiert. Diese breiten Reifen sinken im Schnee weniger ein.

Auf einigen Gletschern gibt es regelrechte Schneepisten, die vor allem im Herbst oder im Winter, wenn der Schnee hart und fest ist, befahren werden. Eine »Gletschersafari« im Geländewagen wird aus Sicherheitsgründen nur im Konvoi und mit einem ortskundigen Führer unternommen. Alle Fahrzeuge sind dabei mit Funk und einige zusätzlich mit Seilwinden ausgerüstet, denn trotz überbreiter Reifen kann man sich im tiefen Schnee oder in versteckten Spalten festfahren.

# Bergen liegengebliebener Fahrzeuge

Wer abseits asphaltierter Straßen fährt, nimmt bewußt in Kauf, daß er im unwegsamen Gelände steckenbleiben kann oder mit seinem Fahrzeug eine Panne hat. Geschieht dies im Hochland, darf man keine schnelle Hilfe erwarten: Man ist auf sich selbst gestellt.

Bleibt das Fahrzeug stecken, ist dies nicht weiter schlimm. Auch ein noch so gut ausgerüsteter und PS-starker Geländewagen ist davor nicht gefeit. Steckenbleiben kann man in tiefem Sand, Schnee, Morast, auf vereister Fahrbahn, oder das Fahrzeug setzt mit dem Bauch auf einer Kuppe auf. Problematisch und gefährlich kann es auf Islands Pisten eigentlich nur dann werden, wenn das Fahrzeug in einer tiefen Furt steckenbleibt.

Sitzt das Fahrzeug in Sand, Schnee oder Morast fest, sollte man zuerst versuchen, sich wieder freizuschaukeln. Geben Sie bei eingelegtem Vor- oder Rückwärtsgang (1. Gang der Straßenübersetzung, 1H) und zugeschaltetem Allradantrieb kurz und kräftig Gas, so daß der Wagen ein kurzes Stück vorankommt. Treten Sie auf die Bremse und wechseln Sie vom Vor- in den Rückwärtsgang – und umgekehrt. Geben Sie erneut kurz und kräftig Gas. Wiederholen Sie diesen Vorgang so oft, bis sich der Wagen eine ausreichend lange Fahrspur geschaffen hat, um mit Schwung weiterfahren zu können. Bewegt sich das Fahrzeug bei diesem »Schaukeln« überhaupt nicht von der Stelle, beenden Sie es sofort. Andernfalls graben sich die Antriebsräder immer tiefer in den Boden ein. Ein Freikommen wird dadurch immer schwieriger.

Aus Sand, Schnee und Morast kann man das Fahrzeug freischaufeln. Dies ist aber eine zeitaufwendige und mühsame Arbeit. Meistens sitzt das Fahrzeug mit dem Differentialkorb, den Achsen oder im schlimmsten Fall mit dem ganzen Bodenblech auf. Genau unter diesen Stellen müssen Sie mit der Schaufel den Sand (oder Schnee oder Morast) wegräumen. Außerdem sollten Sie vor allen vier Rädern eine mindestens einen Meter lange Fahrspur freischaufeln.

Diese schweißtreibende Arbeit kann man umgehen, wenn man das Fahrzeug von beiden Seiten mit einem Hi-Lift-Wagenheber anhebt und Steine oder anderes festes Material unter die Räder schiebt. Stellen Sie den Wagenheber auf weichem Boden auf eine feste Unterlage.

In weichem Sand ist auch die folgende Methode brauchbar: Heben Sie das Fahrzeug vorne oder hinten mit dem Hi-Lift-Wagenheber an, und drücken Sie das Auto dann zur Seite. Der Wagenheber kippt weg, und das Fahrzeug landet 20-30 cm seitlich versetzt wieder auf dem Boden.

Die geringste Arbeit hat natürlich derjenige, den ein Begleitfahrzeug mit dem Abschleppseil oder einer Seilwinde »befreien« kann.

Sitzt das Fahrzeug mit dem Bauch auf einer Kuppe auf, entladen Sie zuerst den Wagen. Dadurch werden die Federn entlastet, und die Bauchfreiheit nimmt um einige Zentimeter zu. Das reicht meistens, um wieder freizukommen. Andernfalls müssen Sie in dieser Situation auch – wie beschrieben – das Fahrzeug anheben und Steine unter die Räder schieben.

Bleibt der Wagen in einer tiefen Furt stekken, ist Eile geboten. Sitzt das Fahrzeug erst einmal im weichen Flußbett fest, kommen Sie aus eigener Kraft meistens nicht mehr frei. Stellen Sie den Motor ab und entfernen Sie alles Wichtige aus dem Wagen: vor allem das Zelt und warme Kleidung. Der Innenraum kann schnell mit Wasser vollaufen. Das Wasser spült den Sand unter den Rädern weg, wodurch das Fahrzeug immer tiefer einsinkt, bis es schließlich mit dem Bodenblech aufliegt. Oftmals neigt es sich dabei bedrohlich zur Seite, da der Sand unter den Rädern an der vom Wasser angeströmten Seite schneller weggespült wird als an den Rädern der gegenüberliegenden Wagenseite. Aus dieser Situation kann Sie meist nur noch ein zweites Fahrzeug befreien. Dies ist der Grund dafür, weshalb man unbekannte und tiefe Furten nicht alleine durchfahren sollte, sondern nur dann, wenn ein zweites Fahrzeug in der Nähe ist.

Besitzt Ihr Auto eine Seilwinde, können Sie versuchen, sich damit aus dem Fluß zu ziehen.

Wer im Hochland mit seinem Fahrzeug eine Panne hat, ist ebenfalls auf sich alleine gestellt. Pannenhilfsdienste, wie wir sie von unseren Autobahnen her kennen, gibt es nicht.

Reifenpannen treten auf den Schotterpisten und auf der scharfkantigen Lava häufig auf. Bedenken Sie, daß man nach einem Radwechsel meistens kein weiteres Reserverad mehr dabei hat. Auf längeren Hochlandtouren sollte man jedoch auf mehrere Reifenpannen eingestellt sein. Zwei auf Felgen montierte Ersatzreifen sind in der Regel ausreichend. Wer ganz auf Nummer Sicher gehen will, nimmt Reifenflickzeug, ein langes Montiereisen und einen elektrischen Kompressor mit. Damit können Sie aber nur Reifen mit Schlauch reparieren. Bei Fahrten ins Gelände empfiehlt es sich deshalb, Reifen mit Schläuchen zu montieren. Aus ihnen entweicht noch keine Luft, wenn die Felge bei einer Felsberührung eingedrückt wird. Ein schlauchloser Reifen müßte in dieser Situation gewechselt werden.

Einen schweren Geländewagenreifen von Hand zu wechseln und zu flicken, ist eine mühsame Angelegenheit. Vom Prinzip her geht man dabei genauso vor, wie beim Flicken eines Fahrradreifens. Nur ist alles viel größer, schwerer und schweißtreibender. Vielleicht üben Sie dies einmal zu Hause!

Beschädigte Reifen werden außer im Hochland an allen Tankstellen und Kfz-Reparaturwerkstätten repariert. Neue Reifen sind meist nur in den gängigen amerikanischen Maßen 30x9,5 R15 bis 35x12,5 R15 und in wenigen Standardgrößen wie 215/75 R15 oder 235/75 R15 erhältlich.

Hat Ihr Fahrzeug eine so schwerwiegende Panne, daß es abgeschleppt werden muß, wird dies auf jeden Fall sehr teuer. Im Extremfall muß eigens ein allradangetriebener Tieflader aus der nächsten Stadt kommen, um Ihr defektes Fahrzeug im Hochland abzuholen. Schließen Sie deshalb vorsorglich zu Hause eine Versicherung ab, die diese Kosten deckt.

Haben Sie auf der Piste stets ein Ohr für verdächtige Geräusche. Klappergeräusche können ihre Ursache darin haben, daß sich Schrauben und Muttern gelockert haben. Ziehen Sie diese umgehend wieder fest!

Im Gelände muß man über lange Strecken mit hohen Drehzahlen, aber geringer Geschwindigkeit fahren. Mitunter reicht die Kühlung durch den Ventilator allein nicht mehr aus: Der Motor überhitzt sich, und die Öltemperatur steigt an. Halten Sie in diesem Fall sofort an, stellen Sie den Motor ab, und lassen Sie ihn abkühlen. Bei überhitztem Motor tritt meistens weißer Dampf aus dem Überdruckventil des Kühlers aus. Öffnen Sie keinesfalls den Deckel des Kühlers, bevor die Dampfbildung abgeklungen ist! Lassen Sie den Motor erst abkühlen!

Hat man viel Kühlflüssigkeit verloren, ergänzt man diese durch Trinkwasser.

# Orientierung im Gelände

Die touristisch interessanten Pisten, die durch das isländische Hochland führen, sind ausreichend markiert und beschildert. Außer einer isländischen Straßenkarte – am besten die »Adalkort 1:250000« des »Landmaelingar« Islands – sind keine weiteren Hilfsmittel zur Orientierung erforderlich. Bei einigen Pisten, die schlecht markiert sind, stehen die Markierungspfosten jeweils in einigen hundert Metern Entfernung zueinander. In diesem Fall ist es ratsam, entweder vor der Weiterfahrt den nächsten Markierungspfosten mit dem Fernglas zu suchen, oder aber nur so weit zu fahren, daß man immer wieder zu der vorangegangenen Markierung zurückfindet.

In Einzelfällen kann es notwendig werden, daß man die grobe Richtung für die Weiterfahrt anhand des Kompasses ermittelt. Außer bei dichtem Nebel, der aber im Hochsommer nur selten vorkommt, ist ein Kompaß insbesondere dann von Nutzen, wenn es darum geht, in einem »Gewirr« von Pisten die richtige zu finden. Solche verzweigten Pisten mit unklaren Routenverläufen können im Fjallabak-Hochland, auf der Arnarvatnsheidi und der Gaesavatnaleid sydri vorkommen.

In Island ist eine Orientierung mit dem Kompaß aber generell nur unter Vorbehalt möglich. Die Lava und das basaltische Gestein rufen lokale Magnetfelder hervor, die den »globalen Magnetismus« stark beeinflussen und zu Fehlmessungen führen. Die Kompaßabweichung variiert von Gebiet zu Gebiet sehr stark; sie beträgt zwischen 5 und 20 Grad!

# Verhalten in Notfällen

Island ist ein hochentwickeltes Land. Es gibt zahlreiche Krankenhäuser und Ärzte. Notdienste sind vorhanden. Oftmals kommt die Rettung auch aus der Luft. Es gibt Rettungsflugzeuge, die sogar im unwegsamen Hochland auf speziell gekennzeichneten Flugfeldern (isl.: »flugvöllur«) landen können.

Sollten Sie in eine Notsituation kommen, gibt es mehrere Möglichkeiten, Hilfe zu holen. Ist ein Telefon in der Nähe, kann telefonisch um Hilfe gebeten werden. Die landesweite Notrufnummer ist 11100, die der Polizei 11166. Hotelpersonal, Hütten- oder Tankwarte sind immer bereit, einen Arzt oder einen Krankenwagen herbeizurufen. Selbstverständlich können Sie sich auch an eine Polizeidienststelle wenden. Reisebusse, Taxen und viele Privatfahrzeuge sind mit Autofunk oder mobilem Telefon ausgerüstet. Auch die Fahrer dieser Fahrzeuge können einen Arzt verständigen. Für Mobiltelefone gilt in Island ein eigener Standard (NMT-450). Der bei uns übliche Standard kann dort nicht verwendet werden.

Isländische Krankenhäuser unterhalten Notfallambulanzen. In Reykjavik befindet sich diese im Städtischen Krankenhaus (»Borgarspítallinn«) und ist unter der Rufnummer 91-69660 zu erreichen.

Außerdem gibt es in der Hauptstadt einen diensthabenden Arzt, der rund um die Uhr erreichbar ist. Zwischen 8 und 17 Uhr wählt man die Nummer 91-696600 oder 22411. Zwischen 17 und 8 Uhr und an Wochenenden erreicht man den Notarzt unter der Nummer 91-21230.

Die zahnärztliche Ambulanz befindet sich in Reykjavik in der Barónsstígur 47; sie kann samstags und sonntags zwischen 17 und 18 Uhr aufgesucht werden. Dabei ist zu beachten, daß die Behandlungskosten gleich bezahlt werden müssen.

Medikamente erhält man ausschließlich in Apotheken, meistens nur gegen Vorlage eines ärztlichen Rezeptes. Apotheken sind in der Regel zwischen 9 und 18 Uhr geöffnet. Sie unterhalten einen Nacht- und Wochenenddienst, der im Schaufenster jeder Apotheke ersichtlich ist.

Eventuell entstehende Behandlungskosten werden oftmals direkt mit der jeweiligen Krankenkasse abgerechnet. Meistens müssen Sie jedoch die Kosten selbst vorlegen und sich eine auf deutsch abgefaßte Diagnose und Kostenrechnung erstellen lassen. Bei Vorlage dieser Bescheinigung erstattet die Krankenkasse die in Deutschland üblichen Gebührensätze.

Reisende, die regelmäßig Medikamente einnehmen müssen, sollten eine genügende Menge davon mitnehmen. Unter Umständen kann es schwierig und aufwendig werden, in Island dasselbe Medikament zu bekommen. Außerdem empfehlen wir, sich eine individuelle Reiseapotheke zusammenzustellen.

Sie sollte einen kleinen Vorrat an Tabletten enthalten: Kopfschmerztabletten, etwas gegen Magenverstimmung, Durchfall und grippalen Infekt. Eine kühlende Sportsalbe, mit der Sie eine kleinere Verletzung selbst behandeln können, ist sinnvoll. In ausreichender Menge sollten Verbandsmaterial, Verbandpäckchen, sterile Wundauflagen, Mullbinden, eine elastische Binde, Wund- und Heftpflaster vorhanden sein.

Sollten Sie sich über den Inhalt Ihrer Reiseapotheke im unklaren sein, empfiehlt es sich, einen Arzt oder einen Apotheker zu fragen.

# 1. Karte »Verkehrswege im Überblick«

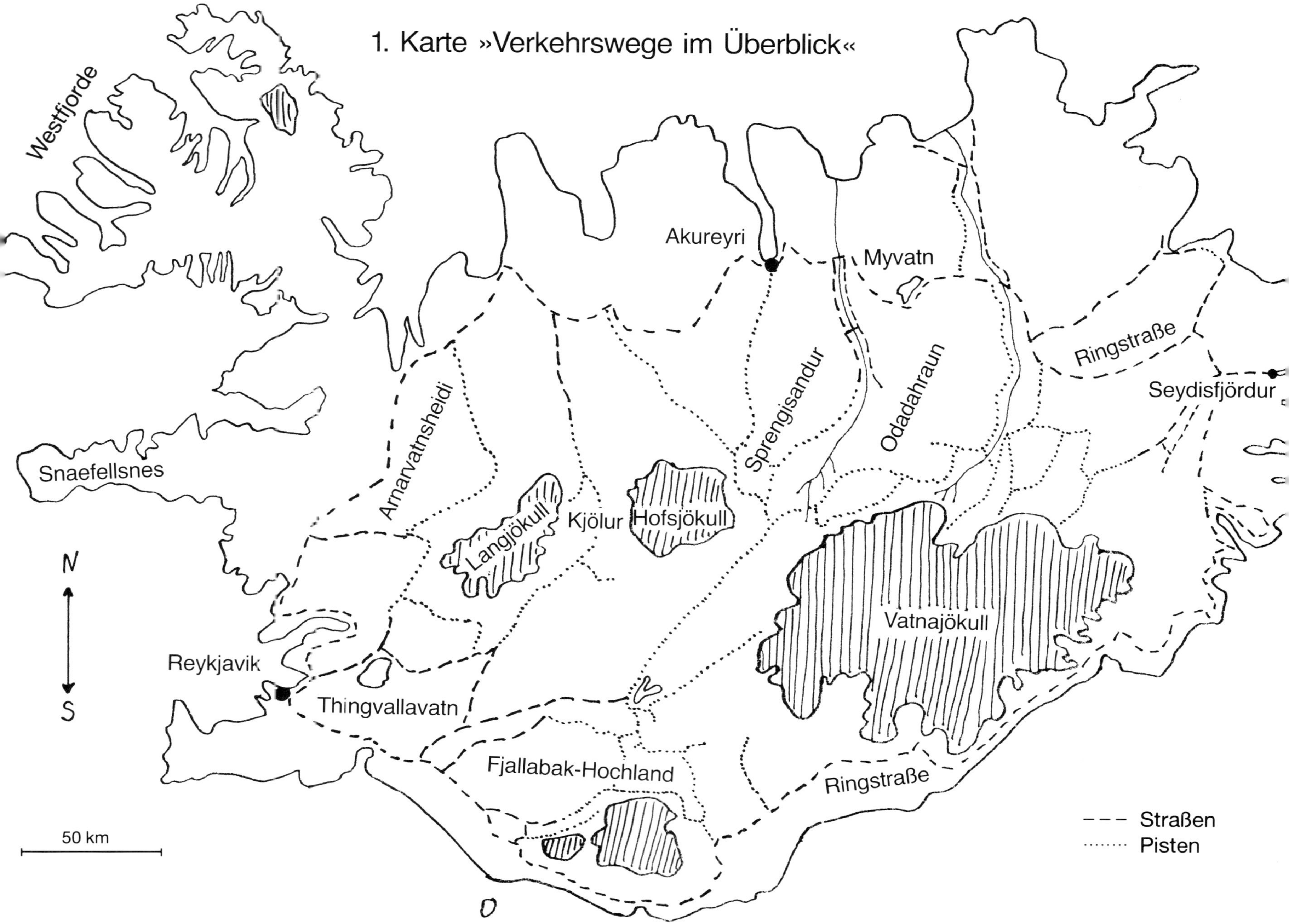

# Teil 3: Streckenbeschreibungen Ankunft in Island

*Anreise mit der Fähre. Fahrt auf der Ringstraße von Seydisfjördur zum Myvatn.*

Samstagnachmittag. Nach 14 Stunden Fahrt erreichen wir den kleinen Hafen von Hanstholm im Nordwesten Dänemarks. In wenigen Stunden fährt die »Norröna« nach Island ab. Der große Platz am Hafen ist vollgeparkt mit Fahrzeugen. Die Autos tragen Nationalitätskennzeichen aus vielen europäischen Ländern. Auch einige Isländer warten auf die Rückfahrt in ihre Heimat.

Für uns gibt es nichts Interessanteres, als die Autos anzuschauen, die mit uns nach Island übersetzen wollen. Geländegängige Fahrzeuge sind in der Überzahl. Fast alle sind sie bis unters Wagendach beladen. Da stehen expeditionsmäßig ausgerüstete Geländewagen aller Fabrikate. Bei einer Gruppe rechtsgesteuerter englischer Landrover haben wir das Gefühl, daß die Fahrzeuge gerade zu einer Saharadurchquerung aufbrechen wollen. Die Wagen sind sandfarben-braun lackiert, vorne auf dem Kotflügel ist ein grobstolliges Reserverad befestigt, ein zweites liegt auf dem Dachgepäckträger. Dort sind auch fünf 20-l-Benzinkanister, eine Schaufel und zwei Sandbleche festgebunden. Ein massiver Frontschutzbügel mit integrierter Seilwinde ist selbstverständlich. Die »Typen«, die diese Autos fahren, passen zu ihren Wagen. Es sind »echte« Abenteurernaturen mit sonnengebräunten Gesichtern, bekleidet mit Hosen und Jacken aus dem Adventure-Shop. Ein anderer Fahrer hat die Schweizer Flagge quer über das Reserverad seines Mitsubishi Pajero gespannt. Zwei sechsrädrige Pinzgauer mit französischen Nummernschildern tragen in großen Buchstaben die vielverheißende Aufschrift: »Iceland-Expedition 1992 – Lakagigar in fire and ice«. Über dem Hafen liegt ein Hauch von Abenteuer. Noch nie sahen wir so viele »verrückte« Autos wie hier in Hanstholm. Wir haben das beängstigende Gefühl, die »Eroberung« der friedlichen Insel Island stehe unmittelbar bevor. Ob man die Isländer warnen sollte?

Die Seereise und auch der Aufenthalt auf den Färöer-Inseln bieten einige erholsame Tage. Am frühen Donnerstagmorgen kommt Island in Sicht.

Die »Norröna« fährt gemächlich in den langgezogenen, schmalen Fjord von Seydisfjördur ein. Auf beiden Seiten des Schiffes ragen steile, hohe Felsen empor. Die Felswände sind grasbewachsen. In der Morgensonne leuchten sie in hellem Grün. Die Berge erreichen 1000 m Höhe. Island ist hier eine grüne Insel. Keine Gletscher, keine eisige Kälte, kein ödes, karges Land. In einem weißen Band rauscht ein kleiner Wasserfall von den hohen Bergen hinab ins Meer. Wir hören das leise Rauschen des fallenden Wassers. Das Deck der »Norröna« füllt sich mit Menschen in bunten Jacken. Kameras klicken, und Ferngläser sind auf die Berghänge gerichtet. Vereinzelt erkennen wir Schafe. Nach einer leichten Biegung des Fjordes sehen wir im Talschluß Seydisfjördur liegen. Wir sind am Ziel! Über Lautsprecher werden wir aufgefordert, zu den Fahrzeugen zu gehen.

Auf dem Zollhof stauen sich die Autos. Zwei Stunden warten wir auf die Zollabfertigung. Der Zöllner prüft unsere Pässe und fragt auf deutsch, ob wir Alkohol, Zigaretten, frisches Fleisch, Obst, Milchprodukte oder Gemüse im Fahrzeug hätten. An Alkoholika haben wir nur zwei Flaschen Rotwein und einige Dosen Bier dabei. Anstandslos dürfen wir ohne nennenswerte Fahrzeugkontrolle passieren.

In Seydisfjördur halten wir uns nicht auf. Wir fahren der Masse ankommender Touristen in Richtung Myvatn davon.

Die Straße von Seydisfjördur nach Egilsstadir ist fein geschottert. Sie wurde 1985 ausgebaut. An den Bau erinnert oberhalb von Seydisfjördur ein Denkmal aus Basaltsäulen. Links neben der Straße hat sich die Fjardará tief in das Gestein eingefurcht. Der Wildfluß bildet zahlreiche Wasserfälle. Die Straße steigt steil bis zur 620 m hoch gelegenen Paßhöhe an. Von hier hat man einen besonders guten Blick auf Seydisfjördur und den tief eingeschnittenen Fjord. Deutlich erkennt man die geschützte Lage des Hafens. Fischer, die einst aus Norwegen hierher übersiedelten, als sich vor ihrer heimischen Küste der Heringsfang nicht mehr lohnte, haben den Hafen angelegt. Auf der Paßhöhe verläuft die Straße kilometerweit durch die öde, aber gleichzeitig sehenswerte Hochgebirgslandschaft der Fjardarheidi.

Gleich zu Beginn unserer Reise erhalten wir eine Vorahnung davon, was es heißt, in Island Auto zu fahren. Die Verkehrsdichte ist zwar extrem niedrig, aber die Straßenverhältnisse entsprechen überhaupt nicht unseren mitteleuropäischen Vorstellungen.

Nach Durchquerung der Hochebene reicht der Blick von einer Anhöhe weit über den Lögurinn-See. Am Horizont leuchtet die schneebedeckte Spitze des 1833 m hohen Vulkans Snaefell in der Julisonne. Eine kurvenreiche Abfahrt führt uns nach Egilsstadir. Der 1200 Einwohner zählende Ort ist das Versorgungs- und Verwaltungszentrum im Nordosten Islands. 27 km von Seydisfjördur entfernt legen wir hier eine erste Pause ein, um unsere Vorräte zu ergänzen.

Einige Fahrzeuge, die an der Tankstelle stehen, fallen uns auf den ersten Blick auf. Sie sind heute ebenfalls mit der Fähre angekommen. Noch sind erst wenige Autos von Seydisfjördur bis Egilsstadir gefahren. An der Tankstelle gibt es noch keine Warteschlangen. Wir tanken unseren Isuzu Trooper voll und füllen auch den leer mitgeführten 20-l-Reservekanister.

Im Fremdenverkehrsbüro holen wir uns die neuesten Informationen, die wir als Autofahrer in Island brauchen. Eine deutsch sprechende Isländerin gibt uns eine Fotokopie der Übersichtskarte, die über noch gesperrte Straßen und Pisten informiert. Der Winter im Hochland dauert in diesem Jahr lange. Gebiete südlich der Askja und nördlich des Myrdalsjökull sind noch nicht zum Befahren freigegeben. Hier aber liegen Ziele, zu denen wir fahren wollen. Die Karte wird von Woche zu Woche aktualisiert. Wir hoffen auf die Freigabe dieser Strekken in der nächsten Woche. Im Fremdenverkehrsbüro erfahren wir auch von neuen Routenführungen und neuerbauten Brücken über früher unpassierbare Gletscherflüsse.

Barbara löst in der nahegelegenen Bank zwei Euroschecks gegen isländische Kronen ein. Im Supermarkt kaufen wir die Vorräte ein, die wir nicht von zu Hause mitbrachten: Brot, Milch, Butter, Kartoffeln, Wurst, Grillkoteletts, Obst, Gemüse, Kuchen und Getränke.

**Myvatn**

**Pseudokrater in Skútustadir am Myvatn**

Ringstraße in Ostisland

Leirhunúkurspalte

**Der Dettifoss ist Europas mächtigster Wasserfall**

Jökulsá á Fjöllum mit Rétarfoss

Cañon der Jökulsá á Fjöllum

**Lavaformation in Dimmuborgir**

**Grotagjá – höhle mit heißer Quelle**

Erdpiste auf der Westseite des Dettifoss

Hengifoss

Der 1833 m hohe Snaefell in Ostisland

Grasnelken

Die Piste endet am Brúarjökull

Fernsicht vom Snaefell zum Herdubreid

Von Egilsstadir fahren wir auf der Straße Nr. 1, der sogenannten Ringstraße, weiter nach Norden in Richtung Myvatn. 170 km sind es bis zu unserem heutigen Ziel, das wir am Abend erreichen wollen.

Die Straße Nr. 1 ist zwar nicht asphaltiert, aber gut ausgebaut und zügig befahrbar. Die Ringstraße bereitet fahrtechnisch auch für PKW keinerlei Schwierigkeiten, obwohl die Fahrbahndecke bei Nässe aufweicht und unzählige Wasserpfützen die Fahrbahn bedecken. Der Belag der Straße besteht an vielen Stellen aus dunkler Lava oder grauem Schotter.

Hinter Egilsstadir führt die Ringstraße zunächst auf einer Brücke über das Lagarfljót, einen Abfluß des Lögurinn-Sees. Hier zweigt die Piste zum Vulkan Snaefell ab. Die nächsten 20 km auf der Ringstraße verlaufen durch die Ebene Lagheidi, bis rechts die Straße Nr. 917 nach Vopnafjördur an der Ostküste abzweigt. Sie führt am Ufer der Jökulsá á Dal entlang zur Küste. Nach einer Richtungsänderung nach Norden beginnt südlich des 717 m hohen Dyjafjall die abenteuerliche Allradpiste über die Hellisheidi.

Wir bleiben auf der Straße Nr. 1. Sie folgt auf den nächsten 30 km der Jökulsá á Dal flußaufwärts. Die Ringstraße steigt merklich an. Nach 90 km zweigt links die Piste F 98 ins Mödrutal ab. Die Mödrudalurleid, auf deutsch: »Straße durchs Mödrutal«, führt zu den Kverkfjöll und über die neue Brücke beim Upptyppingar auch zur Askja.

Bei den Häusern von Grímsstadir wendet sich die Ringstraße nach 130 km westwärts. Geradeaus, weiter nach Norden, verläuft die Dettifoss-Route.

Nur wenige Kilometer weiter zweigt die Piste zur Askja von der Ringstraße ab. Die Ringstraße selbst verläuft weiter durch das Lavafeld Burfellshraun. Im Süden erhebt sich der 935 m hohe Vulkan Burfell. Links von der Straße sehen wir den 1682 m hohen Tafelvulkan Herdubreid.

Fast unscheinbar und sehr leicht zu übersehen ist 16 km weiter die Abzweigung eines Jeep-Tracks nach Norden in den Jökulsárgljúfur-Nationalpark und nach Axarfjördur. Auf dieser Route gelangt man an die Westseite der Jökulsá á Fjöllum mit ihren Wasserfällen.

Wir fahren auf der Ringstraße weiter. Nach einigen Kilometern weist ein Schild auf die Zufahrt zur Krafla hin. Von nun an riecht die Luft nach Schwefel. Wir nähern uns Námaskard, einem Gebiet mit heißen Quellen und brodelnden Schlammtöpfen.

Schon von weitem sieht man die Rauch- und Dampfschwaden des Sofatarenfeldes von Námaskard. Der Parkplatz liegt neben der Ringstraße, kurz bevor sie über einen Bergrücken führt. Eine große Tafel weist in mehreren Sprachen auf die Gefahren hin, die in einem Solfatarenfeld lauern. Besonders auf den weißlich-hellen Stellen kann man leicht durch die dünne Erdkruste in das heiße Erdreich einbrechen. Aus diesem Grund sind Absperrungen angebracht worden, die es früher nicht gab. Die gespannten Seile trüben das Bild von der naturgewaltigen Urlandschaft Islands. Aber wo sich jeden Tag Hunderte von Touristen versammeln, geht es wohl nicht mehr ohne Reglementierungen.

Das Solfatarenfeld von Námaskard liegt am Fuß des ockergelb leuchtenden Bergrückens Námafjall. Das Liparitgestein erstrahlt in vielfältigen Farbvariationen. Dunkelrot-braune Eisensalze, das Gelb von Schwefelablagerungen, das Weiß von Gips und das Blaugrün anderer Metallsalze ergeben ein Mosaik aus Farben und Formen. Gleich einer Ouvertüre beschert uns Island hier ein kleines Wunder der Natur.

Aus Solfataren treten schwefelhaltige Dämpfe aus, die bis zu $200^{O}$ C heiß werden. Sie

# 2. Karte »Pisten im Osten«

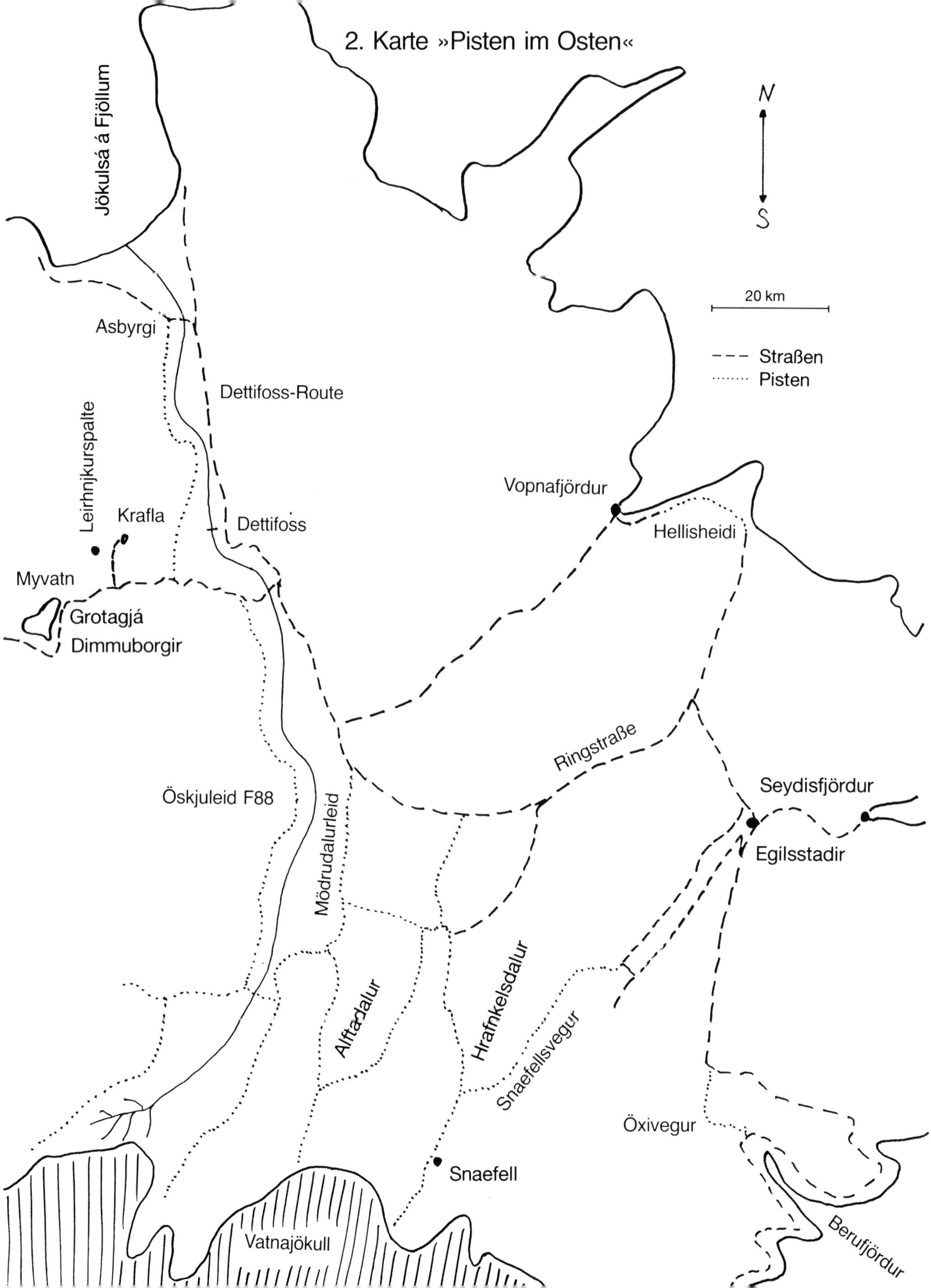

sind charakteristisch für einen noch jungen Vulkanismus. Hier liegt die glutheiße Magmakammer der Erde nahe unter der Erdoberfläche. Eindringendes Grund- und Regenwasser wird in dem heißen Gestein sofort in Dampf verwandelt und vermischt sich mit dem schwefelhaltigen Atem aus dem Erdinnern. Wo der Dampf aus den Solfataren austritt, bilden sich gelbe Kristalle aus Schwefel. Und wo sich das Grundwasser sammeln kann, entstehen brodelnde und blubbernde Schlammtöpfe. Hören Sie einmal die Erde! Jede Öffnung im Erdboden mit Dampfaustritten oder kochendem, graublauem Erdbrei hat ihren eigenen Klang und Rhythmus.

Wir fahren weiter. Von einer Anhöhe genießen wir den Blick auf den Myvatn. Haushohe, schneeweiße Dampfsäulen am Fuß des Lavabergs weisen auf das 1968 errichtete Kieselgurwerk am Myvatn hin.

Nach einer Tagestour von über 170 km auf der Ringstraße schlagen wir gegen 21 Uhr unser Zelt auf dem Campingplatz von Reykjahlid auf. Draußen ist es immer noch taghell. Auf der anderen Seite des Myvatn beginnt das unbewohnte Hochland.

# Pisten im Osten

## Myvatn

*Diese Route führt rund um den Myvatn, zur Krafla und Leirhnjúkurspalte, zur Grotagjá und nach Dimmuborgir.*
*Gesamtdistanz*: Etwa 150 km
*Maximaldistanz ohne Tankmöglichkeit*: Am Myvatn gibt es mehrere Tankstellen
*Pistenart*: Asphaltierte Straßen und Schottertraßen. Stark befahren.
*Schwierigkeitsgrad*: Einfach, mit normalem PKW befahrbar.
*Zeitbedarf*: Mehrere kürzere Ausflüge von jeweils etwa 2-3 Stunden können kombiniert werden.
*Sicherheitsausrüstung*: Nicht erforderlich

Reykjahlid liegt am nördlichen Ufer des Myvatn. Der kleine Ort soll uns für die nächsten Tage als Ausgangspunkt zu einer Erkundung des Myvatn und seiner Sehenswürdigkeiten dienen. Myvatn bedeutet »Mückensee«. Der Name stammt von den kleinen, schwarzen Zuckmücken, die in den Sommermonaten überall an den Ufern des Myvatn in großen Schwärmen anzutreffen sind. Insbesondere an schwülen und warmen Tagen können diese Mücken zu einer regelrechten Plage werden, obwohl sie nicht stechen.

Der See und seine Umgebung gehören zu den interessantesten Gebieten Islands. Hier können wir Vulkanismus hautnah erleben. Der Myvatn liegt westlich einer Zone vulkanischer Tätigkeit, die sich von Südwesten nach Nordosten quer durch das Land erstreckt. Eine wissenschaftliche Theorie besagt, daß in Island der mittelatlantische Rücken aus dem Meer taucht, der die europäische von der amerikanischen Kontinentalscholle trennt. Dieser Rükken kann am Myvatn besonders gut geologisch untersucht werden. Island ist der »Schorf auf einer Wunde« der Erdkruste.

Die Erdkruste ist nicht so fest und geschlossen, wie es auf den ersten Blick erscheint. Sie besteht aus sich überlappenden, riesigen Gesteinsplatten, die auf dem heißen, zähflüssigen Magma des Erdinneren treiben. Ganze Kontinente bilden jeweils eine Platte. Gewöhnlich liegen die Verbindungen dieser Kontinentalplatten in der Finsternis der Tiefsee verborgen. Auf Island hingegen ist eine solche »Nahtstelle« auf einer Länge von 350 km direkt zu beobachten. In diesen Gebieten sind seit langer Zeit vulkanische Kräfte am Werk.

Die vulkanische Tätigkeit nach der Eiszeit läßt sich hier in drei Zeiträume einteilen:
Unmittelbar nach der Eiszeit vor etwa 10000 Jahren bildete sich der Aschekrater des Vulkans Ludent im Osten des Myvatn. Vor 3800 Jahren entstand der Schildvulkan Ketildyngja. Die Hitze der Vulkane schmolz das Eis der Gletscher. Die gewaltigen Lavamassen, die damals ausflossen, stauten den Myvatn auf. Er entstand zum ersten Mal. Diesen Zeitabschnitt bezeichnen die Geologen als »Ludentperiode«.
Heftige, aber zeitlich kurze Vulkanausbrüche bildeten vor 2500 Jahren den Aschekrater Hverfjall. Der Myvatn verschwand während dieser »Hverfjallperiode« unter der Lava. Durch das Tal des Flusses Laxá suchte sich die dünnflüssige Lava ihren Weg zum Meer. Gewaltige Dampfexplosionen formten die sogenannten Pseudokrater in Skútustadir im Süden des Myvatn. Die Lavaformationen bei Dimmuborgir und Kalfaströnd sind Reste von Lavaseen, die sich bei Vulkanausbrüchen vor 2300 Jahren aufstauten. Dabei wurde erneut eine große Wasserfläche über dem alten Myvatn aufgestaut. Der Myvatn entstand zum zweiten Mal.

Vulkanische Tätigkeit entstand erneut Anfang des 18. Jahrhunderts. 10 km nordöstlich des Myvatn fand 1724 eine Eruption des Vulkans Krafla statt. Fünf Jahre lang strömte Lava aus einer Spalte am Leirhnjúkur. Diese heftigen Spalteneruptionen des Vulkans Krafla bezeichnete man als »Myvatn-Feuer«. Die Lava floß zum Myvatn und zerstörte mehrere Bauernhöfe. Die kleine Kirche von Reykjahlid wurde von dem glühenden Lavastrom eingeschlossen, aber nicht zerstört. Diese Zeit verstärkter vulkanischer Aktivität fand als »Myvatnseldar-Periode« Eingang in die Geologie. Das Myvatn-Feuer ist heute noch gefürchtet, denn man erwartet bald neue Ausbrüche.

## *Leirhnjúkurspalte und Krafla*

Seit 1975 gibt es nördlich von Leirhnjúkur immer wieder Lavaausbrüche. Die Eruptionen von 1724 bis 1729 und die derzeitigen haben dieselbe Ursache. In 3 bis 7 km Tiefe befindet sich unter der Erdoberfläche eine gewaltige, mit flüssiger Lava gefüllte Blase. Die aktive Vulkanzone im Gebiet der Krafla liegt genau über dieser Magmakammer. Hier schlummern gewaltige Energien. Der vorerst letzte Ausbruch war am 4. September 1984. Damals floß die Lava aus einem 10 km langen Riß in der

Erdkruste. Die Leirhnjúkurspalte entstand. Die austretende Lava bedrohte das erst 1975 gebaute Dampfkraftwerk und näherte sich den Häusern von Reykjahlid. Wissenschaftliche Messungen ergaben, daß die Leirhnjúkurberge damals um über 1 m und Reykjahlid um 55 cm angehoben wurden.
Die isländischen Naturfilmer Vilkjalmur und Osvaldur Knudsen zeigen in ihrem 2½-Stunden-Programm »The Volcano Show« eindrucksvolle Bilder von Eruptionen am Myvatn. Wenn in Island ein Vulkan ausbricht, dann sind die beiden Naturfilmer mit ihrer Kamera dabei. Die Volcano-Show läuft in der Hauptstadt Reykjavik und in Reykjahlid am Myvatn bereits seit 16 Jahren. Sie wird ständig mit den neuesten Bildern aktualisiert und veraltet deshalb nicht.

Im Gebiet der Krafla erwarten die Isländer neue Eruptionen. »No good idea to build the power station here« – keine gute Idee, gerade hier das Kraftwerk zu bauen – meint Osvaldur Knudsen.

Die 18 km lange Stichstraße zur Krafla zweigt einige Kilometer östlich des Myvatn von der Ringstraße ab. Die Zufahrt ist ausgeschildert. Die gut befahrbare Straße führt zunächst durch ein mit niedrigen Sträuchern bewachsenes Lavafeld. Auf ein paar Kilometern verläuft die Straße parallel zu einem kleinen Bach. Nach gut 5 km quert die erste Heißdampfleitung die Straße. Wir haben das Dampfkraftwerk bei der Krafla erreicht. Kurz danach gelangt man zu einem Parkplatz, von dem aus man in einem halbstündigen Fußmarsch die Leirhnjúkurspalte erreicht. Hier kann man fauchende Schlammtöpfe und kochendheiße Solfataren ebenso aus der Nähe betrachten wie in Námaskard. Größte Attraktion ist der mehrere Quadratkilometer große, erstarrte Lavastrom, der sich aus der Leirhnjúkurspalte ergoß. Die Erde in Leirhnjúkur dampft nach wie vor. In einigen Metern Tiefe ist die Lava immer noch warm. Das Regenwasser verdampft und bildet weiße Schwaden. Der Wasserdampf verleiht der tiefschwarzen Lava etwas Gespenstisches.

Nach 18 km endet die Stichstraße am Parkplatz bei der Krafla. Auch von hier gelangt man zu Fuß zu den Lavafeldern der Leirhnjúkurspalte.

Wir steigen vom Parkplatz zum Vulkankrater der Krafla auf. Am Kraterrand weht uns ein eisiger, nasser Wind ins Gesicht. Der kleine Kratersee Viti wirkt wie eine grüne Oase in der öden, braunen Vulkanlandschaft. Der steile Abstieg zum See ist glitschig. Trotzdem wagen wir ihn, denn wir wollen uns die hellgrünen Moose und ockerfarbenen Braunalgen aus der Nähe ansehen und sie auch fotografieren.

Auch in dieser Vulkanlandschaft gibt es zahlreiche Schlammtöpfe, aus denen Dampfblasen aufsteigen, die auf dem zähflüssigen Schlamm geometrische Wellenmuster bilden.

## *Rundfahrt um den Myvatn*

Am späten Nachmittag fahren wir von der Krafla nach Reykjahlid zurück. Die Wasserfläche des Myvatn leuchtet silbern unter den schwarzen Regenwolken. Auch das Grün der Pflanzen wirkt intensiver. Barbara beschließt, daß wir noch nicht zum Zelt gehen, sondern eine Rundfahrt um den Myvatn machen. Auf der Straße 848 fahren wir am östlichen Seeufer entlang. Die Fahrt in den Abend ist beeindruckend. Dicke Regentropfen prasseln auf die Windschutzscheibe. Die Sonne bricht immer wieder kurzzeitig zwischen den Wolken hervor. Ein phantastischer Regenbogen überspannt den See. Knapp 20 Minuten dauert der Wolkenbruch, dann strahlt wieder die Sonne. Die schwarzen Wolken sind nach Norden über den See hinweggezogen.

In Höfdi halten wir an. Der naturnah angelegte Park liegt auf einem Felsvorsprung über dem Myvatn. In Höfdi kann man fast alle Pflanzen dieser Gegend finden. Der kleine botanische Garten ist reich an Moosen, Flechten und isländischen Blütenpflanzen. Es gibt auch ein Wäldchen aus niedrigen Birken. Von dort aus betrachten wir mit dem Fernglas die zahlreichen Vögel, die sich in kleinen Buchten sammeln. Die Vogelwelt des Myvatn ist weltbekannt. Der See ist vor allem ein bedeutendes Brutgebiet für Enten und andere Wasservögel. Die gesamte Region wurde 1974 zum Naturschutzgebiet erklärt.

Kurz hinter Höfdi zweigt eine schmale Piste zu den bizarren Lavaformationen von Kalfaströnd ab. Die Halbinsel ragt weit in den Myvatn hinein. Sie wird von vielen Wanderpfaden durchzogen. Auffallend sind die zahlreichen kleinen Lavainseln im See. Insgesamt soll es 50 solcher Inseln im Myvatn geben. Die Inseln sind unbewohnt und nur mit einem Boot zu erreichen: Sie gehören den Vögeln und Pflanzen. Hinter den Inseln erstreckt sich die Wasserfläche des Myvatn weit nach Norden. Das Wasser verschmilzt mit den Lavabergen am Horizont. Der Myvatn ist mit einer Wasserfläche von 38 $km^2$ der viertgrößte See Islands. Die tiefste Stelle beträgt nur 4,5 m, im Mittel ist er 2,5 m tief. Der Myvatn wird von nur einem Bach, dem Graenilaekur, im Süden gespeist. Zusätzlich erhält er Wasser von Quellen, die sich am östlichen Seeufer befinden.

Unübersehbar liegen im Süden des Myvatn, bei Skútustadir, grünbemooste Vulkankrater vor uns, aufgereiht wie die Perlen einer Kette. Es sind keine echten Vulkankrater, sondern nur Scheinvulkane, die auch Pseudokrater heißen. Diese »Krater« haben keine Verbindung zur Magmakammer. Lava ist hier nie ausgetreten. Während der Hverfjallsperiode floß vor rund 2500 Jahren ein gewaltiger Lavastrom in den Myvatn. Sofort verdampfte sein Wasser. Dabei wurde die Lava explosionsartig hochgeschleudert. Es bildeten sich Kegel aus erstarrter Lava, die äußerlich kaum von echten Vulkankratern zu unterscheiden sind.

Einige Kilometer hinter Skútustadir trifft die Straße 848 wieder auf die Ringstraße. Eine Brücke überquert die Laxá, den wasserreichsten Abluß des Myvatn. Dieser Fluß ist bekannt für seinen Fischreichtum. Er ist ein Treffpunkt für Angler. Auf einer Erdpiste kann man dem Fluß im Laxátal folgen. Die Piste endet bei dem verlassenen Bauernhof Brettingsstadir. Sollte die Erdpiste aufgeweicht sein, raten wir vom Befahren ab: Allzu leicht bleibt man sonst im Schlamm stecken.

Auf der Ringstraße fahren wir am westlichen Ufer nach Reykjahlid zurück. Der nordwestliche Teil des Myvatn ist eine besonders geschützte Zone für Brutvögel. In der Zeit vom 15. Mai bis 20. Juli ist jegliches Betreten des Seeufers untersagt. Vom Straßenrand aus können wir im Fernglas eine Gruppe der sagenumwobenen Singschwäne ausmachen. Sie sind unverwechselbar an ihren gelben Schnäbeln zu erkennen.

Gegen 23 Uhr sind wir wieder in Reykjahlid. Hier steht unser Zelt. Barbara bereitet das Abendessen zu. »In einer dreiviertel Stunde sind die Kartoffeln fertig«, sagt sie. Der Abendhimmel über dem Myvatn beginnt sich glutrot zu verfärben. Ich packe meine Kamera und eile den nahen Berghang hinauf. Außer Atem komme ich oben an. Das Licht über der Vulkanlandschaft am Myvatn wirkt gespenstisch. Ein Licht – wie nicht von dieser Welt. Der rote Himmel paßt zu den Vulkanen. Eine Stunde später bin ich wieder bei Barbara. »Das Essen ist schon lange fertig«, empfängt sie mich.

»Und außerdem friere ich«. – Um Mitternacht ist es am Myvatn windig und kalt. Wir ziehen uns in das windgeschützte Zelt zurück. Hier gibt es heißen Pfefferminztee gegen die Kälte. Noch lange sitzen wir wach im Zelt, schreiben unsere Erlebnisse des Tages nieder und machen Pläne für den nächsten Tag.

## *Grotagjá und Dimmuborgir*

An den Geruch des Wassers nach faulen Eiern haben wir uns längst gewöhnt. Trinkwasser aus vulkanischem Boden ist eben nicht geruchlos. Die Siedehitze vertreibt den Schwefelwasserstoff, und der Kaffee schmeckt uns morgens in Island sogar besser als zu Hause. Das Dunkel der Nacht weicht schnell dem warmen Sonnenlicht des Tages. Wir sitzen vor unserem Zelt und frühstücken ausgiebig. Unser Geschirr ist schnell gespült. Wir ziehen den Reißverschluß unseres Zeltes von außen zu und steigen ins Auto. Unsere heutigen Ziele sind die unterirdischen Grotten in der Grotagjá und Dimmuborgir, das Labyrinth aus erstarrter Lava.

Die Grotagjá ist eine mehrere Kilometer lange, mit heißem Wasser gefüllte Erdspalte östlich des Myvatn. Vulkanismus formte die unterirdischen Grotten, in denen sich Regenwasser sammelt. Der warme Erdboden heizte das Wasser bis vor wenigen Jahren nur auf $40^{O}$ C auf. Hier konnte man ein zwar heißes, aber entspannendes Bad nehmen. Der Besuch dieser Höhlenbäder am Myvatn gehörte zu den Höhepunkten einer jeden Islandreise.

Nach dem Vulkanausbruch im Gebiet der Krafla im Jahre 1977 ist die Wassertemperatur dann aber langsam bis auf $65^{O}$ C angestiegen. Baden ist heute unmöglich, und das Betreten der Höhle ist gefährlich geworden. Niemand weiß, was hier passieren kann, seit die Erde am Myvatn wieder bebt. Diese Unsicherheit kann uns nicht erschrecken. Wir erkunden die Grotagjá.

Ungefähr beim Kieselgurwerk zweigt eine ausgeschilderte Schotterpiste nach Süden zur Grotagjá ab. Der Zufahrtsweg zur Höhle ist 1 km lang. Der Höhleneingang ist leicht zu finden. Gehen Sie zu der aufgetürmten Lava rechts von der Piste. Zugänge zur unterirdischen Grotte gibt es alle paar Meter. In der Höhle ist es dunkel. Eine starke Taschenlampe empfiehlt sich. In der Grotte ist es heiß und schwül. Das Wasser verdampft. Es riecht nach Schwefel. Unsere Kleider kleben am naßgeschwitzten Körper. Das graue Lavagestein fühlt sich warm an. Wir klettern vorsichtig über die Felsen und dringen weiter in die Höhle vor. Nur der Lichtkegel unserer Taschenlampe erhellt die Finsternis. Aus unbestimmter Richtung hören wir ein dumpfes Brodeln. Mal stärker, mal schwächer. Ist dies der Weg zur Hölle? Heute hat der Erdboden zum Glück nicht gebebt. Die Felsen in der Grotte sind stabil. Keine herabfallenden Brocken. Die Höhle ist schmal. Verlaufen kann man sich nicht. Immer wieder stößt man nach ein paar Metern auf Öffnungen im Fels, die nach draußen führen.

Wir verlassen die Grotagjá und fahren weiter. Nach 500 m muß ein Gatter geöffnet werden. Dahinter führt ein geteertes Sträßchen durch ein eingezäuntes Lavafeld. Zwischen den Lavabrocken wachsen niedrige Birken. Nach insgesamt 3 km fahren wir durch ein zweites Holzgatter. Dahinter biegen wir wieder in die Straße 848 ein. Wir erreichen 2 km weiter südlich die beschilderte Zufahrt nach Dimmuborgir.

Dort betreten wir das eingezäunte Naturreservat durch ein schmiedeeisernes Tor. Markierte Wanderwege führen als Rundwege zu allen Sehenswürdigkeiten. Für den großen Rundgang sollte man sich einige Stunden Zeit nehmen.

Dimmuborgir ist ein unheimlich wirkendes Labyrinth aus erstarrter Lava. Entstanden ist es vor rund 2 300 Jahren. Übersetzt bedeutet Dimmuborgir »dunkle Burgen«. In der Tat gleichen die Lavaformationen den Ruinen mittelalterlicher Burganlagen. Wegen ihres gotisch anmutenden Gewölbes trägt eine Lavaburg Namen »Kirkja«, auf deutsch: Kirche.

Zwischen der braunen, scharfkantigen Lava wachsen niedrige Sträucher und blühende Blumen. Auffallend sind besonders die zarten Orchideen.

## Die Dettifoss-Route

*Rundfahrt um den Cañon der Jökulsá á Fjöllum mit den Wasserfällen Dettifoss, Hafragilsfoss, Vigabergsfoss und Réttarfoss. Die Straße Nr. 864 führt auf der Ostseite der Jökulsá nach Norden bis zur Einmündung in die Straße Nr. 85. Diese führt nach Asbyrgi. Die Straße Nr. 862 sowie eine nicht numerierte Piste verlaufen entlang der Westseite der Jökulsá zurück zur Ringstraße.*

*Gesamtdistanz*: 135 km
*Maximaldistanz ohne Tankmöglichkeit*:
Etwa 70 km; Tankstellen in Grimsstadir an der Ringstraße und im Axarfjördur
*Pistenart*: Beschilderte Landstraße der Kategorie 3 auf der Ostseite; die Westseite des Jökulsá-Cañons ist eine wenig befahrene Piste.
*Schwierigkeitsgrad*: Die Ostseite ist einfach zu befahren; ein Geländewagen ist nicht notwendig; Schotterstraße mit Wellblechcharakter, Schlaglöcher. Für die zweite, südliche Hälfte auf der Westseite ist ein Geländewagen erforderlich. Diese Strecke ist nur bei Trockenheit einfach zu befahren. Bei Nässe ist sie selbst mit Allradantrieb kaum passierbar. Sand- und Erdpisten, aber keine nennenswerten Furten.
*Zeitbedarf*: 10 – 15 Stunden für die gesamte Rundfahrt mit kurzen Wanderungen und Besichtigung der Wasserfälle.
*Sicherheitsausrüstung*: Zelt und warme Kleidung, Trinkwasser.

*Streckenbeschreibung*:

| km | km | |
|---|---|---|
| 0 | 135 | Grimsstadir; Abzweigung der Straße Nr. 864 von der Ringstraße. Schotterstraße führt östlich der Jökulsá nach Norden zum Axarfjördur |
| 7,7 | 127,3 | Hinweisschild »Holprige Fahrbahn auf 47 km« |
| 28,7 | 106,4 | Abzweigung zum Dettifoss |
| 31,8 | 103,2 | Abzweigung zum Hafragilsfoss |
| 39,3 | 95,7 | Holssandur, kurze Sandstücke |
| 45,4 | 89,6 | Abzweigung einer Stichstraße nach Westen zu »Forvöd vid Jökulsá«; Schild: »Nur für 4 WD!« |
| 47,9 | 87,1 | Farm Hafurstadir, Piste macht eine 90°-Kehre nach Süden |
| 48,9 | 86,1 | Furt |
| 52 | 83 | Ende der Stichstraße; Schild: »Fußweg, gesperrt für Kfz«. Fußweg zum Vigabergsfoss und Réttarfoss |
| 58,5 | 76,5 | Wieder auf der Hauptstraße Nr. 864 |
| 66,7 | 68,3 | Im Axarfjördur. Abzweigung: Geradeaus führt die Straße Nr. 85 weiter nach Norden zur Halbinsel Melrakkasletta; Richtung Westen überquert die |

| | | |
|---|---|---|
| | | Straße Nr. 85 auf einer Brücke die Jöksulá á Fjöllum. Kurz danach Abzweigung nach Asbyrgi |
| 77 | 57,9 | Asbyrgi; Zeltplatz |
| 80,7 | 54,3 | Wieder auf der Str. Nr. 85; Rückfahrt auf der Westseite der Jökulsá |
| 82 | 53 | Abzweigung der Straße Nr. 862 nach Jökulsárgljúfur |
| 84,8 | 50,2 | Hinweis auf den Campingplatz im Vesturdalur |
| 95,5 | 40,4 | Abzweigung zum Campingplatz im Vesturdalur; Hinweisschild »Dettifoss 23 km« |
| 102 | 33,5 | Ausgetrocknetes Flußbett; auf den nächsten 5 km folgen mehrere solcher Flußbetten mit sandigem Untergrund |
| 108,6 | 26,4 | Abzweigung nach Hólmatungur; Parkplatz nach 1 km. Zugang zu den Wasserfällen Vigabergsfoss und Réttarfoss von der Westseite; rechts weiter zum Dettifoss; Schild »Dettifoss 8 km«. Ab hier auf den nächsten 13 km holprige Piste durch das Nordurfjöll |
| 114,7 | 20,3 | Weidezaun, Gatter öffnen |
| 114,9 | 20,1 | Zufahrt zur westlichen Seite von Dettifoss und Hafragilsfoss |
| 120 | 15 | Tief ausgefahrene Erdpiste |
| 135 | 0 | Ringstraße im Búrfellshraun |

Die Jökulsá á Fjöllum, der gewaltige »Gletscherfluß aus den Bergen«, entspringt am Nordrand des Vatnajökull. Mit 206 km Länge ist die Jökulsá á Fjöllum der zweitlängste Fluß Islands. Er fließt von seinen Quellen nordwärts durch das zentrale Hochland östlich der Askja und mündet im Axarfjördur in den Atlantik. Nördlich der Lavawüste des Hochlands hat die Jökulsá á Fjöllum in Jahrtausenden eine urgewaltige, 25 km lange, 500 m breite und bis zu 120 m tiefe, cañonartige Schlucht geschaffen. Diese Landschaft bildet den Jökulsárgljúfur-Nationalpark.

Im Geländewagen kann man den Cañon der Jökulsá á Fjöllum auf beiden Seiten befahren. Eine herrliche Rundreise, die aber vor allem im westlichen Teil zwischen Dettifoss und Ringstraße recht ruppig ist. Die Schotterstraße Nr. 864, die an der Ostseite des Cañons zum Axarfjördur verläuft, ist mit einem PKW befahrbar, sofern dieser über eine ausreichend hohe Unterbodenfreiheit verfügt, die nicht durch Niederquerschnittsreifen oder tiefliegende Spoiler für Islands Straßen unbrauchbar gemacht wurde. Die Rundfahrt ist bei gutem Wetter und trockener Piste auf der Westseite eine angenehme Tagestour. Auf halber Strecke liegt in Asbyrgi der vielleicht schönste Campingplatz Islands, der allein schon eine Übernachtung wert ist.

Wir beginnen unsere Fahrt in Grimsstadir an der Ringstraße, etwa 40 km östlich des Myvatn.

Nördlich des kleinen Orts weist die Straße Nr. 864 eine grobgeschotterte Oberfläche mit üblen Längswellen auf. Mit Tempo 60 schweben wir über die Unebenheiten des Bodens. Für die dünenartige Landschaft, die uns umgibt, haben wir kaum einen Blick. Das Auto vibriert. Immer wieder ertönen dumpfe Schläge vom Fahrwerk, wenn wir wieder einmal einem allzu tiefen Schlagloch nicht mehr rechtzeitig ausweichen konnten. Wir entscheiden: »Das muß unser Auto aushalten«. Nach 7,7 km warnt am Straßenrand ein Schild vor »holpriger Fahrbahn auf den nächsten 43 km«. Die Straße verläuft hoch über der Jökulsá á Fjöllum entlang. Nach 28,7 km zweigt links die Stichstraße zum Dettifoss ab. 800 m weiter endet die Zufahrt auf einem Felsplateau. Bis zum Wasserfall sind es 10 Minuten zu Fuß.

Der 44 m hohe Dettifoss ist der gewaltigste Wasserfall der Jökulsá á Fjöllum. Er ist auch der wasserreichste Fall Europas. Jede Sekunde donnern hier 200 000 Liter Wasser in die Tiefe. Zwei Gramm von den Naturkräften fein zermahlenes Gestein pro Liter Wasser trüben den Fluß und verleihen ihm eine hellgraue Färbung. Die Umgebung des Dettifoss ist ebenfalls eintönig grau. Je nach Windrichtung ist hier ständig eine Seite des Jökulsá Cañons völlig von der Gischt des herabstürzenden Wassers eingehüllt. Heute steht der Wind für uns günstig. Die Gischt schlägt sich nur auf den steilen Felswänden an der Westseite nieder. Unzählige kleine Rinnsale bilden kleine, schleierförmige Wasserfälle. Wehe, wenn sich die Windrichtung jetzt plötzlich dreht.

Wir stehen an der Abbruchkante zur Schlucht. Direkt neben uns donnert der Dettifoss. Minutenlang starren wir in die gewaltige Felsenschlucht, die sich flußabwärts bis zur nächsten Flußbiegung erstreckt. Welche Kraft muß hier gewirkt haben, um so etwas zu schaffen!

Flußaufwärts erkennen wir schemenhaft die weiße Gischt des 13 m hohen Selfoss. Den Wasserfall selbst sehen wir nicht. Eine gute Stunde Fußmarsch ist notwendig, um zur Fallkante des Selfoss zu gelangen. Der »kleinere Bruder« des Dettifoss führt zu Unrecht ein Schattendasein. Das liegt wohl nur daran, daß man nicht mit dem Auto hinfahren kann, sondern zu Fuß über die Felsen klettern muß.

Insgesamt bildet die Jökulsá á Fjöllum auf ihrem Weg durch den Cañon fünf große Kaskaden: Selfoss, Dettifoss, Hafragilsfoss, Réttarfoss und Vigabergsfoss.

Die Zufahrt zum Hafragilsfoss zweigt nur wenige Kilometer vom Dettifoss entfernt von der Hauptstraße nach links ab. Unser Tageskilometerzähler zeigt 32 km an, als wir unseren Wagen am Parkplatz oberhalb des 27 m hohen Hafragilsfoss abstellen. Tief unten im Cañon stürzt das Wasser zu Tal. Über den Wasserfall hinweg hat man eine besonders weite Sicht flußaufwärts in die langgestreckte Schlucht. Unterhalb des Wasserfalls mischt sich geröllfreies, blaues Wasser eines klaren Bergbachs mit dem geröllhaltigen, grauen Wasser der Jökulsá. Genau dort, wo die beiden Flüsse zusammentreffen, glänzt die Oberfläche eine Felsens aus Obsidianlava wie schwarzes Glas im Flußbett. Das Wasser hat die Lava glattpoliert.

Bei Kilometer 33 sind wir wieder auf der Hauptstraße. Obwohl wir laut Karte bereits seit mehreren Kilometern durch die Sandwüste Hólssandur fahren, haben wir bisher nur wenig von einer richtigen Wüste gesehen. Doch dies ändert sich auf den folgenden Kilometern dann deutlich. Die Fahrbahn wird sandig und weich. Links und rechts der Straße umgibt uns endlos erscheinender, hellbrauner Sand. Vereinzelt blühen Blumen in der unendlichen Weite. Rosarote Grasnelken und leuchtende Polster aus Stengellosem Leimkraut fallen uns besonders ins Auge.

Bei Kilometer 45,4 zweigt links eine ausgeschilderte Piste nach Forvöd vid Jökulsá ab. Dies ist die Stichstraße, die zu den Wasserfällen Vigabergsfoss und Réttarfoss führt. Dort wollen wir hin! Ein kleines Holzschild warnt: »Nur für 4 WD«.

Wir fahren zunächst auf trockener Erde. Die Piste ist stellenweise einen halben Meter in die grasbewachsene Landschaft eingegraben. Unser Geländewagen paßt gerade in der Breite durch. Bei Nässe weicht das Erdreich hier so stark auf, daß ein Befahren fast unmöglich ist. Allenfalls hat man dann noch mit extrem grobstolligen Geländereifen eine Chance, weiterzukommen. Vor der Farm Hafurstadir macht die Piste einen 90°-Bogen nach Süden. 1000 m weiter furten wir einen kleinen, aber tief V-förmig eingefurchten Bach. Bei Kilometer 52 endet die Piste. Wir parken auf einem Felsplateau. Der weitere Weg ist mit einer Kette versperrt.

Ein Schild weist auf einen Wanderweg hin. Auf der Höhe folgt der Pfad der tief im Tal tosenden Jökulsá flußaufwärts. Der Weg führt durch ein Wäldchen mit niedrigen Zwergbirken und Sträuchern. Von der gegenüberliegenden Seite der Schlucht rauschen kleine Wasserfälle ins Tal. Nach einer Viertelstunde Gehzeit erreichen wir einen Rastplatz mit einem verfallenen Toilettenhäuschen. Ein Schild verbietet Zelten und Feuermachen. Der an sich sehr idyllisch auf einer Waldwiese gelegene Platz ist nicht mehr zum Übernachten zugelassen. Wir befinden uns hier im Nationalpark und müssen die Verbotsschilder strikt beachten. Ein schmaler Weg quert einen Bach und führt weiter zu einem Aussichtsfelsen. Der Aufstieg auf den Felsen wird durch eine eiserne Leiter erleichtert. In dem Felsen gibt es kleine Höhlen, die man erkunden kann.

Dieser Felsen, der hoch über der Schlucht der Wasserfälle liegt, ist ein einzigartiger Aussichtspunkt. Flußaufwärts sieht man den Réttarfoss. Fast senkrecht unterhalb des Aussichtsfelsens tost die Jökulsá durch einen tief eingeschnittenen, engen Felsspalt. Über der Jökulsá erstreckt sich ein ebengeschliffenes Felsplateau mit einer messerscharfen Abbruchkante. Dies ist der ehemalige, 11 m hohe Vigabergsfoss. Nur noch bei hoher Wasserführung stürzt der Gletscherfluß über diese Kante. Seit 1940 nimmt die Jökulsá hier einen anderen Verlauf. Der Felsen im Fluß heißt Grettishlaup. Der Sage nach soll der Held Grettir der Starke hier mit einem kühnen Sprung über die Schlucht seinen Verfolgern entkommen sein.
Auf dem Rückweg zur Hauptstraße kommen uns auf der schmalen Erdpiste zwei französische Toyota Hi-Lux entgegen. Wir brauchen zum Glück nur 100 m bis zu einer breiteren Stelle zurücksetzen, damit die Entgegenkommenden an uns vorbeifahren können. Ein Auto hält neben uns: »Wartet ein wenig, es kommt noch ein drittes Auto«. Wenige Minuten später passiert ein allradangetriebener PKW-Kombi unsere Warteposition. Der Fahrer hält an und entschuldigt sich dafür, daß wir so lange warten mußten. Wegen der zu großen Überhänge seines Fahrzeugs hatte er Schwierigkeiten, die V-förmig eingeschnittene Furt zu passieren.

Bei Kilometer 58,5 erreichen wir wieder die Hauptstraße. 10 km weiter mündet die Straße Nr. 864 in die Straße Nr. 85 ein, die weiter nach Norden zur Halbinsel Melrakkasletta führt. Auf der Straße Nr. 85 fahren wir zunächst ein Stück nach Westen und überqueren die Jökulsá á Fjöllum auf einer imposanten Hängebrücke. Wenig später zweigt eine kurze Stichstraße nach Asbyrgi ab. Nach insgesamt 77 km erreichen wir Asbyrgi. Hier gibt es inmitten eines Birkenwäldchens einen schön gelegenen Campingplatz.

Asbyrgi bietet Sehenswürdigkeiten besonderer Art. Unweit des Campingplatzes stehen einzigartige Felsformationen. Diese Steilwände gaben Asbyrgi seinen Namen: »Götterburg«. Die bekannteste Felsformation ist der 90 m hohe steile Felsen Eyan. Er bildet eine zum Meer hin hufeisenförmig geöffnete Schlucht. Der Sage nach soll hier Odins achtbeiniges Pferd Sleipnis einen Hufabdruck hinterlassen haben. Geologisch gesehen sind diese Felsen Teile eines alten Cañons der Jökulsá. Hier muß es in Urzeiten einmal einen gewaltigen Wasserfall gegeben haben, über den die Jökulsá direkt ins Meer stürzte.

Wir fahren zurück zur Straße Nr. 85 und weiter nach Westen. Bei Kilometer 82 zweigt die Straße Nr. 862 nach Süden zum Jökulsárgljúfur-Cañon ab. Auf ihr fahren wir entlang der Westseite der Jökulsá zurück.

Die Kiesstraße führt durch ein grasbewachsenes, grünes Tal mit niedrigen Birkensträuchern in der Asheidi. Die Straße wird schnell schlechter. Wellblech zwingt uns eine zügige Fahrweise auf. Wir durchfahren eine Hochebene. Bei Kilometer 95,5 kommen wir an die Abzweigung zum Campingplatz im Vesturdal. Der Platz ist geschlossen, wir sehen aber einige Zelte stehen. Campen wird hier geduldet. Nördlich des Zeltplatzes liegt die Basaltformation Hljodaklettar, der Echofelsen. Hier endet die offizielle Straße Nr. 862. Nur eine nicht numerierte Piste führt weiter nach Süden.

Bei Kilometer 102 queren wir ein breites, ausgetrocknetes Flußbett. Der Untergrund ist sandig. Wir brauchen den Allradantrieb aber nicht zuzuschalten. Bereits zwei Kilometer weiter müssen wir ein weiteres ausgetrocknetes Flußbett durchfahren. Hier schalten wir den Allradantrieb und das Untersetzungsgetriebe zu. Der Sand ist tief und schwer. Zügig durchfahren wir das etwa 10 m breite Sandstück in 2L. Auf der gegenüberliegenden Seite müssen wir eine steile Böschung erklimmen. Wir sind froh, daß wir an diesem Steilstück mit Schwung und Allrad fahren. Schlagartig sind wir in echtes Off-road-Gelände gekommen. Hier fahren nur noch selten Autos. Die Piste wird nicht unterhalten. Die vom Schmelzwasser gebildeten Flüsse reißen auf ihrem Weg in die Jökulsá á Fjöllum jedes Frühjahr tiefe Wunden in die Landschaft. Die Flüsse entspringen in den nahen Bergen, dem Svinadalsháls und dem 541 m hohen Grjótháls. Die Piste quert diese Flußtäler, die im Hochsommer meist vollständig austrocknen. Erst dann kann man die Strecke mit einem Geländewagen befahren.

Weitere solcher Flußtäler folgen. Wir fahren nur noch mit Allradantrieb. Die hinter uns liegenden fünf Kilometer waren ein übles Stück. Wegen der extrem steilen Böschungen im Sand wären sie ohne Allrad wahrscheinlich nicht zu schaffen gewesen.

Bei Kilometer 108,6 wird die Piste wieder besser. Ein Hinweisschild deutet auf einen 1 km entfernten Parkplatz im Hölmatungur. Wir halten uns rechts und fahren Richtung Dettifoss weiter, ab hier wieder mit Zweiradantrieb. Damit durchfahren wir auch einige verwehte Sandstücke auf der Piste. Bei Kilometer 112 beginnt eine öde Steinwüste, das Nordurfjöll. Die holprige Piste führt auf den nächsten 8 km über tückische Felsen. Ständig müssen wir bis zu 20 cm hohe Brocken überklettern. Unser Auto wird stark strapaziert. Am Horizont erhebt sich vor uns der mächtige Herdubreid unter einem wolkenlos blauen Himmel.

Mitten in dieser Steinwüste treffen wir bei Kilometer 114,7 auf ein Viehgatter, das geöffnet werden muß. Kurz danach zweigt bei Kilometer 114,9 die Zufahrt zum westlichen Rand des Dettifoss und des Hafragilsfoss ab.

Bei Kilometer 120 endet die Steinwüste, doch die Piste wird nicht wesentlich besser. In einer Art Hohlweg schlängelt sich die tief ausgefahrene, staubige Piste durch eine steppenartige Landschaft. Der Untergrund ist erdig, manchmal aber durch kleine Rinnsale, die über die Piste fließen, aufgeweicht und verschlammt. Die Geländewagen, die hier durchgefahren sind, haben tiefe Spuren hinterlassen. Gelegentlich schrammt es am Bodenblech unseres Troopers, der an und für sich über eine sehr gute Bodenfreiheit verfügt. Einige Male müssen wir sogar die Fenster herunterkurbeln, hinausschauen und abschätzen, ob unser Wagen überhaupt in seiner Breite durch die engen Passagen der Erdpiste hindurchpaßt. Die Piste liegt knietief in den Erdboden eingegraben vor uns. Oft geht es nur noch mit Schrittgeschwindigkeit voran. Der Tageskilometerzähler scheint stillzustehen. Weiter als 20 km sind wir in der zurückliegenden Stunde nicht gekommen.

Die Strecke ist anstrengend, staubig und schweißtreibend – ein Stück echter Wüstentour. Den Jökulsá-Cañon und seine Wasserfälle können wir von der Piste aus nicht sehen. Die Piste verläuft meist in zu großer Entfernung zum Cañon. Die Landschaft auf der Westseite der Jökulsá ist im letzen Drittel meistens eher trostlos.

Nach 135 km und insgesamt 15 Stunden Fahr- und Wanderzeit erreichen wir wenige Kilometer westlich von Grimstadir im Búrfellshraun wieder die Ringstraße.

## Snaefellsvegur

*Route Lögurinn-See – Fljótsdalur – Vulkan Snaefell – Brúarjökull – Hrafnkelsdalur – Thrihyrningsfjallgardur – Mödrudalur; »Umweg« über das Meljadrafjall und das Alftadalur.*

*Gesamtdistanz*: 205 km
*Maximaldistanz ohne Tankmöglichkeit*:
180 km; Tankstellen in Egilsstadir und in Brú
*Pistenart*:
Gut markierte und beschilderte Schotterpiste; die Piste über das Meljadrafjall und das Alftadalur ist allerdings nicht durchgehend markiert und befindet sich in einem sehr schlechten Zustand.
*Schwierigkeitsgrad*: Von Egilsstadir bis zur Hütte am Snaefell ist die Piste einfach zu befahren, ein Geländewagen ist nicht unbedingt erforderlich. Für die Stichstraße an den Rand des Brúarjökull und weiter durch das Hrafnkelsdalur ist ein Geländewagen mit Allradantrieb notwendig. Ebenso für die 97 km lange, schwierige Allradpiste, die über das Meljadrafjall zum Rand des Brúarjökull und durch das Alftadalur zurück auf die F98 »Kverkfjallaleid« führt.
*Zeitbedarf*: Von Egilsstadir bis zur Hütte am Snaefell 3-4 Stunden; bis zur Einmündung in die Mödrudalurleid weitere 6 Stunden. Für den Umweg durch das Alftadalur zusätzlich 7 Stunden.
*Sicherheitsausrüstung*: Nicht erforderlich für die Hauptstrecke; für den Abstecher durch das Alftadalur Zelt, Nahrungsmittel für 2 Tage, Trinkwasser und warme Kleidung mitnehmen.

*Streckenbeschreibung*:

| km | km | |
|---|---|---|
| 0 | 205,2 | Egilsstadir; Brücke über das Lagarfljót; Straße Nr. 931 führt am nördlichen Seeufer entlang |
| 8,8 | 196,4 | Denkmal aus Basaltsäulen |
| 11,8 | 193,4 | Abzweigung einer Stichstraße zur Askirkja |
| 16,5 | 188,7 | Gehöft »Hof«; Weideland |
| 27,8 | 177,4 | Birkenwald |
| 33,6 | 171,6 | Hengifoss, Parkplatz hinter der Brücke; Fußweg zum Wasserfall |
| 36,6 | 168,6 | Abzweigung der Piste zum Snaefell; Schild: »Snaefell 56 km«. Piste führt steil und in vielen Kurven auf die Fljótsheidi |
| 47,7 | 157,6 | Eine nicht gekennzeichnete Piste zweigt nach links ab |
| 51 | 154,2 | Hütten einer Bauarbeitersiedlung |
| 51,4 | 153,8 | Eine nicht gekennzeichnete Piste zweigt nach rechts ab; kleine Seen neben der Piste |
| 58 | 147,2 | 2 km langes, schnurgerades Pistenstück durch Weideland; Aussicht auf den Snaefell |
| 72,7 | 132,5 | Verrohrte Furt |
| 72,8 | 132,4 | Piste führt geradeaus den steilen Berghang hinauf |
| 75,3 | 129,9 | Ausgetrocknetes Flußbett mit verrohrter Furt |

| | | |
|---|---|---|
| 76 | 129,5 | Furt (20 cm tief) |
| 77,1 | 128,1 | Furt |
| 77,3 | 128 | Erdpiste führt über Hochebene |
| 78,8 | 126,4 | Furt |
| 79,4 | 125,8 | Furt |
| 80,6 | 124,6 | Saudafell; Abzweigung; Schild: rechts »Hrafnkelsdalur 18 km; Fljótsdalur 44 km«; links »Snaefell 12 km« |
| 81 | 124,2 | Markiertes Flugfeld |
| 83,5 | 121,7 | Abzweigung einer Piste zum Laugarfell; Schild: links »Vatnamaelingastöf«; rechts weiter zum Snaefell: »Snaefellsskali 13 km« |
| 86,5 | 118,7 | Mehrere kleine Furten auf 400 m |
| 89 | 116,2 | Piste verläuft durch vegetationslose Hochebene aus Geröll |
| 89,8 | 115,4 | Verrohrte Furt |
| 92,3 | 112,9 | Ausgetrocknetes, breites Flußbett mit verrohrter Furt |
| 93 | 112,2 | Mehrere kleine Furten auf 1500 m |
| 95,1 | 109,8 | Rechts Schild »Saudahnjúkur« |
| 95,2 | 110 | Verrohrte Furt |
| 95,4 | 109,8 | Snaefell; Hütte »Snaefellsskali« (60 Plätze); Zeltplatz, sanitäre Einrichtungen. Schild: »Vatnajökull 18 km«. Wir fahren hier weiter! |
| 97 | 108,2 | 6 Furten (10-30 cm tief) auf 7 km |
| 104,9 | 100,3 | Steile Auffahrt |
| 106,2 | 99 | Abzweigung einer 600 m langen Stichstraße nach rechts zu einem Aussichtspunkt; einzigartige Aussicht auf den Snaefell, den Brúarjökull und den Herdubreid |
| 107,4 | 97,8 | Wieder auf der Piste |
| 109,2 | 96 | Furt |
| 109,8 | 95,4 | Steile Auffahrt auf Bergrücken; Altschneefelder möglich; danach mehrere Furten durch flache Wasserläufe |
| 113,4 | 91,8 | Sandige Furt; sehr steile und ausgewaschene Abfahrt über die Gletschermoräne |
| 115,4 | 89,8 | Rand des Gletschers Brúarjökull |
| 148,8 | 56,4 | Rückfahrt; Abzweigung bei km 80,6; weiter durch das Hrafnkelsdalur |
| 150,9 | 54,3 | Furt |
| 152,4 | 52,8 | Breite Furt durch die Hölkná (30-40 cm tief). Danach 3 km zügig befahrbare Schotterebene |
| 155,7 | 49,5 | Flache, breite Furt |
| 156,8 | 48,4 | Furt, Meßhütte |
| 157,7 | 47,5 | Sandpiste durch grasbewachsene Ebene; tiefe Spurrillen |
| 158,4 | 46,8 | Breite, 30 cm tiefe Furt; dahinter 1 km lange Strecke über Steine |
| 161,8 | 43,4 | Grobgeschotterte, steile Abfahrt ins Hrafnkelsdalur; im Tal Gehöfte |
| 164,8 | 40,4 | Hrafnkelsdalur |
| 166,8 | 38,4 | Furt |
| 167,4 | 37,8 | Breite Furt (40-50 cm tief) durch die Hrafnkelsá |
| 179,4 | 25,8 | Brú; Brücke über die Jökulsá á Brú; einfacher Zeltplatz mit Toilettenhäuschen |
| 179,8 | 25,4 | Tankstelle; Abzweigung, geradeaus weiter! |
| 180,2 | 25 | Abzweigung; Wegweiser: rechts »Egilsstadir 89 km«, links »Kverkfjöll F98 104 km, Askja 85 km«. Links weiter! |
| 182,7 | 22,5 | Abzweigung; links weiter, Schild: »Kverkfjöll, Thrihyrningur« |
| 184 | 21,2 | Abzweigung der Allradpiste zum Meljadrafjall, Brúarjökull und Alftadalur |

| | | |
|---|---|---|
| 189,2 | 16 | Fiskidalur; Furt durch die Fiskidalsá (20-30 cm tief) |
| 196,1 | 9,1 | Furt durch den Seeabfluß des Thrihyrningsvatn |
| 197,6 | 7,6 | See Thrihyrningsvatn rechts der Piste |
| 200,1 | 5,1 | Furt |
| 202,2 | 3 | Grasbewachsene Dünen |
| 204 | 1,2 | Hochebene |
| 205,2 | 0 | Einmündung in die F98 »Mödrudalurleid«; Schild: links »Kverkfjöll 80 km, Askja 61 km«, rechts »Mödrudalur 20 km, Straße Nr. 923 Brú à Jökuldal 24 km« |

Nördlich von Egilsstadir überquert die Ringstraße auf einer Brücke den breiten Fluß Lagarfljót. Hinter der Brücke zweigt die Straße Nr. 932 nach Westen ab. Die Schotterstraße führt an einem Campingplatz vorbei und verläuft am nördlichen Ufers des Lögurinn-Sees. Der Lögurinn-See ist mit einer Fläche von 52 qkm der drittgrößte See Islands. Er ist 40 km lang, bis zu 2 km breit und 112 m tief. Im See sammelt sich das Schmelzwasser des Gletschers Eyjabakkajökull, einer Gletscherzunge des Vatnajökull. Das Wasser des Sees ist deshalb trüb und milchig-grau. Nach einer alten Sage soll das Ungeheuer »Lagarfjlótsormurinn«, der »Lagarfljótswurm«, im See wohnen und einen großen Goldschatz bewachen. Es soll Leute geben, die das Ungeheuer schon gesehen haben.

Bei Kilometer 8,8 erinnert ein Denkmal aus Basaltsäulen an isländische Familien, die 1875 nach Kanada ausgewandert sind, und an den Dichter Jóhann Magnús Bjarnason. Einige Kilometer weiter weist ein Schild auf die sehenswerte Kirche des Ortes As hin. Die Straße durchquert in ihrem weiteren Verlauf eine Weidelandschaft, in der zahlreiche Islandpferde zu sehen sind. Bei Kilometer 27,8 säumt ein Birkenwald die Straße. Auch das gegenüberliegende Ufer des Sees und die Hügel sind bewaldet. Auf der anderen Seite des Sees erkennt man deutlich den Wald von Hallormsstadur. Dies ist eines der größten Waldgebiete Islands. Es wurde zu Beginn dieses Jahrhunderts angelegt. Auf einer Fläche von 2000 Hektar wachsen 50 verschiedene Baumarten. Die Bäume werden hier bis zu 10 m hoch. Auch einen größeren Bestand an Rentieren soll es im Wald geben. Hallormsstadur ist ein beliebtes Ausflugsziel der Isländer, die auf dem Campingplatz ihre Freizeit verbringen.

Der Wasserfall Hengifoss – bei Kilometer 33,6 – ist eine Wanderung wert. Vom Parkplatz bei der Brücke führt ein schmaler Fußweg entlang des linken Flußufers aufwärts. Wählen Sie den Pfad, der oberhalb der Schlucht verläuft; geht man durch die Schlucht, verliert sich der Weg nach wenigen hundert Metern in großen Felstrümmern. Bis zum Hengifoss braucht man ungefähr eine Stunde. Auf dem Weg kommt man an einem zweiten Wasserfall, dem Litlanesfoss, vorbei. Der Hengifoss ist mit 118 m Fallhöhe der dritthöchste Wasserfall Islands. Der Felskessel des Hengifoss gleicht einem Amphitheater; auffallend sind die langen Basaltsäulen. Die Schichtung der Erdkruste ist im ockerbraunen Felskessel des Wasserfalls ebenfalls deutlich zu erkennen.

Wir fahren weiter. Bei Kilometer 36,6 zweigt die Piste zum Snaefell beim Hof Bessastadir von der Straße Nr. 931 ab. Die holprige Schotterpiste führt steil und in engen Kehren hinauf zur 600 m hoch gelegenen Fljótsheidi. Hier verläuft die gut befahrbare Piste durch grünes Weideland. Bei Kilometer 58 sieht man am Horizont zum ersten Mal den 1833 m hohen Kegelvulkan Snaefell in seiner vollen Größe. Dies ist unser Ziel. Auf der Fljótsheidi müssen einige flache Wasserläufe gefurtet werden; die wenigen größeren Flüsse in diesem Gebiet sind im

Sommer fast vollständig ausgetrocknet und die Furten verrohrt. Bei Kilometer 77,3 verläuft die Piste über festgefahrene Erde und durchquert eine karge Hochebene. Ist die Piste trokken, kann man die Hütte am Snaefell von Egilsstadir aus mit einem normalen PKW erreichen. Bei Kilometer 80,6 zweigt die Piste zum Snaefell ab. Wir befahren zunächst diese Stichstraße. Die Schotterpiste verläuft bis zur Hütte durch eine vegetationslose Hochebene aus Geröll. Vereinzelt zweigen beschilderte Pisten in die umliegenden Berge und Flußtäler ab. Die Hütte »Snaefellsskali« am Fuß des Snaefell erreichen wir bei Kilometer 95,4. Es ist eine typische Touristenhütte mit Matratzenlager und sanitären Einrichtungen. In der Nähe befindet sich ein Zeltplatz. Hinter der Hütte steht ein Denkmal aus Balsaltsäulen, das an den Erbauer der Hütte erinnert. Die Hütte ist Ausgangspunkt für die Besteigung des Vulkans. Der 1833 m hohe Snaefell ist in 4-6 Stunden einfach zu besteigen; verschiedene Aufstiegsrouten sind markiert. Von der Hütte führt eine markierte und beschilderte Stichstraße weiter bis an den Rand des Brúarjökull. Die Piste ist mit »Vatnajökull« ausgeschildert. Für diese Piste ist ein Geländewagen mit Allradantrieb erforderlich. Mehrere Gletscherflüsse müssen durchfahren werden, und im Gletschervorland führt die Piste über die steile und vom Wasser ausgewaschene Gletschermoräne. Selbst spät im Juli müssen an den Berghängen noch Altschneefelder durchquert werden.

Bei Kilometer 106,2 zweigt eine 600 m lange, unmarkierte Piste nach rechts ab und führt auf einen Bergrücken. Von der Höhe hat man eine beeindruckende Fernsicht auf den eisbedeckten Snaefell, den Brúarjökull und den Herdubreid.

Die Abfahrt über die Gletschermoräne bei Kilometer 113,4 ist sehr steil. Wir fahren mit zugeschaltetem Allradantrieb und 2L. Bei Kilometer 115,4 endet die Piste unmittelbar am Rand des flachen Gletschers. Von dort fahren wir wieder zurück.

Bei Kilometer 148,8 erreichen wir die zuvor erwähnte Abzweigung. Von hier fahren wir weiter durch das Hrafnkelsdalur. Für diese Piste wird ebenfalls ein Geländewagen benötigt. Die erste nennenswerte Furt erreichen wir bei Kilometer 152,4. Hier muß die 30-40 cm tiefe Hölkná durchfahren werde. Dieser Fluß muß auf den nächsten 3 km mehrfach gefurtet werden; die Furten sind jedoch dann nicht mehr ganz so tief. Bei Kilometer 157,7 wird die Piste plötzlich sandig. Wir durchfahren das 780 m hoch gelegenen Ytra-Kálfafell. Die Piste weist tiefe, ausgefahrene Spurrillen auf.
Die Abfahrt in das Hrafnkelsdalur ist grob geschottert, lang und recht steil. Bei Kilometer 164,8 erreichen wir das weite, mit Gras und Sträuchern bewachsene Tal. Gleich am Anfang des Tals muß bei Kilometer 167,8 der breite und 40-50 cm tiefe Fluß Hrafnkelsá gefurtet werden. Die Piste im Tal ist danach bis Brú einfach und zügig zu befahren. Die Brücke über die Jökulsá á Brú erreichen wir bei Kilometer 179,4. Hinter der Brücke befindet sich ein einfacher Zeltplatz mit sanitären Einrichtungen. Wenige hundert Meter weiter besteht die Möglichkeit zu tanken. An der Abzweigung bei Kilometer 179,8 fahren wir geradeaus weiter. Die Straßenführung bei Brú ist ein wenig verwirrend. Es gibt viele Hofzufahrten, die sich nicht von der »Hauptstraße« unterscheiden. Bei Kilometer 180,2 zeigt uns ein Wegweiser den weiteren Verlauf der Piste an: Wir halten uns links, Richtung Kverkfjöll.

Bei Kilometer 182,7 verzweigt sich die Piste erneut. Hier fahren wir ebenfalls nach links. Wir befinden uns jetzt auf der Querverbindung, die vom Hrafnkelsdalur über den Bergrücken Thrihyrningsfjallgardur zur Piste Mödrudalurleid führt. Die nächsten 23 km bis zur Mödrudalurleid sind einfach zu befahren. Die Strecke

**Piste beim Herdubreid**

**Furt durch die Geirlandsdá, im Hintergrund der Herdubreid**

Zeltplatz bei der Hütte Dreki

Arktische Weidenröschen und Engelwurz am Ufer der Lindaá

**Gletscherhöhle bei den Kverkfjöll**

Piste in der Krepputunga

Askja – Krater Viti und Öskjuvatn

Stufige Furt durch die Jökulsá vor Nyidalur

Aldeyjarfoss

Tiefe Furt vor Landmannalaugar

Veidivötn

Bergung eines PKW aus dem Treibsand

Gleich bricht der Geysir aus

Pool mit warmem Wasser in Hveravellir

Gullfoss

ist landschaftlich sehr schön. Bei Kilometer 184 zweigt eine unmarkierte Allradpiste nach Süden zum Meljadrafjall ab. 5 km weiter verläuft die Piste hinunter in das Fiskidalur; im Tal muß die 20-30 cm tiefe Fiskidalsá gefurtet werden. Die Ausfahrt aus dem engen Tal ist steil. Dahinter beginnt eine Hochebene aus Lava. Heller Bimsstein beherrscht das Bild. Ein besonders gutes Panorama hat man bei klarer Sicht von dem 958 m hohen Berg Thrihyrningur, der bei Kilometer 194 wenig nördlich der Piste liegt. Off-road kann man ein Stück weit den Berg hinauffahren. Im Gebiet des Sees Thrihyrningsvatn müssen einige flache Wasserläufe gefurtet werden. Nach der letzten Furt bei Kilometer 200,1 durchfahren wir auf sandiger Piste eine grasbewachsene Dünenlandschaft. Bei Kilometer 205,2 erreichen wir die Einmündung in die Piste »Mödrudalurleid«.

Wem dieses letzte Teilstück der Strecke über den Bergrücken Thrihyrningsfjallgardur zu einfach und nicht abenteuerlich genug ist, der kann den 80 km langen »Umweg« über das Meljadrafjall, den Brúarjökull und durch das Alftadalur fahren. Diese Route führt durch unwegsames Hochland; sie wird sehr selten befahren und bietet einiges an fahrtechnischen Schwierigkeiten: Tiefe Gletscherflüsse, Sand und Lava.

Die Piste zum Meljadrafjall zweigt bei Kilometer 184 nach Süden ab. Die Abzweigung ist nicht beschildert; nur einzelne Fahrspuren weisen auf die Piste hin. Auch der weitere Verlauf der Piste ist nicht durchgehend markiert. Die Piste verläuft zunächst über eine Hochebene und führt dann in das Tal des Flusses Reykjará, der mehrfach durchfahren werden muß. Die Furten sind sandig, holprig und bis 40 cm tief. Nach 10 km verzweigt sich die Piste hinter der ersten Furt: Geradeaus verläuft die Piste durch das Laugarvalladalur und zweigt nach 5 km in das Vesturdalur ab. Auf dieser Strecke gibt es viele Furten, die nicht unterhalten werden und folglich oftmals nur schwierig zu passieren sind. Die Furten vermeidet man weitgehend, wenn man an der Abzweigung nach Osten fährt. Die Reykjará muß hier zwar gleich zu Beginn zweimal durchfahren werden, dann aber folgen keine tiefen Flüsse mehr. Die Piste führt über Geröll am 700 m hohen Berg Nónhnjúkur entlang und weiter auf die steinige Hochebene des Meljadrafjall. Hier verläuft die Piste parallel zu dem Gletscherfluß Jökulsá á Brú. Auf dieser Strecke kommt man nur langsam voran. Immer wieder müssen unwegsame Geländestücke durchfahren und stufige Felsen überklettert werden. Bei Kilometer 35 mündet die Parallelstrecke vom Vesturdalur wieder in unsere Route ein. Zwei Kilometer weiter muß ein Nebenarm der Saudá gefurtet werden. Bei Kilometer 40 führt die Piste zwischen zwei Seen, den Vesturdalsvötn, hindurch. Bei Kilometer 41 verzweigt sie sich: Nach Süden verläuft eine 15 km lange Stichstraße bis zum Rand des Brúarjökull. Im sandigen Gletschervorland müssen einzelne Gletscherflüsse gefurtet werden; stellenweise ist der Sand überflutet. Das Schwemmland sollte nicht durchfahren werden, denn es besteht die Gefahr, daß man sich in den »Quicksands« festfährt.

Am Gletscher kehren wir um. An der Abzweigung bei Kilometer 41 fahren wir geradeaus weiter. Die Piste verläuft durch eine karge Berglandschaft. Der Weg ist kaum erkennbar. Die Piste ist holprig und mit großen Steinen übersät. Über viele Kilometer können wir nur sehr langsam fahren. Bei Kilometer 83 und 85 müssen zwei flache Bäche gefurtet werden. Die Piste verläuft oberhalb des Alftadalur entlang. Das Bild der Berglandschaft aus dunklem Geröll und holpriger Piste ändert sich auf den nächsten Kilometern nicht. Bei Kilometer 91 führt die Strecke am Fluß Arnardalsá entlang. Bei Kilometer 97 durchfahren wir diesen

Fluß; die Furt ist 30-40 cm tief. Kurz danach erreichen wir die Piste F98 »Kverkfjallaleid«.

Für den 97 km langen »Umweg« haben wir sieben Stunden gebraucht. Die Piste war eine arge Schinderei für uns und das Auto. Landschaftlich ist sie nicht besonders abwechslungsreich. Der direkte Weg über den Thrihyrningsfjallgardur zur Modrudalurleid ist eindeutig der bessere und interessantere.

## Öxivegur

*Die Straße Nr. 939 führt vom Berufjord über das Kistufell ins Sudurtal*

*Gesamtdistanz*: 20 km
*Maximaldistanz ohne Tankmöglichkeit*: Etwa 60 km; Tankstellen in Egilsstadir oder Djúpivogur an der Ringstraße.
*Pistenart*: Schotterstraße; stellenweise Stufen im Fels und Auswaschungen.
*Schwierigkeitsgrad*: Leicht befahrbar; vom Sudurtal aus mit hochachsigem PKW befahrbar; gleich zu Beginn eine für PKW schwierige Furt durch V-förmig eingeschnittenen Bach; vom Berufjord aus ist wegen der Steilstücke auf losem Schotter Allradantrieb ratsam; nur flache Furten (10-20 cm tief).
*Zeitbedarf*: 1 Std.
*Sicherheitsausrüstung*: Nicht erforderlich

*Streckenbeschreibung*:

| km | km | |
|---|---|---|
| 0 | 20,7 | Abzweigung der Straße Nr. 939 von der Ringstraße im Berufjord; Schild »4 WD« |
| 0,9 | 19,8 | Nach einer flachen Furt führt die Piste in den hufeisenförmigen Talschluß hinein |
| 2 | 18,7 | Furt; Piste führt in eine bizarre Gebirgslandschaft |
| 2,6 | 18,1 | Schöner Wasserfall am linken Berghang |
| 2,7 | 18 | Auf den nächsten 2 km müssen 8 kleine Bäche durchfahren werden; Piste steigt sehr steil an; langanhaltende Steigungen mit Haarnadelkurven |
| 5,6 | 15,1 | Schöner Blick in den Berufjord, Wasserfall |
| 6,6 | 14,1 | Hochplateau |
| 7,6 | 13,1 | Paßhöhe auf dem Kistufell; flache, aber breite Furt |
| 10,9 | 9,8 | Links Stichstraße in die Berge |
| 12,9 | 7,8 | Weitere Stichstraße in die Berge auf der linken Seite |
| 19,5 | 1,2 | Brücke über enges und tiefes Tal |
| 0 | 20,7 | Sudurtal; Einmündung der Straße Nr. 939 in die Ringstraße; unmittelbar davor stufige Furt durch V-förmig eingeschnittenen Bach; dies ist für PKW die schwierigste Stelle auf der ganzen Strecke |

Entlang der fjordreichen Ostküste Islands gibt es entweder in den Fels gesprengte und gut ausgebaute Straßen oder überhaupt keine. Jeder, der im Osten Islands – beispielsweise von Djúpivogur am Berufjord nach Egilsstadir oder umgekehrt – reisen möchte, muß auf der Ringstraße durch das Breidtal und Sudurtal oder auf der kurvenreichen Küstenstraße Nr. 96 fahren. Mit einer Ausnahme, die jedoch geländegängigen Fahrzeugen vorbehalten ist, gibt es hier keine anderen Fahrwege. Die 20 km lange Bergpiste »Öxivegur« führt über das 600 m hohe Kistufell und verkürzt die Ringstraße um etwa 50 km. Bei zügiger Fahrweise benötigt man für den Öxivegur aber eine volle

Stunde. Die steile, felsige Piste zwingt zum Langsamfahren.

Die Straße Nr. 939, so heißt der Öxivegur in den offiziellen Straßenkarten, zweigt am Ende des Berufjords (»Berufjördur«) in nordwestlicher Richtung von der Ringstraße ab. Ein Schild mit der Aufschrift »4 WD« weist die Schotterstraße als Allradpiste aus. 900 m nach der Abzweigung von der Ringstraße quert der erste kleine Bach die Piste. Die Furt ist flach und einfach zu durchfahren. Die Piste führt hinter der Furt durch das hufeisenförmige Tal auf die hohen, fast senkrechten Felswände am Talschluß zu. Die Gebirgslandschaft wird immer bizarrer. Bei Kilometer 2 furten wir erneut einen kleinen Bach. Links der Piste rauscht ein Wasserfall zwischen den Felsen zu Tal. Bei Kilometer 2,7 kriechen wir mit unserem Trooper durch ein steiniges Flußbett. Der Wasserstand ist niedrig. Wenn nur die dicken Felsbrocken nicht wären! Wir nehmen die größeren Steine zwischen die Räder. Die Bodenfreiheit des Wagens ist groß genug, so daß wir keine Bodenberührung befürchten müssen. Fahrer von Fahrzeugen mit einer geringeren Bodenfreiheit müssen vor diesem steinigen Flußbett anhalten, aussteigen und die gröbsten Brocken beiseite schaffen. Auf den nächsten zwei Kilometern queren insgesamt acht kleine Bäche die Piste. Nach der Karte tragen die Wasserläufe Namen wie Selgil, Hemra oder Ytri-Viná. Dies ist ein Beweis dafür, daß es nicht nur Rinnsale sind, die sich während der Schneeschmelze oder nach starken Regenfällen bilden, sondern richtige kleine Bäche.

Wir haben an diesem Tag Glück. Es hat hier schon lange nicht mehr geregnet, und die Wasserführung der Bäche ist deshalb entsprechend gering. Hinter der Doppelfurt bei Kilometer 4,6 haben wir den Talschluß erreicht. Die Piste windet sich nun in steilen Serpentinen den Berghang hinauf. Die Spitzkehren sind eng. Eigentlich müßten wir bei dieser langanhaltenden Steigung auf losem Gesteinsschotter den Allradantrieb zuschalten. Dies haben wir an einer Stelle auch getan, als die beiden Hinterräder auf dem losen Untergrund beim Anfahren durchdrehten. Bei der ersten Spitzkehre, die wir mit Allradantrieb anfahren, verspannt sich unser Trooper aber derart stark, daß wir es vorziehen, materialschonender nur mit Hinterradantrieb zu fahren. Das gelegentliche Durchdrehen der beiden Hinterräder auf dem losen Untergrund und das leichte Ausbrechen des Hecks nehmen wir in Kauf. Das selbstsperrende Differential an der Hinterachse unseres Wagens zeigt auf dieser Strecke seine Vorteile. Auf einseitig lockerem oder glitschigem und verschlammtem Untergrund fährt unser Auto mühelos bergauf. Von Vorteil ist auch, daß wir im Zweiradantrieb das Untersetzungsgetriebe nutzen können. Die Freilaufnaben an den Vorderrädern haben wir manuell entriegelt. Der Allradantrieb ist dadurch zwar eingelegt, wirkt aber nicht, da die Vorderachse entkoppelt ist. Sehr langsam können wir so im zweiten Gang des Untersetzungsgetriebes (2L) und nur mit Hinterradantrieb die großen, quer zur Fahrbahn verlaufenden Stufen im Fels überklettern und problemlos die Spitzkehren nehmen. Die Haarnadelkurven sind gerade so breit, daß wir nicht anhalten, zurücksetzen und wiederanfahren müssen, sondern die Kurven in einem Stück durchfahren können. Bei Kilometer 6 ist das Steilstück überwunden und ein Hochplateau erreicht. Hier schalten wir auf Zweiradantrieb und normale Straßenübersetzung zurück. Die Freilaufnaben werden vorsorglich wieder verriegelt, um notfalls auch während der Fahrt den Allradantrieb zuschalten zu können.

Von der Höhe bietet sich ein besonders lohnender Blick über die hufeisenförmige Schlucht mit ihren Wasserfällen in den Berufjord. Auch auf der Hochfläche queren immer wieder einzelne Wasserläufe die Piste. Wir zählen diese kleinen Furten nicht mehr.

Auf halber Strecke fließt der Fluß Öxará neben der Piste entlang nordwärts ins Sudurtal (»Sudurdalur«). Etwa 5 km westlich der Piste liegen die Odádavötn, die »Seen der Missetäter«, in einer mondartigen Gebirgslandschaft. Den Odádavötn entspringt der Öxará. Die fischreichen Seen werden von den Isländern zum Angeln aufgesucht. Einzelne unmarkierte Pisten zweigen hier ab, die zu den Seen führen.

Die Fahrt über die Hochebene des Kistufells bietet keine Abwechslung. Die Landschaft ringsum ist eher öde. Die holperige Schotterpiste ist hier im 2. Gang mit 30 km/h zügig zu befahren.

Ein tiefer Taleinschnitt mit einer früher gefährlichen Furt durch das V-förmig eingeschnittene Flußbett bei Kilometer 19,5 ist bereits seit einigen Jahren durch eine Brücke entschärft. 1 200 m hinter dieser Brücke, kurz bevor der Öxivegur wieder im Sudurtal in die Ringstraße einmündet, gilt es das schwierigste Wegstück dieser Route zu passieren: Die Furt durch den schmalen Fluß ist zwar nicht allzutief, die Abfahrt in den Bach ist aber sehr steil und stufig. Das Flußbett ist V-förmig eingeschnitten und besteht aus glattem Fels. Hier sind große Böschungswinkel des Fahrzeugs und eine gute Verschränkung der Achsen von Vorteil, will man eine Grundberührung vermeiden.

Am Ende der Piste treffen wir wieder auf das bekannte gelbe Schild: »Nur für 4 WD«. Ein Spaßvogel hat mit einem dicken schwarzen Stift den Zusatz »+ BMX-Bike« auf dem Schild angebracht.

## Hellisheidi

*Von Egilsstadir über Islands höchsten Bergpaß nach Vopnafjördur.*

*Gesamtdistanz*: 88 km
*Maximaldistanz ohne Tankmöglichkeit*: 88 km; Tankstellen in Egilsstadir und Vopnafjördur
*Pistenart*: Schotterpiste
*Schwierigkeitsgrad*: Einfach zu befahren; bei Trockenheit mit normalem PKW befahrbar.
*Zeitbedarf*: 3 Stunden
*Sicherheitsausrüstung*: Nicht erforderlich

Die »Hellisheidi« ist ein kurzer Ausflug in die Berge an der Ostküste. Wir erwähnen sie deshalb, weil man sie gleichsam als »letzte Hochlandpiste« fahren kann, bevor die Fähre am nächsten Tag in Seydisfjördur ablegt.

Die Straße Nr. 917 zweigt 18 km nördlich von Egilsstadir ab. Sie führt von der Ringstraße nach Osten in den Héradsflói. Die ersten 21 km verlaufen am nördlichen Ufer der Jökulsá á Dal entlang. Die Piste ist mit 80 km/h befahrbar. Hinter dem Gehöft Hnitbörg führt die Straße 10 km durch das Tal zur Küste. Dann wendet sich die Straße in einem scharfen Bogen nach Norden und führt in die Berge. Hier beginnt der 16 km lange Bergpaß über die Hellisheidi. Ein Schild warnt: »Nur für 4 WD«. Nach unserer Meinung ist die Bergstraße bei Trockenheit auch mit einem normalen PKW befahrbar. Nur bei Nässe wird es kritisch; die Piste ist dann aufgeweicht und glitschig. Die lange und kurvenreiche Auffahrt mit 20 % Steigung kann dann nur mit Allradantrieb gefahren werden. Die steile Bergstraße ist 1990 ausgebaut worden. Sie ist jetzt genügend breit, so daß zwei Fahrzeuge aneinander vorbeifahren können. In vielen Kehren führt die Piste von

Meereshöhe hinauf zur 700 m hoch gelegenen Hellisheidi, einer öden und steinigen Hochfläche, die nur spärlich mit Pflanzen bewachsen ist. Von der Paßstraße hat man einen guten Ausblick auf das Meer und den sandigen Küstenstreifen. Von hier oben sieht man auch gut die Mündung der verzweigten Jökulsá á Dal und des Lagarfljót in den Héradsflói.

Selbst im Hochsommer kann auf der Hellisheidi noch Altschnee liegen. Die Straße ist jedoch geräumt. Läßt man die wenigen Allradpisten im Hochland, die bis auf 1100 m Höhe führen, außer Betracht, dann ist dieser Bergpaß die höchstgelegene Straße Islands. Östlich der Piste liegt der 717 m hohe Berg Dyjafjall, der sich im Vergleich zur Paßhöhe aber nicht mehr markant aus der Umgebung abhebt.

Im Norden führt die Piste in vielen Haarnadelkurven mit einem Gefälle von 24% in den Vopnafjördur. Dabei sind einige flache Wasserläufe zu furten. Von diesem Teil der Piste hat man eine schöne Aussicht über den Vopnafjördur und auf den gleichnamigen Ort. Diesen erreichen wir nach insgesamt 88 km. Vopnafjördur hat etwa 800 Einwohner und ist Zentrum der Fischindustrie in Ostisland.

Für den Rückweg bietet sich die Straße Nr. 85 an, die über das Burstarfell führt. Nach 73 km trifft die Straße nördlich der Gemeinde Mödrudalur auf die Ringstraße. Zurück nach Egilsstadir sind es von hier aus noch 100 km.

# Pisten im Hochland

## Öskjuleid F88

*Route Myvatn – Herdubreidarlindir – Askja*
*Gesamtdistanz*: 103 km

*Maximaldistanz ohne Tankmöglichkeit*:
Etwa 250 km; Tankstellen in Reykjahlid am Myvatn und in Grimsstadir an der Ringstraße.
*Pistenart*: Breite, gut markierte Schotter- und Sandpiste; viel befahren; zu Beginn Wellblech; Lavafelder; hinter Herdubreidarlindir kurze Stücke mit weichem, tiefem Sand, dann Piste über Lava, durch Geröll und Bimsstein; mehrere Furten mit bis zu 50 cm tiefem Wasser.
*Schwierigkeitsgrad*: Mittelschwierig; Geländewagen und Allradantrieb erforderlich; scharfkantige Lavabrocken müssen mit Schrittgeschwindigkeit überklettert werden; zwei tiefe Furten; mangelnde Bodenfreiheit kann in den Lavafeldern zum Aufsetzen führen; Festfahren im Weichsand möglich; in der Odádahraun toben oft Sandstürme.
*Zeitbedarf*: 2 Stunden bis Herdubreidarlindir, 4 Stunden bis zur Askja.
*Sicherheitsausrüstung*: Trinkwasser und Lebensmittel; Zelt und warme Kleidung; Reserverad, Schaufel, 20-l-Reservekanister mit Treibstoff.

3. Karte »Pisten im Hochland«

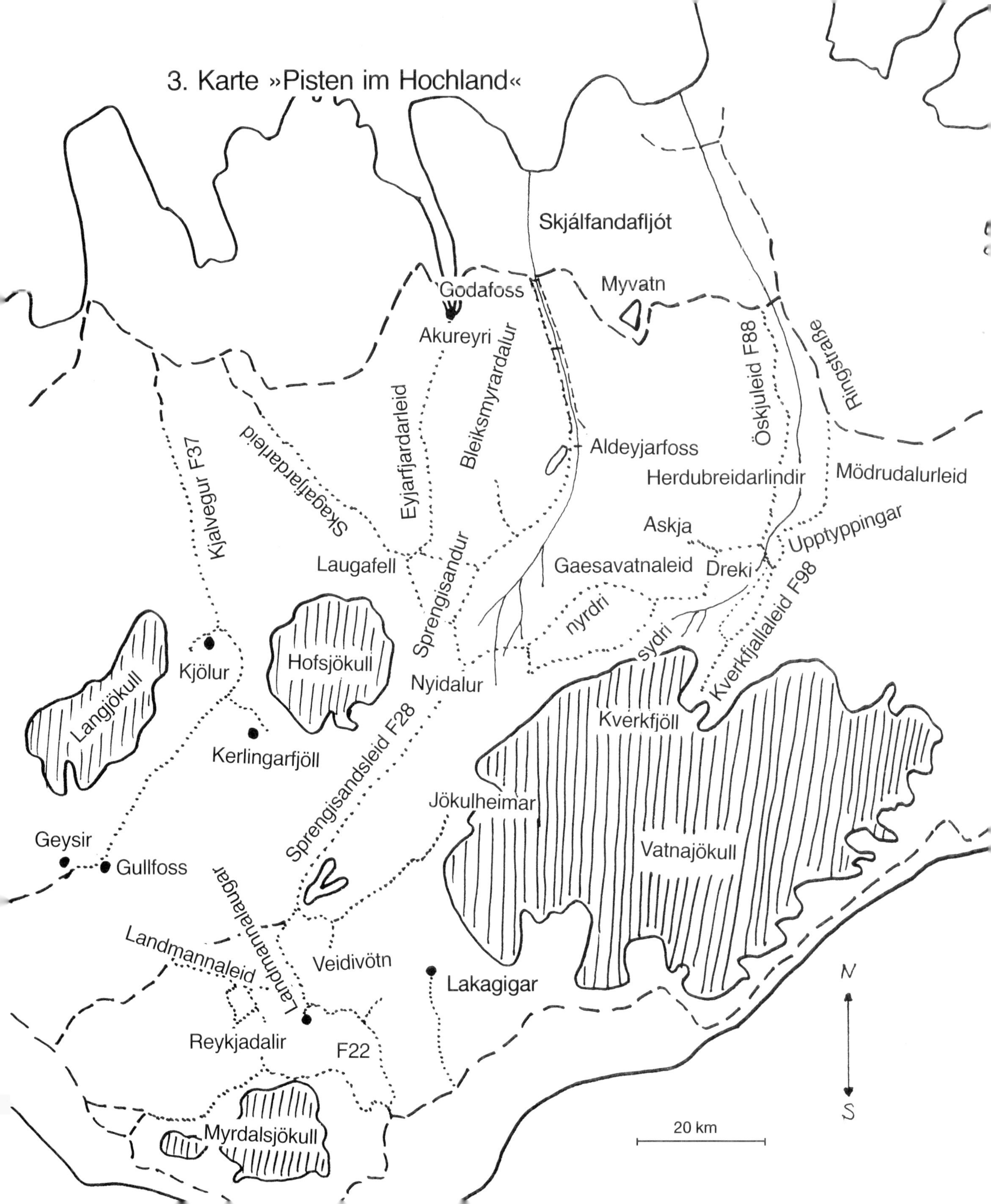

*Streckenbeschreibung*:

| km | km | |
|---|---|---|
| 0 | 103,4 | Abzweigung der Piste F88 Öskjuleid von der Ringstraße; rechts Vulkankrater Hrossaborg |
| 13 | 90,4 | Säulenbasalt |
| 15 | 88,4 | kleiner See |
| 16,8 | 86,6 | Hochspannungsleitung kreuzt Piste |
| 19,5 | 83,9 | Lavafeld |
| 30,9 | 72,5 | Beginn des Nationalparks |
| 39,6 | 63,8 | Furt durch Grafarlandaá, Wasserfall |
| 51,1 | 52,3 | Lavafeld Lindahraun |
| 55,1 | 48,3 | 1. Furt durch Lindaá, tief! |
| 60,2 | 43,2 | 2. Furt durch Lindaá, tief! |
| 60,5 | 42,9 | Herdubreidarlindir; Hütte Thorsteinsskali (30 Plätze), Zeltplatz, Trinkwasser |
| 69,4 | 34 | Piste durch Odádahraun, Lavafelder |
| 70,4 | 33 | Weichsand; Wasserfälle der Jökulsá á Fjöllum |
| 72,3 | 31,1 | Abzweigung der nördlichen Zufahrt zum Herdubreid und Herdubreidartögl (Schild); Parallelstrecke zur Öskjuleid |
| 81,9 | 21,5 | Abzweigung der Piste Upptyppingarleid, die über die Piste F98 Kverkfjallaleid zu den Kverkfjöll (57 km) und ins Mödrudalur (73 km) führt. Piste F88 Öskjuleid verläuft geradeaus weiter, noch 8 km bis zur Askja. Gleich hinter der Abzweigung weiteres Weichsandgebiet im Vikursandur, danach Geröll- und Bimssteinwüste |
| 87,4 | 16,0 | Südliche Zufahrt zum Herdubreidartögl (Schild) und Herdubreid; Einmündung der Parallelstrecke in die Öskjuleid |
| 95,2 | 8,2 | Dreki; Hütte (20 Plätze), Zeltplatz, Trinkwasser; Zugang zur Drachenschlucht Drekagil. Abzweigung der Piste F98 Gaesavatnaleid nyrdri und Gaesavatnaleid sydri zum Sprengisandur; Beginn der Stichstraße Öskjuop zur Askja |
| 97,7 | 5,7 | Kleine Furt |
| 98,9 | 4,5 | Lavafeld Vikrahraun |
| 103,4 | 0 | Askja; Parkmöglichkeit am Ende der Piste. Hier striktes Campingverbot! |

Die Piste F88 Öskjuleid durchquert die »Missetäterwüste« Odádahraun und führt zur Askja, einer bizarren Vulkanlandschaft im Dyngjufjöll-Massiv. Außerdem ist diese Piste eine Zufahrtsmöglichkeit zu den Kverkfjöll sowie Ausgangs- und Endpunkt der schwierigen Pisten Gaesavatnaleid nyrdri und sydri, die zum Sprengisandur führen.

Die Piste F88 zweigt etwa 30 km östlich des Myvatn von der Ringstraße nach Süden ab. Die Strecke ist ausgeschildert. Zu Beginn der Öskjuleid-Piste erhebt sich westlich der Vulkankrater Hrossaborg, der »Pferdehuf«. Der Krater gleicht einem flachen Hügel, denn trotz seiner Höhe von 426 m über dem Meeresspiegel überragt er seine Umgebung nur noch um 40 m. Zum Fuß des Kraters führt eine unmarkierte Piste.

Die ersten sechs Kilometer der Piste sind holprig. Nicht umsonst warnt ein Schild: »Nur für Allradfahrzeuge«. Hohe, eng aneinanderliegende Längswellen stimmen auf den weiteren Pistenzustand ein. Die Strecke erinnert anfangs an die unter Wüstenfahrern gefürchteten Wellblechpisten der Sahara. Auf solchen Oberflächen hat man zwei Fahralternativen: Erstens kann man sehr langsam über die Unebenheiten kriechen. Bei großen Strecken ist dies unpraktisch; man kommt kaum vorwärts. Die Fahrzeit wird beträchtlich verlängert, und bei dieser Fahrweise verbraucht man viel Sprit. Der Wagen schaukelt stark, denn man fährt über jeden Wellenberg und durch jedes Wellental. Mit einem robusten Geländewagen empfiehlt sich eher die zweite Alternative: Man fährt zügig mit 50 bis 60 km/h. Bei dieser Geschwindigkeit »schweben« die Räder über die Unebenheiten, denn sie federn nicht voll in die Wellentäler ein. Die Fahrt verläuft ruhiger, nur werden bei dieser Variante Fahrwerk und Stoßdämpfer extrem beansprucht. Aber dafür sind Geländewagen gebaut. Unser Tip: Geben Sie Gas!

Nach 6 km dehnt sich die Piste seitwärts aus. Auf 100 m Breite verlaufen mehrere Fahrspuren parallel. Die Wegmarkierungen – gelb angestrichene Holzpfosten mit rot-weißer Spitze – zeigen nicht gerade den optimalen Weg an. Die Fahrspuren rechts und links der ausgeschilderten Strecke sind besser zu befahren. Sie sind meist noch nicht so tief ausgefahren und haben kaum Wellblech-Charakter.Die Piste führt durch eine Ebene aus feinem Geröll. Die Oberfläche ist hart, aber mit kleinen, losen Steinen übersät. Trotzdem kann man dieses Teilstück gut mit 60 km/h durchfahren. Nach 11 km zwingen große Felsbrocken dann zum Bremsen und Zickzackfahren. Bei Kilometer 13 steht rechts der Piste eine Formation aus schön geformten Basaltsäulen. Bei Kilometer 15 taucht – ebenfalls rechts der Piste – ein kleiner See auf. Zwei Kilometer weiter quert eine Hochspannungsleitung den Weg. Nach knapp 20 km folgt das erste Lavafeld. Hier ist die Fahrspur über die Kissen- und Stricklava gut markiert. Der Untergrund ist griffig und kaum stufig. Nach 30 km beginnt der Nationalpark »Askja«. Die Piste verläuft entlang der gewaltigen Jökulsá á Fjöllum, dem »Gletscherfluß aus den Bergen«. Die Landschaft im Westen ist wüstenähnlich. Wir befinden uns am Rand der Odádahraun, des »Lavafeldes der Missetäter«.

Bei Kilometer 40 taucht unerwartet das erste Hindernis auf, das diese Piste auch für hochachsige PKW unbefahrbar macht: der Fluß Grafarlandaá. Die Furt durch die Grafarlandaá ist normalerweise nur 30-40 cm tief. Nach starken Regenfällen kann der Fluß jedoch innerhalb weniger Stunden beträchtlich anschwellen. Das Flußbett ist fein geschottert, das Wasser eiskalt und klar; die Grafarlandaá ist ein Quellfluß. Flußaufwärts befindet sich ein treppenförmiger Wasserfall. Diese Sehenswürdigkeit auf dem Weg zur Askja ist ein beliebter Rastplatz der Touristen, die diese Route in allradangetriebenen Reisebussen befahren.

Bei Kilometer 51 versperrt das zweite Lavafeld, die Lindahraun, den Weg. Dieser erkaltete, etwa 300 Meter breite Lavastrom hat es in sich. Seine Stricklava ist äußerst scharfkantig und hat bis zu 20 cm hohe Stufen, die mit Schrittgeschwindigkeit überklettert werden müssen. Die markante Berggestalt des 1 682 m hohen Tafelvulkans Herdubreid, des »Breitschultrigen«, steht alles beherrschend neben der Piste. Der Herdubreid gilt als schönster Berg Islands. Seine steilen Flanken bestehen aus lockerem, brüchigem Lavagestein, das eine Besteigung sehr schwierig gestaltet. Einzig eine Scharte am nordwestlichen Berghang ermöglicht den Zugang zum Gipfelplateau. Der Gipfel des Herdubreid wurde erstmals im Jahr 1908 bestiegen.

Bei Kilometer 55 erreicht man den Fluß Lindaá. Der Quellfluß fließt ruhig. Sein Wasser ist glasklar und tief. Flußabwärts verzweigt sich die Lindaá Y-förmig. Zwischen den beiden Flußarmen liegt eine kleine Insel mit üppigem Pflanzenbewuchs. Die Furt durch die hier meist 40-50 cm tiefe Lindaá ist breit. Ein Holzschild vor der Furt zeigt, wie der Fluß zu durchfahren ist: In einem großen Bogen zuerst auf die Insel zuhalten, dann zum gegenüberliegenden Ufer fahren.

Nach 60 km und gut zwei Stunden Fahrzeit ohne Pausen erreicht man Herdubreidarlindir. Unmittelbar vor der Schutzhütte Thorsteinsskali und dem Zeltplatz muß die Lindaá ein zweites Mal durchfahren werden. Das Wasser kann hier ebenfalls einen halben Meter tief sein. Am Ufer der Lindaá stehen dunkelgrüne Büsche aus Engelwurz, eine Pflanze, die bis 170 cm hoch werden kann. Diese Pflanze ist typisch für die feuchten Uferzonen klarer Quellflüsse im Hochland. Auf den Schotterbänken am Rand der Lindaá wächst das rosarot blühende Arktische Weideröschen. Diese Pflanze gibt es sonst nirgendwo in Europa. Sie ist charakteristisch für das isländische Hochland. Herdubreidarlindir ist eine grüne Oase in der vegetationsarmen Wüste. Hier sprudeln zahlreiche Quellen aus dem Lavaboden und versorgen die Pflanzen mit Wasser.

Im 17. Jahrhundert wurden Gesetzlose und Geächtete in die »Missetäterwüste« Odádahraun verbannt. Der »berühmteste« Gesetzlose Islands war Eyvindur Jónsson (1714 – 1782). Er wurde auch »Fjalla-Eyvindur« genannt. Sinngemäß übersetzt bedeutet dies »Eyvindur aus der Wildnis«. Fjalla-Eyvindur und seine Familie sollen in Herdubreidarlindir den harten Winter 1774/75 in einer Erdhöhle verbracht haben. 100 m von der Hütte Thorsteinsskali entfernt stehen heute noch die Reste von Eyvindarkofi, seiner damaligen Behausung.

Hinter Herdubreidarlindir folgt ein weiteres Wüstenstück aus Lava und Sand. Der Weg zur Askja führt mitten durch die »Missetäterwüste«. Die Piste verläuft zunächst weiter nach Süden. Die weichen Sandpassagen ab Kilometer 70 sind stellenweise nur mit Schwung oder Allradantrieb zu schaffen. Der tiefe Sand erfordert viel Motorkraft. Gesteinsbrocken, die überall im Sand versteckt sind, schrammen am Bodenblech. Der Sand ist tückisch. Die Piste ist kaum markiert, und so sucht sich jeder, der hier fährt, seinen eigenen – vermeintlich besten – Weg durch den Sand und über die Lava. Wer Glück hat, erwischt verwehten Sand auf festem, felsigem Untergrund. Im ungünstigsten Fall ist der Sand aber tief und sehr weich. Immer wieder fahren sich hier auch Geländewagen fest, die sich aus eigener Kraft nur nach mühsamem Freischaufeln befreien können. Achten Sie etwa bei Kilometer 70,4 auf ein kleines Holzschild mit der Aufschrift »Jökulsá á Fjöllum«. Ungefähr 200 m links neben der Piste donnert die gewaltige Jökulsá á Fjöllum in eine schmale, hufeisenförmige Schlucht. Die Wasserfälle sind zu Fuß leicht erreichbar.

Nach 2 km ist das Sandstück überwunden. Rechts zweigt eine Piste nach Nordwesten zum Herdubreid ab, der Zufahrtsweg für Bergsteiger. Diese Piste ist sehr holprig und kaum unterhalten. Nach zwei Kilometern biegt nach Süden eine Parallelpiste zur Öskjuleid ab, die etwa 10 km entlang des langgezogenen Bergrückens Herdubreidartögl verläuft. Weiter westlich mündet sie wieder in die Hauptpiste zur Askja ein.

Bei Kilometer 75 ist der Verlauf der Piste wieder einmal nicht zu erkennen. Hier gibt es oft ein Gewirr von Fahrspuren. Es empfiehlt sich, anzuhalten und mit dem Fernglas nach den Markierungspfosten zu suchen. Die Pfosten sind alt und ungestrichen. Das graue Holz ist in der Sandwüste nur schwer auszumachen. Erst wenn man die Markierungen wiedergefunden und den weiteren Verlauf der Piste ausgemacht hat, sollte man weiterfahren. Bei dichtem Nebel kann man sich hier leicht zwischen den unpassierbar großen Lavabrocken »verirren«. Mitten in der Einöde zweigt bei Kilometer 82 in südöstlicher Richtung die Piste F98 Upptyppingarleid ab. Auf einem Holzschild wird angezeigt, daß es bis zum Kverkfjöll 57 km und ins Mödrudalur 73 km sind. Zur Askja geht es geradeaus weiter; die Piste wendet sich in einem 90°-Bogen nach Westen.

Gleich hinter der Abzweigung muß eine zweite, üble Sandpassage durchquert werden. Sie ist aber nur kurz. Danach öffnet sich eine ebene Geröll- und Bimssteinwüste mit fester Fahrbahn. Wir durchfahren die Vikursandur. Das Land scheint hier extrem trocken zu sein. Doch das täuscht: Es regnet viel in der Odádahraun, aber der Lavaboden ist so porös, daß alles Wasser sofort versickert. Bei Kilometer 87,4 mündet die zuvor erwähnte Parallelpiste vom Herdubreidartögl wieder in die Öskjuleid ein.

Auf den nächsten Kilometern müssen drei kleine, flache Bäche durchfahren werden, bevor man bei Kilometer 95 die Abzweigung der Piste F98 Gaesavatnaleid bei der Hütte Dreki erreicht. Hier befindet sich am Fuß eines Hügels die einzige Stelle, an der es im Nationalpark »Askja« erlaubt ist zu zelten. Bis zur Askja sind es noch 8 km. Dort ist jegliches Campieren streng verboten.

Auf dem Gelände um die Hütte Dreki stehen ein paar hölzerne Toilettenhäuschen – »überdachte Donnerbalken« wäre wohl der passendere Ausdruck dafür. Im Sommer 1990 konnte Trinkwasser nur aus dem nahen Bach geschöpft werden, besser gesagt: aus einer blauen Kunststofftonne, die am Ufer im Sand vergraben war. Im Sommer 1992 fanden wir bei Dreki bereits Spülbecken mit Kaltwasseranschluß vor.

Bevor wir zur Askja weiterfahren, melden wir uns in der Hütte an, bezahlen die Übernachtungsgebühr und bauen unser Zelt auf. Die Aufseherin, eine Studentin aus Reykjavik, die hier während der Sommermonate jobbt, rät uns, das Zelt fest zu verankern. Für die Nacht sei Sturm angekündigt. Wir fixieren deshalb unser Zelt besonders fest in dem weichen Bimssteinboden. Aus der Umgebung sammeln wir Lavabrocken auf, die wir um unser Zelt herum aufschichten. Wir beschweren damit auch die eingeschlagenen Zeltheringe. Die Steine schützen die Zeltplane vor dem Wind und verhindern, daß sie weggerissen wird. Erst nachdem unser kleines Zelt sicher in einem Steinkarree steht, brechen wir zur Askja auf. Die Stichstraße dorthin heißt Öskjuop.

Die kleinen Wasserläufe, die man auf dem Weg zur Askja furten muß, sind flach und schmal. Nach einer mühsamen Klettertour über einen letzten Lavastrom im Vikrahraun erreicht man bei Kilometer 104 den »Parkplatz« auf einem Felsplateau aus schwarzer Lava. Dies ist der Endpunkt der Öskjuleid-Piste bei der Askja.

Die Askja, übersetzt: die »Schachtel«, ist ein 50 $km^2$ großer Vulkankrater, der im Gebirgsmassiv des Dyngjufjöll liegt. Ein Fußpfad führt vom Norden her über nasse, auch im Juli noch nicht geschmolzene Altschneefelder zum Öskjuvatn, dem 1 053 m hoch gelegenen, riesigen Kratersee der Askja. Der Weg dorthin führt stellenweise über auffallend rot und schwarz gefärbte Lava. Eine gute Stunde Fußmarsch ist es bis zum Krater. Der Geruch von Schwefel liegt in der Luft. Er wird um so stärker, je mehr man sich dem Krater Viti nähert. Die »Hölle«, wie Viti übersetzt heißt, entstand nach einem verheerenden Vulkanausbruch im März 1875. Gewaltige Bimssteinmengen wurden bis zu 30 km hoch in die Atmosphäre geschleudert. In Ostisland wurden große Weideflächen unter dem Ascheregen begraben und zahlreiche Höfe zerstört. Viele isländische Bauern verloren damals ihre Existenz und wanderten nach Amerika aus.

Der Krater ist mit schmutzig grünem, trübem Wasser gefüllt. Das Wasser ist warm. Wen der Schwefel nicht stört, der kann am »Viti-Beach« baden. Der Abstieg vom 50 m hohen Kraterrand ist jedoch sehr steil und rutschig.

Der Öskjuvatn ist mit 217 m der tiefste See Islands. Er hat eine Fläche von 12 km$^2$. Der Öskjuvatn ist eine Caldera, ein durch vulkanische Kräfte entstandener Einsturzkessel.
Auch in den Jahren nach 1875 kam die Askja nicht zur Ruhe. Immer wieder brach die Caldera ein. Der Öskjuvatn entstand und wuchs auf 4 km Länge und 3 km Breite an. Der bisher letzte Ausbruch fand im Oktober 1961 statt. Aus der Vulkanspalte Vikraborgir ergoß sich ein 7,5 km langer Lavastrom, das Vikrahraun. Auf dem Weg zur Askja muß man die Ausläufer dieses Lavastroms mit dem Auto mühsam überklettern. Die Astronauten der NASA trainierten hier für ihre Mondlandung. Sie wählten wohl deshalb die Askja als Übungsgelände aus, weil die erloschenen Vulkane in diesem Gebiet den Mondkratern stark ähneln sollen.

Am Rand des Öskjuvatn ist eine kleine Pyramide aus Lavasteinen aufgeschichtet. Sie ist ein Denkmal für zwei Deutsche, den Geologen Walther von Knebel und den Maler Max Rudloff. Beide waren im Jahre 1907 mit einem Boot auf den Öskjuvatn hinausgefahren und nicht mehr zurückgekehrt. Das Unglück blieb bis heute ungeklärt. In der Steinpyramide befindet sich eine Metallkassette mit Gedenkbuch, in das man sich eintragen kann.

Die Hütte Dreki und der Zeltplatz, auf dem wir unser Zelt aufgestellt hatten, liegen am Eingang zur gewaltigen Drachenschlucht Drekagil. Erstarrte Lava hat hier bizarre Gebilde mit Höhlen und Überhängen geschaffen. Am Grund der Schlucht fließt ein kleiner Bach.

Der beste Zugang zur Schlucht erfolgt mit Gummistiefeln in dem Bach, der hinter der Hütte vorbeifließt. Sein Wasser ist eiskalt, aber flach. Dies ist weniger anstrengend als eine Kraxelei über die großen und glatten Felsen am Ufer. Andere Wege gibt es nicht in die Drachenschlucht. In der Schlucht ist es kalt und düster. Selbst im Juli und im August können hier noch meterhohe Altschneereste liegen. Nach 20 Minuten Gehzeit erreicht man den Fuß eines Wasserfalls. Hier endet für den Nichtbergsteiger die Drachenschlucht.

Von der Hütte Dreki bieten sich mehrere Alternativen für die Weiterfahrt an: Entweder auf gleichem Weg zurück zur Ringstraße beim Myvatn, oder aber – dank der neuen Brücke über die Jökulsá á Fjöllum – beim Upptyppingar zu den Kverkfjöll beziehungsweise über Hvannalindir und Mödrudalur zur Ringstraße zurück. Unentwegte können von Dreki aus ab Ende Juli und im August die abenteuerlichen und leider auch gefährlichen Pisten Gaesavatnaleid nyrdri und sydri zum Sprengisandur befahren. Diese Strecken sind meist nur während dieser Wochen im Hochsommer zum Befahren freigegeben.

## Kverkfjallaleid F98

*Route Askja (Herdubreidarlindir) – Brücke über die Jökulsá á Fjöllum – Lindafjallabaksleid – Kverkfjöll – Eishöhle – Kverkfjöll – Hvannalindir – Mödrudalur – Ringstraße*

*1. Teilstrecke: »Lindafjallabaksleid«*
*Askja (Herdubreidarlindir) – Brücke über die Jökulsá á Fjöllum – Lindafjallabaksleid – Kverkfjöll – Eishöhle*
*Gesamtdistanz*: 76 km, gleichweit von der Askja oder Herdubreidarlindir
*Maximaldistanz ohne Tankmöglichkeit*:
Etwa 280 km; Tankstellen nur in Reykjahlid am Myvatn, in Grimsstadir an der Ringstraße oder in Egilsstadir.
*Pistenart*: Gut markierte Schotter- und Sandpiste; wenig befahren; Lavafelder.

*Schwierigkeitsgrad*: Mittelschwer; Geländewagen und Allradantrieb erforderlich; scharfkantige Lavabrocken müssen mit Schrittgeschwindigkeit überklettert werden; mangelnde Unterbodenfreiheit kann in den Lavafeldern zum Aufsitzen führen; in der Krepputunga gibt es oft Sandstürme. Das Teilstück von der Hütte Sigurdarskali auf dem Virkisfell zur Eishöhle ist ein ruppiger Weg über Felsen; eine 40-50 cm tiefe, V-förmig eingeschnittene Furt; steile Auf- und Abfahrten.
*Zeitbedarf*: 3-4 Stunden bis zur Eishöhle.
*Sicherheitsausrüstung*: Trinkwasser und Lebensmittel; Zelt und warme Kleidung; Reserverad, Schaufel, 20-l-Reservekanister mit Treibstoff. Trinkwasser gibt es bei der Hütte Sigurdarskali.

*Streckenbeschreibung*:

| km | km | |
|---|---|---|
| 0 | 55,5 | Abzweigung der Piste F98 von der Piste F88 Öskjuleid beim Upptyppingar. Dieser Streckenabschnitt heißt »Upptyppingarleid«. Zunächst kurvige Piste durch ein Lavafeld |
| 3,9 | 51,6 | Bimssteinwüste |
| 6,4 | 49,1 | Neue Brücke über die Jökulsá á Fjöllum |
| 7,6 | 47,9 | Feiner, schwarzer Lavasand |
| 8,7 | 46,8 | Abzweigung der Lindafjallabaksleid; südlich (rechts) führt Piste weiter zu den Kverkfjöll (41 km); nördlich (links) führt die F98 ins Mödrudalur |
| 10,9 | 44,6 | Krepputunga-Wüste; schwarzer Lavasand |
| 15,8 | 39,7 | Geröllfeld |
| 18,0 | 37,5 | Weicher, schwarzer Lavasand |
| 22,2 | 33,3 | Blocklavafeld |
| 23,2 | 32,3 | Piste führt an 4-5 m hohem Bergrücken entlang. Teilweise sandige Stellen |
| 33,4 | 22,1 | Abzweigung; hier mündet die Lindafjallabaksleid in die Kverkfjallabaksleid ein; Schild mit Aufschrift »Kverkfjöll 17 km, Mödrudalur 83 km, Hvannalindir 12 km« |
| 50,3 | 5,2 | Hütte Sigurdarskali (60 Plätze) auf dem Virkisfell; Zeltplatz, Trinkwasser; von der Hütte führt eine Piste zur Eishöhle bei den Kverkfjöll |
| 53,8 | 1,7 | 40-50 cm tiefe, stufige Furt |
| 55,5 | 0 | Eishöhle bei den Kverkfjöll; zuvor steile Auffahrt auf die Gletschermoräne. Hier parken! |

*2. Teilstrecke: »Mödrudalurleid«*
*Route Kverkfjöll – Hvannalindir – Mödrudalur – Ringstraße*
*Gesamtdistanz*: 103 km
*Maximaldistanz ohne Tankmöglichkeit*: Rund 280 km; Tankstellen nur in Reykjahlid am Myvatn, in Grimsstadir an der Ringstraße oder in Egilsstadir.
*Pistenart*: Gut markierte Schotter- und Sandpiste; wenig befahren; Lavafelder; flache Furten (Wassertiefe 20-30 cm).
*Schwierigkeitsgrad*: Leicht; Allradantrieb für das Durchfahren der Sandpassagen und der Flüsse empfohlen. Im Gebiet zwischen den Kverkfjöll und Hvannalindir toben oft Sandstürme.
*Zeitbedarf*: 3-4 Stunden.
*Sicherheitsausrüstung*: Trinkwasser und Lebensmittel; Zelt und warme Kleidung; Reserverad, Schaufel, 20-l-Reservekanister mit Treibstoff.

Trinkwasser gibt es bei der Hütte Sigurdarskali, in Hvannalindir sowie in den Orten an der Ringstraße.

*Streckenbeschreibung*:

| km | km | |
|---|---|---|
| 0 | 102,9 | Hütte Sigurdarskali auf dem Virkisfell |
| 16,9 | 86 | Abzweigung (siehe vorige Route km 33,4); Einmündung der Kverkfjallabaksleid in die Lindafjallabaksleid; Schild mit Aufschrift »Kverkfjöll 17 km, Mödrudalur 83 km, Hvannalindir 12 km«, Piste Lindafjallabaksleid der zuvor beschriebenen Route führt geradeaus weiter, Piste Kverkfjallaleid zweigt rechts ab und führt über Hvannalindir durch das Mödrudalur zur Ringstraße |
| 30,5 | 72,4 | Hvannalindir; Naturschutzgebiet; 1. Furt durch die Lindaá (flach) |
| 32,6 | 70,3 | 2. Furt durch die Lindaá (flach) |
| 40,9 | 62 | Piste führt durch einen Cañon; große Gesteinsbrocken |
| 44,1 | 58,8 | Abzweigung einer Teilstrecke der Piste F98, von hier ist dank der neuen Brücke über die Jökulsá á Fjöllum ebenfalls eine Zufahrt zur Askja oder nach Herdubreidarlindir gegeben |
| 61,9 | 41 | Brücke über die Kreppa |
| 62,2 | 40,7 | Fladenlava |
| 64,9 | 38,0 | Piste führt zwischen 10-15 m hoch aufgetürmtem Lavagestein hindurch |
| 73 | 29,9 | Abzweigung einer Piste durch das Alftadalur zum Nordrand des Brúarjökull |
| 74,1 | 28,8 | Furt |
| 76,4 | 26,5 | Furt; große Steine im Flußbett! |
| 81,4 | 21,5 | Abzweigung der Piste 923 nach Brú á Jökuldal |
| 97 | 5,9 | Doppelte Furt |
| 99,6 | 3,3 | Furt |
| 102,9 | 0 | Ringstraße südlich des gleichnamigen Gehöfts Mödrudalur |

## *1. Teilstrecke: »Lindafjallabaksleid«*

Die Kverkfjallaleid F98 ist eine empfehlenswerte Alternative für die Weiterfahrt von der Askja beziehungsweise von Herdubreidarlindir. Die Route führt durch die Krepputunga, eine beeindruckende Lavalandschaft, bis zum Kverkfjöll, einem Vulkanmassiv am nördlichen Rand des Vatnajökull.

Unsere Streckenbeschreibung beginnt 13 km westlich der Askja beim Upptyppingar. Hier zweigt die Piste F98 von der Piste F88 Öskjuleid ab. Die zunächst kurvige Piste quert ein Lavafeld und führt durch eine kilometerweite Bimssteinwüste. Die Landschaft zeigt das von der Odádahraun gewohnte Bild: heller Bimsstein, übersät mit großen schwarzen und dunkelbraunen Lavabrocken. Etwa 4 km von der Abzweigung entfernt wird die Piste hart und eben. Auf dieser »Pistenautobahn« kann man beschleunigen. Schnell ist bei Kilometer 6,4 die erst im Spätsommer 1986 eröffnete Brücke über die tosende Jökulsá á Fjöllum erreicht. Die Betonbrücke ist von einem Schafgatter versperrt, das geöffnet und nach der Überfahrt wieder geschlossen werden muß. Unmittelbar hinter der Brücke folgt eine kurze, steile Auffahrt aus feinkörnigem Lavasand.

In isländischen Straßenkarten heißt dieses Teilstück ab der Öskjuleid F88 »Upptyppingarleid«. Die Upptyppingarleid verbindet die Pisten Öskjuleid F88 mit der Kverkfjallaleid F98. In älteren Karten ist diese Route nicht verzeichnet.

Bei Kilometer 8,7 zweigt rechts die Lindafjallabaksleid zum 41 km entfernten Kverkfjöll ab. Die F98 führt geradeaus weiter ins Mödrudalur. Die Pistenführung der Lindafjallabaksleid, die am östlichen Rand der Krepputunga-Lavawüste entlangführt, ist ebenfalls neu und in ältere Straßenkarten nicht eingetragen. Früher konnte man nur am westlichen Rand der Krepputunga zum Kverkfjöll fahren. Auf diesem Teilstück der Kverkfjallaleid werden wir später zurückfahren.

Die Landschaft in der Krepputunga ist einzigartig. Das helle Gesicht der Bimssteinwüste ist dunkel geworden. Kilometerweit fährt man nur durch tiefschwarzen Lavasand. Am Horizont erheben sich bizarre Bergkegel. Beide Seiten der Piste werden von steilen Lavahängen eingerahmt. An manchen Stellen leuchtet die Lava rostrot im Sonnenlicht. Dieser Pistenabschnitt ist sehr reizvoll, erinnert er doch über weite Strecken an das Hoggar-Gebirge in der algerischen Sahara. Die Landschaften sind sich recht ähnlich: Sandwüste, eine ebene Schotterfläche, Lavaschluchten, am Horizont Berge. Nur die Entfernungen sind in Island deutlich geringer.

Eine 1 km lange Holperstrecke über ein Geröllfeld zwingt bei Kilometer 15,8 Schrittgeschwindigkeit auf. Daran schließt sich wieder lockerer, schwarzer Lavasand an, der aber problemlos zu befahren ist. Nach 22 km quert ein 1000 m breiter Lavastrom die Piste, der langsam überklettert werden muß. Hinter dem Lavastrom führt die Piste zwischen einem Bergrücken und 4-5 m hoch aufgetürmtem Lavagestein hindurch. Einige Stellen der Piste sind sandig. Der Wind hat lockeren Flugsand verweht.

Bei Kilometer 33,4 erreicht man die Einmündung in die alte Kverkfjallaleid, auf der es nun Richtung Süden weitergeht. Zum Kverkfjöll sind es noch 17 km, ins Mödrudalur 83 km und nach Hvannalindir 12 km, wie der einsam in der Landschaft stehende Wegweiser anzeigt.

Zwei Kilometer weiter steht erneut eine kurze Marterstrecke über ein übles Lavafeld bevor. Mit Allradantrieb und 1L geht die Fahrt über die scharfkantigen Lavastufen aufwärts. In dieser Ebene toben oft Sandstürme. Dann trübt sich die Sicht auf das vergletscherte Kverkfjöll, und die Berge am Horizont bleiben unsichtbar.

Die Piste führt immer weiter in die Hochgebirgslandschaft hinein. Nach einer letzten Kletterpartie über einen Lavastrom erreicht man bei Kilometer 50,3 die Hütte Sigurdarskali und den einfachen Zeltplatz auf dem Virkisfell. Die Hütte ist groß und gut ausgestattet. Sie bietet 60 Plätze zum Übernachten, Kochgelegenheit, Dusche und Toilette. Die Gletscher Dyngjujökull und Kverkjökull, Ausläufer des Vatnajökull, liegen greifbar nahe. Am westlichen Rand des Kverkfjöll erstreckt sich ein ausgedehntes Thermalgebiet. Größte Sehenswürdigkeiten sind die heißen Quellen im ewigen Eis und die Eishöhle. Es ist ratsam, sich geführten Touren anzuschließen. Der Hüttenwart bietet in den Sommermonaten Gletschertouren zu den heißen Quellen an. Die reine Gehzeit beträgt ungefähr 2 bis 3 Stunden für die einfache Strecke. Der Weg zu den heißen Quellen führt ein gutes Stück über den Gletscher und ist nicht durchgehend gekennzeichnet. Wetterstürze mit plötzlich aufkommendem dichtem Nebel können bei den Kverkfjöll häufig auftreten. Wanderer haben sich schon auf dem Gletscher verirrt!

Die zweite Sehenswürdigkeit, die Eishöhle, hat in den letzten Jahren leider etwas von ihrer einstigen Attraktion eingebüßt. Aufgrund erhöhter vulkanischer Aktivität sind Verschiebungen im Eis des Gletschers mit Rissen und Spalten aufgetreten. Deshalb brechen immer wieder große Eisstücke aus der Höhlendecke und stürzen – nicht vorhersehbar – herunter. Früher konnte man zu Fuß weit in das Innere der Eishöhle vordringen. Heute ist eine Begehung der Höhle lebensgefährlich geworden!

Aus der Eishöhle tritt ein reißender Gletscherfluß aus. Er ist einer der Quellflüsse der gewaltigen Jökulsá á Fjöllum. Dennoch ist die Eishöhle bei den Kverkfjöll eine Besichtigung wert – wenn aus Sicherheitsgründen auch nur von außen.

Die Eishöhle liegt etwa 5 km von der Hütte entfernt. Zu ihr führt ein schmaler, grobgeschotterter Fahrweg, der bei der Hütte Sigurdarskali beginnt. Diese Stichstraße ist stellenweise schwierig zu befahren. Der erste kleine Bach liegt einige hundert Meter hinter der Hütte. Er ist noch einfach zu durchfahren. Ernst wird es bei Kilometer 53,8. Allradantrieb ist erforderlich. Zum einen, um den schmalen, aber reißenden und mit 40-50 cm recht tiefen Gletscherfluß zu durchfahren, der sein Bett V-förmig in den Fels eingegraben hat. Zum anderen, um die sehr steile Auffahrt über stufigen Fels auf die Gletschermoräne zu bewältigen. Den Endpunkt der Stichstraße erreicht man bei Kilometer 55,5. Auf dem Moränenschotter kann der Wagen geparkt werden. Hier beginnt auch der Weg zu den heißen Quellen. Zur Eishöhle muß man noch etwa eine Viertelstunde zu Fuß gehen. Der Trampelpfad führt selbst im August oftmals noch durch den tiefen, nassen Altschnee am Rand eines Gletscherausläufers.

Das Gletschertor der Eishöhle hat gewaltige Ausmaße. Es gleicht einer Domkuppel aus blauem Eis. Soweit das Sonnenlicht in die Höhle hineinreicht, kann man sie von außen einsehen. Auf dem angeschwemmten Schotter am Rand des Gletscherflusses könnte man die Eishöhle trockenen Fußes begehen. – Allen Unkenrufen und aller Gefahr zum Trotz betreten wir die Eishöhle. Wir ziehen uns die Kapuzen unserer Regenjacken über den Kopf und schalten die starke Taschenlampe ein. Vom Höhlendach tropft Schmelzwasser herab. In der Höhle ist es kalt und laut. Der reißende Gletscherfluß klingt gefährlich. Im Lichtkegel unserer Lampe sehen wir nur blankes, blaues Eis und wildes Wasser. Das Eis am Höhlendach weist immer wieder zentimeterbreite, klaffende Risse auf. Vereinzelt liegen Eisbrocken auf dem Schotter. Das Höhlengewölbe dürfte 3-4 m hoch sein. Ungefähr 50 m weit sind wir in die Eishöhle eingedrungen, als uns der Gletscherfluß den Weg versperrt. Trockenen Fußes geht es ab hier nicht mehr weiter. Der Lichtkegel unserer Taschenlampe verliert sich in der unendlichen, schwarzen Tiefe der Eishöhle. Aus Beschreibungen wissen wir, daß die Höhle noch weit in den Gletscher hineinreicht und möglicherweise sogar Teil eines viel größeren, verzweigten Höhlensystems ist, das sich jedoch ständig verändert. Das warme Wasser hat unter der Gletscherzunge des Kverkjökull mehrere große Eishöhlen ausgewaschen, die aber unzugänglich sind. – Unsere Abenteuerlust ist befriedigt. Wir kehren um.

Zurück in der Hütte Sigurdarskali lesen wir im Hüttenbuch. Unter dem Datum vom 6. Juli 1988 steht ein »gut gemeinter Rat« für Gletscherbesteiger:

»Einen breitkrempigen Hut aufsetzen, der mit einem starken Gummiband unter den Armen und um die Brust befestigt ist. Sollte man mit einem kräftigen Plumps in eine Gletscherspalte fallen, fängt einen die Krempe des Huts am Rand der Spalte ab. Mit einem Ruck katapultiert einen das Gummiband wieder aus der Gletscherspalte heraus. Man braucht nur noch die richtige Drehung in der Luft vollführen und landet wohlbehalten wieder auf festem Eis. Vielleicht nur mit ein paar blauen Flecken verziert.«

## 2. Teilstrecke: »Mödrudalurleid«

Am Nordrand des Vatnajökull enden alle Pisten.

Für die Rückfahrt zur Ringstraße bietet sich die Route über Hvannalindir durch das Mödrutal (»Mödrudalurleid«) an. Die insgesamt 103 km lange Strecke ist ab der Hütte Sigurdarskali leicht zu befahren. Allradantrieb ist zum Durchfahren der sandigen Passagen und aus Sicherheitsgründen zum Furten der Flüsse angeraten, um nicht im oft sandigen Flußbett steckenzubleiben. Es gibt zwar mehrere Flußdurchfahrten, sie sind jedoch alle unkritisch und höchstens 20-30 cm tief.

Von der Hütte Sigurdarskali (Kilometer 0) geht es auf der zuvor beschriebenen Piste knapp 17 km zurück bis zur Einmündung der Kverkfjallabaksleid in die Lindafjallabaksleid (Wegweiser). Die alte Piste Kverkfjallabaksleid, die auf älteren Straßenkarten hier als einzige Strecke verzeichnet ist, zweigt nach rechts ab und führt über Hvannalindir durch das Mödrutal (»Mödrudalur«) zurück zur Ringstraße. Bis Hvannalindir, das man bei Kilometer 30,5 erreicht, fährt man zügig auf guter Piste über eine ebene Lavafläche.

Wie Herdubreidarlindir ist auch Hvannalindir eine grüne Oase in der Wüste. Hier entspringt der Fluß Lindaá, an dessen Ufer zahlreiche für Island typische Pflanzen wachsen: Arktisches Weidenröschen (Epilobium latifolium), Engelwurz (Angelica archangelica), Scheuchzers Wollgras (Eriophorum scheuchzeri) sowie eine Vielzahl von kräftiggrünen Moosen. Hvannalindir ist Naturschutzgebiet. Einen offiziellen Zeltplatz gibt es nicht. Die einzelnen Hütten gehören zu einer Forschungsstation. Sie sind Touristen nicht zugänglich. Es wird aber geduldet, in Hvannalindir neben der Piste zu zelten. Einfache sanitäre Einrichtungen sind vorhanden. Trinkwasser kann aus den klaren Quellbächen geschöpft werden.

In der Umgebung von Hvannalindir trifft man auf Reste von Behausungen, die dem Gesetzlosen Fjalla-Eyvindur zugeschrieben werden.

In Hvannalindir muß die noch junge Lindaá durchfahren werden. Die Furt ist recht breit, aber nur etwa 20 cm tief. Bei Kilometer 32,6 muß die Lindaá ein zweites Mal gefurtet werden. Der Fluß fließt hier in einem cañonartigen Tal. Die Abfahrt in die Schlucht ist zwar steil, aber problemlos. Ebenso die Auffahrt am gegenüberliegenden Ufer. Die Furt selbst ist 20-30 cm tief.

Jetzt beginnt wieder die bizarre Lavalandschaft der Krepputunga, an deren westlicher Seite die Piste entlangführt.

Bei Kilometer 40,9 führt die Piste durch einen engen Cañon. Auf dem geschotterten Fahrweg liegen große Gesteinsbrocken verstreut. Die Steine müssen umfahren, überklettert oder von Hand beiseite geschafft werden. Drei Kilometer weiter stößt man südlich des Upptyppingar wieder auf die Abzweigung der Piste F98; dies ist die bekannte Zufahrt zur Askja beziehungsweise nach Herdubreidarlindir.

Auf der Weiterfahrt taucht nach 6 km rechts neben der Piste der See Kreppulön auf. Von hier aus hat man einen besonders guten Blick auf den majestätischen Herdubreid. Die folgenden Pistenkilometer sind zügig befahrbar. Der Fluß Kreppa wird bei Kilometer 61,9 auf einer Brücke überquert. Anschließend folgen mehrere Lavafelder, die mühsam durchfahren werden müssen. Bei Kilometer 64,9 führt die sandige Piste zwischen 10-15 m hoch aufgetürmter Lava hindurch.

Etwa bei Kilometer 73 beginnt die eigentliche Mödrudalurleid, die Straße durchs Mödrutal. Von hier aus gibt es eine kaum befahrene und dementsprechend nicht unterhaltene Zufahrt durch das Alftatal zum Nordrand des Brúarjökull. Die Abzweigung der Piste ist mit einem einfachen Holzschild mit der Aufschrift »Alftadalur« gekennzeichnet. Östlich durch das Vesturtal, über das Meljadrafjall und weiter durch das Hrafnkelstal kann man auf einer einsamen und ständig holprigen Piste den 1833 m hohen, schneebedeckten Vulkan Snaefell erreichen.

Die zwei kleinen Bäche bei Kilometer 74,1 und 76,4 sind flach und einfach zu furten. Nur im Flußbett der zweiten Furt können größere Steine etwas hinderlich werden. Die Abzweigung der Piste 923 nach Brú á Jökuldal wird bei Kilometer 81,4 passiert. Auf dem weiteren Weg durch das Mödrutal tauchen neben der Piste vereinzelt kleine Seen in der sonst kargen Landschaft auf. Nach der Furt durch einen zweiarmigen Bach bei Kilometer 97 und durch einen weiteren Flußlauf bei Kilometer 99,6 mündet die Piste Mödrudalurleid bei Kilometer 102,9 in die Ringstraße ein. Wir befinden uns hier wenige Kilometer südlich des gleichnamigen Gehöfts Mödrudalur. Seine Häuser liegen auf 469 m Meereshöhe. Es ist Islands höchstgelegener Bauernhof. Die kleine Kirche des Anwesens errichtete der Bauer Jón A. Stefánsson, der hier von 1880 bis 1971 lebte. Von ihm stammt auch das Altargemälde. Mödrudalur war früher die zentrale Pfarrgemeinde dieses wenig besiedelten, abgelegenen Landstriches.

## Gaesavatnaleid F98

*Zwei Routen führen von der Askja zum Sprengisandur. Die Gaesavatnaleid sydri verläuft über den Urdarháls, das Kistufell und die Gaesavötn; die Gaesavatnaleid nyrdri verläuft durch die Lavafelder der Odádahraun nördlich des Bergs Trölladyngja.*

*Gesamtdistanz*: 130 km
*Maximaldistanz ohne Tankmöglichkeit*: 350 km

Tankstellen in Grimsstadir an der Ringstraße, am Myvatn, in Akureyri oder bei der Stóraver-Hütte an der Sprengisandur-Piste F28.

*Pistenart*: Selten befahrene Schotter- und Sandpiste durch unbesiedelte Gebiete; die Gaesavatnaleid nyrdri wurde neu erschlossen und ist markiert; die Gaesavatnaleid sydri ist stellenweise überhaupt nicht mehr markiert und wird nicht unterhalten; kaum erkennbare Fahrspuren führen durch kilometerlange Lavafelder und über halbmeterhohe Lavastufen; tiefe und gefährliche Furten.

*Schwierigkeitsgrad*: Auf dieser Route treten alle nur erdenkbaren Schwierigkeitsgrade auf; ein robuster Geländewagen und ein Begleitfahrzeug sind unbedingt erforderlich; auf dem Teilstück zum Sprengisandur gibt es mehrere Furten durch sehr tiefe und reißende Gletscherflüsse; auf der Gaesavatnaleid sydri sind einzelne Gletscherausläufer und Altschneefelder zu durchfahren; zwischen dem Urdarháls und dem Kistufell kann man sich leicht verfahren. Die Gaesavatnaleid sydri ist vom Sprengisandur zur Askja einfacher zu befahren als in umgekehrter Richtung. Wetterstürze mit Sturm, Schneetreiben und in dichtem Nebel sind häufig. Ebenso Sandstürme südlich der Askja.

*Zeitbedarf*: 10-12 Stunden von der Hütte Dreki bei der Askja bis zur Hütte in Nyidalur an der Sprengisandur-Piste; bei Wetterstürzen und dichtem Nebel kann eine Übernachtung im menschenleeren Hochland erforderlich werden.

*Sicherheitsausrüstung*: Zelt, warme Kleidung, Lebensmittel und Trinkwasser für drei Tage; Schaufel; mindestens ein 20-l-Reservekanister; möglichst zwei Ersatzreifen; Begleitfahrzeug; Funksprechgerät. Bevor man die Strecke befährt, sollte man sich bei der Hütte Dreki oder in Nyidalur abmelden und Informationen über die Befahrbarkeit der Piste und die Tiefe der Furten einholen. Markierten Weg keinesfalls verlassen. Nur dann weiterfahren, wenn die nächsten Markierungen ausgemacht wurden und der weitere Pistenverlauf erkennbar ist. Auf der Gaesavatnaleid sydri ist stellenweise eine grobe Orientierung anhand des Kompasses erforderlich, teilweise muß ein befahrbarer Weg über die Blocklavafelder zuerst zu Fuß ausgekundschaftet werden. Es wird empfohlen, nicht die Gaesavatnaleid sydri, sondern nur die Gaesavatnaleid nyrdri zu befahren.

*Streckenbeschreibung*:

| km | km | |
|---|---|---|
| 0 | 124,6 | Hütte Dreki bei der Askja |
| 5 | 119,6 | Ebene aus Bimsstein und Lava |
| 5,7 | 118,9 | 1 km lange, ruppige Piste |
| 6,8 | 118,7 | Ebene aus Bimsstein |
| 7,4 | 117,2 | Schwarzer Lavasand mit Querrillen; rechts See Dyngjuvatn |
| 8,7 | 115,9 | Hinweisschild auf den See Dyngjuvatn |
| 9,7 | 114,9 | Hinweisschild auf die Zufahrt zum Fluß Svartá |
| 15,8 | 108,8 | Loser Sand mit großen Lavasteinen |
| 19,5 | 105,1 | Piste macht Linksbogen in Lavafeld |
| 21,2 | 103,4 | Ende des Lavafelds, danach sandige Ebene, holprige Fahrbahn |
| 24,1 | 100,5 | Lavafeld mit Sandverwehungen |
| 28,2 | 96,4 | Steiler Sandhang; danach Lavafeld |
| 32,2 | 92,4 | Verzweigung der Piste in die Gaesavatnaleid sydri und nyrdri; Hinweisschild auf »F98 Askja 21 km«, »Gaesavötn 55 km« und »F98 Nyidalur 95 km« |

*Gaesavatnaleid nyrdri*

| | | |
|---|---|---|
| 36,2 | 88,4 | Fladen- und Stricklava; Piste führt rechts an einem langgezogenen Bergrücken vorbei |
| 44,2 | 80,4 | Berg Fjallsendi; Piste führt südlich am Hang entlang |
| 48,6 | 76 | Piste verläuft über Fladenlava |
| 49,7 | 74,9 | 5 km langes Lavafeld mit großen Lavabrocken ; steile Auffahrt; stellenweise ist der Verlauf der Piste nicht erkennbar |
| 57,6 | 67 | Steiler Felshang mit großen Gesteinsbrocken |
| 52,2 | 65,4 | Übles Lavafeld |
| 60,2 | 64,4 | Tal mit kleinen Seen |
| 60,3 | 64,3 | Flache Furt mit stufiger Böschung; große Steine im Flußbett, anschließend Lavafeld |
| 61 | 63,6 | Steinige und stufige Furt |
| 63,1 | 61,5 | Feld aus Fladen- und Stricklava; ständiges Auf- und Abfahren; sehr schmaler und kurviger Weg durch die Lava; verwehter Sand |
| 64,3 | 60,3 | Ende des Lavafelds; Piste führt über Hochebene aus grobem Schotter; links See |
| 66 | 58,6 | Erneut Strick- und Fladenlava |
| 66,4 | 58,2 | Sandige Piste führt an flachem Hang entlang |
| 67,1 | 57,5 | Lavafeld; links See |
| 71 | 53,6 | Flache Hochebene |
| 72,3 | 52,3 | Links Basaltlava; gleich danach flache Furt, steinig und holprig; kurz danach erneute Furt; dahinter steile, sandige Auf- und Abfahrten |
| 76,9 | 47,7 | Links See |
| 78,4 | 46,2 | Schotterebene |
| 81,8 | 42,8 | Halbmeterhohe Felsbrocken müssen überklettert werden; dazwischen Weichsand und zahlreiche Wasserabflüsse |

| | | |
|---|---|---|
| 82,3 | 42,3 | Steile Auf- und Abfahrt |
| 83 | 41,6 | Blick auf den Fluß Hrauná |
| 83,7 | 40,9 | Kleine Furt |
| 84,4 | 40,2 | Rechts Fladenlavafeld; Pisteführt daran entlang |
| 85,2 | 39,4 | Lavafeld |
| 92,6 | 32 | Weite Hochebene, links kleiner See |
| 93,2 | 31,4 | Rechts See |
| 94,2 | 30,4 | Lavafeld |
| 95,5 | 29,1 | Piste verläuft durch Ebene, zügig befahrbar |
| 99,9 | 24,7 | Abzweigung; Einmündung der Gaesavatnaleid sydri; Hinweisschild »Gaesavötn 9 km«, »Nyidalur 30 km« |
| 100,2 | 24,4 | Brücke über den Gletscherfluß Skjálfandafljót |
| 103,9 | 20,7 | Mehrere tiefe Furten (40-50 cm) durch die Langadrag; Piste verläuft stellenweise im Flußbett |
| 106 | 18,6 | Piste verläuft über den Schotter in einem Flußbett, mehrere Flußarme müssen gefurtet werden (30 cm tief) |
| 108,4 | 16,2 | Flache Furt |
| 109,2 | 15,8 | Piste verläuft auf grobem Schotter |
| 111,2 | 13,4 | Mehrere kleine Furten |
| 114,2 | 10,4 | Sehr tiefer (60-80 cm) und reißender Gletscherfluß; große Steine im Flußbett; Schild warnt vor den Gefahren beim Furten |
| 119 | 5,6 | Kleine Furt |
| 122 | 2,6 | Moosbewachsene Schotterebene; teilweise Erdpiste; links Bergkette; guter Blick in die Weite der Sprengisandur |
| 124,6 | 0 | Ebene Tómasarhagi; Einmündung der Gaesavatnaleid F98 in die Sprengisandur-Piste |

*Gaesavatnaleid sydri*

(Beschreibung ab der Verzweigung bei Kilometer 32,2 und 92,4)

| | | |
|---|---|---|
| 0 | 64 | Abzweigung der Gaesavatnaleid sydri von der Gaesavatnaleid F98; Piste führt zunächst an einem steilen Sandhang entlang; danach folgen mehrere ausgedehnte Sandstücke und Lavafelder |
| 9 | 55 | Fladenlava |
| 12 | 52 | Schwemmland; Schmelzwasserabflüsse vom Dyngjujökull; stellenweise überfluteter, schwarzer Lavasand auf 4 km Länge; Piste verläuft entlang des Gletschers Dyngjujökull |
| 16 | 48 | Steile Auffahrt zum 1025 m hohen Vulkankrater Urdarháls; Spurengewirr im Lavafeld |
| 23 | 41 | Urdarháls; Piste verläuft über eine Hochebene aus Lava |
| 31 | 33 | Rettungshütte auf dem Dyngjuháls; im Süden liegt der 1446 m hohe Berg Kistufell |
| 33 | 31 | Sehr schwieriges Lavafeld; halbmeterhohe Stufen müssen überklettert werden; Pistenverlauf nicht genau erkennbar; besten Weg zu Fuß erkunden! |
| 44 | 20 | Piste führt auf den Gletscher zu; schmale Gletscherzungen des Vatnajökulls und Altschneefelder müssen bergauf gequert werden; die Piste verläuft stellenweise im lockeren Moränenschutt des Gletschers |
| 48 | 16 | Steinmännchen neben der Piste auf der 1190 m hoch gelegenen Paßhöhe am Jördurhryggur, danach steile Abfahrt zu den Gaesavötn |

| | | |
|---|---|---|
| 57 | 7 | Gaesavötn; Flugfeld; zugesperrte Privathütte; kleine Furten |
| 64 | 0 | Einmündung der Gaesavatnaleid sydri in die Gaesavatnaleid nyrdri F98 |

Die Hochlandpiste F98 ist in den neueren Straßenkarten als Verbindung zwischen der Askja und dem Sprengisandur verzeichnet. Die Legende der Karte gibt an, daß die F98 im Sommer mit allradangetriebenen Fahrzeugen befahren werden kann. Derartige Pisten gibt es in Island bekanntlich viele. Wer jedoch diese Strecke befährt, erlebt schnell eine Überraschung.

Die »Gaesavatnaleid«, wie diese Strecke heißt, gilt als die schwierigste der isländischen Hochlandpisten. Wenn überhaupt, wird diese Route nur im relativ regenarmen Juli oder August zum Befahren freigegeben. An vielen Stellen ist die Gaesavatnaleid keine Piste, sondern ein abenteuerliches Off-road-Gelände. Selbst hochbeinige Geländewagen fahren sich in den Labyrinthen aus Lavagestein mit halbmeterhohen Stufen fest. Die reißenden Gletscherflüsse im Süden der Strecke haben bereits vier Todesopfer gefordert, als das Fahrzeug von japanischen Touristen im metertiefen Wasser von der Strömung umgeworfen und weggespült wurde. Bei Nebel und schlechter Sicht ist die Gefahr groß, daß man die Orientierung verliert. Die Strecke wird selten befahren. Pistenmarkierungen sind nicht überall vorhanden. An einigen Stellen sieht man nur ein Gewirr von Fahrspuren, die in alle Richtungen zu führen scheinen. Eine Orientierung mit dem Kompaß und ein Erkunden des weiteren Verlaufs der Piste zu Fuß kann notwendig werden.

Die Gaesavatnaleid ist zwar eine Herausforderung für Abenteurer und Geländewagenfahrer, doch appellieren wir an dieser Stelle an Ihre Eigenverantwortung: Befahren Sie diese Route nur, wenn Sie Erfahrung im Geländefahren haben, einen gut ausgerüsteten und zuverlässigen Geländewagen besitzen und mit mindestens zwei Fahrzeugen unterwegs sind. Gleichgesinnte treffen sich in Nyidalur oder Dreki und befahren die Gaesavatnaleid im Konvoi. Obwohl die Strecke in den letzten Jahren an einigen kritischen Stellen entschärft worden ist, gibt die Möglichkeit schneller gegenseitiger Hilfeleistung ein Gefühl von Sicherheit.

Für den Weg von der Askja zum Sprengisandur gibt es zwei alternative Routen: die Gaesavatnaleid nyrdri und sydri. Das erste und das letzte Drittel der beiden Strecken verläuft jeweils gleich; nur der mittlere Teil weist unterschiedliche Streckenführungen auf.

Die Gaesavatnaleid nyrdri ist 1992 ausgebaut und neu markiert worden. Sie führt nördlich des 1459 m hohen Schildvulkans Trölladyngja durch die weite Lavawüste Odádahraun. Diese Route ist zwar immer noch sehr schwierig und mühsam zu befahren, sie ist aber weniger gefährlich als die Gaesavatnaleid sydri. Die Gaesavatnaleid sydri ist der »alte« Weg von der Askja zum Sprengisandur. Sie führt hoch in die Berge und nahe an den Gletscher Dyngjujökull heran, über den Schildvulkan Urdarháls und den Tafelvulkan Kistufell bis zu den Gaesavötn, den »Gänseseen«. Einzelne Gletscherausläufer und Altschneefelder müssen überquert werden. Befährt man die Gaesavatnaleid sydri von der Askja aus, muß man bergauf durch den Schnee. Vorteilhafter ist es, die Strecke vom Sprengisandur kommend in umgekehrter Richtung zu befahren. Dann führt der Weg durch den Schnee bergab.

Unsere Fahrt beginnt frühmorgens bei der Hütte Dreki. Die Gaesavatnaleid ist ausgeschildert.

Auf den ersten Kilometern nach Süden zeigt die Landschaft das gewohnte Bild der Öskjuleid-Piste: Heller Bimsstein, vermischt mit

Brocken aus schwarzer Lava. Die Piste ist mit Holzpfosten markiert. Wir fahren kilometerweit durch eine flache Ebene. Die feste Bimssteinoberfläche läßt eine flotte Fahrweise zu. Einige holprige Abschnitte – wie bei Kilometer 5,7 – zwingen uns zum Langsamfahren. Die Holperstücke sind jedoch nur kurz. Bei Kilometer 7 ändert sich die Landschaft. Der helle Bimsstein ist schwarzem Lavasand gewichen. Die Piste ist weich, staubig und von Querrillen durchsetzt. Bei Kilometer 8,7 weist ein Schild auf den See Dyngjuvatn hin, der sich auf der rechten Seite der Piste erstreckt. Wir umfahren den Dyngjuvatn im Osten. Vielleicht wurde diese Piste hier neu angelegt, denn auf unserer Straßenkarte (Adalkort Blatt Nr. 8 und 9, Maßstab 1:250000, Ausgabe 1984) verläuft die Piste westlich des Sees. Eine neuere Karte gibt es von diesem Gebiet noch nicht. Südöstlich des Dyngjuvatn entspringt der Fluß Svartá, der einen sehenswerten Wasserfall bildet, bevor er in die Jökulsá á Fjöllum mündet. Die Zufahrt zur Svartá ist bei Kilometer 9,7 ausgeschildert.

Die nächsten 8 km verläuft die Piste nur durch weichen Sand. Einzelne größere Lavasteine im Sand sorgen dafür, daß wir vorsichtig und vorausschauend fahren müssen. Bei Kilometer 19,5 werden wir unschlüssig. Hier macht die Piste einen Bogen nach links, geradeaus stehen aber auch Pistenmarkierungen. Wir entscheiden, den deutlichen Fahrspuren nach links zu folgen. Mit 20-30 km/h durchfahren wir ein Lavafeld auf einer kurvigen und sandigen Piste. Die grauen Markierungspfosten aus verwittertem Holz heben sich bei trüben Wetter mit Nebel und Nieselregen kaum von der Umgebung ab.

Die Piste führt im weiteren Verlauf direkt auf einen Bergrücken zu. Die Fahrbahn wird holprig. Bei Kilometer 24,1 treffen wir in einem Lavafeld auf kniehohe Sandverwehungen, die wir mit Schwung überfahren. Der ständig wehende Wind hat alle Fahrspuren mit feinkörnigem Lavasand bedeckt. Wir wissen nicht, ob wir auf dem richtigen Weg sind. Doch die Piste ist immer noch markiert, und nach unserem Kompaß stimmt auch die Richtung. Hinter einem steilen Sandhang bei Kilometer 28,2, den wir mit Allradantrieb befahren, folgen flache Platten aus Kissenlava. Etwas abseits der Piste stehen haushohe bizarre Gebilde aus Lava.

Die Verzweigung bei Kilometer 32,2 bestätigt uns zuerst einmal, daß wir auf der richtigen Piste sind. Ein Schild zeigt geradeaus zu den 55 km entfernten Gaesavötn. Nach rechts sind es auf der F98 bis Nyidalur 95 km. Nach zwei Stunden Fahrt legen wir hier eine kurze Pause ein und überlegen, welche Route wir nehmen sollen. Wir entscheiden uns dafür, die Gaesavatnaleid nyrdri – also in die mit »Nyidalur« bezeichnete Richtung – zu fahren. Die Route über die Gaesavötn wollen wir in ein paar Tagen mit isländischen Freunden in deren höhergelegtem Nissan Patrol befahren.

Die Gaesavatnaleid sydri stellt für einen normalen, serienmäßigen Geländewagen eine arge Schinderei dar. Ihr eilt sogar der Ruf voraus, eine »materialmordende« Piste zu sein. Unserem Isuzu Trooper wollen wir dies ersparen. Außerdem fährt die Familie, die uns in ihrem Mitsubishi Pajero begleitet, bestimmt nicht die Gaesavatnaleid sydri.

## *Gaesavatnaleid nyrdri*

Die Gaesavatnaleid nyrdri wendet sich nach Nordwesten und führt zu den Bergen Dyngjufjöll-Ytri, die im Westen der Askja liegen. Dieses Pistenstück heißt »Dyngjufjallaleid«, auf deutsch »Straße zum Berg Dyngjufjall«.

Wenige Kilometer hinter der Abzweigung müssen wir ein übles Lavafeld überklettern. Dies ist ein kleiner Vorgeschmack auf das, was uns die endlose Lavawüste Odádahraun auf dieser Strecke noch bieten wird.

Links neben der Piste erhebt sich ein langgezogener Bergrücken. Am Horizont liegen urweltartig anmutende Lavaberge. Bei Kilometer 44,2 fahren wir südlich am 1000 m hohen Berg Fjallsendi entlang. Ab hier verläuft die Piste nach Westen. Zwischen der dunklen Lava wächst Stengelloses Leimkraut. Die grünen Polster leuchten im spärlichen Licht der Sonne.

Hinter einem noch gut befahrbaren Feld aus Fladenlava wird es ernst mit den Tücken der Odádahraun. Eine steile Auffahrt folgt der nächsten. So langsam wie möglich klettern wir in 1L und mit zugeschaltetem Allradantrieb über die Lava. Die Piste ist nicht mehr zu erkennen. Wir fahren einfach in der groben Richtung geradeaus weiter und hoffen, gleich wieder eine Pistenmarkierung zu finden. Das Lavafeld ist insgesamt 5 km breit. Dafür brauchen wir eine Dreiviertelstunde. Immer wieder schrammt es gefährlich laut von unten an unserem Auto. Die Einzelradaufhängung der Vorderräder taugt in diesem Gelände nichts! Dieses Lavafeld ist mit einem serienmäßigen Geländewagen gerade noch zu befahren. Auch der Fahrer des Mitsubishi Pajero flucht über die Lava. Bei Kilometer 55,1 ist die schwere Lava zu Ende. Die Piste verläuft aber weiterhin durch ein Lavafeld. Hier können wir »flott« mit 20 km/h fahren. Nach einem steilen Felshang, der mit großen Gesteinsbrocken übersät ist, folgt ein 200 m breites Weichsandstück. Dann wieder Lava. Hier ist man dankbar für jeden Zentimeter Bodenfreiheit, den man mehr hat. Die Umgebung ist öde, trist und liegt hinter lichtem Nebel verborgen. Wir haben keine Fernsicht. Die Lava ist fürchterlich.

Das Tal mit den kleinen Seen bei Kilometer 60,2 empfinden wir wie eine kleine Oase in der Wüste. Die Furt bei Kilometer 60,3 ist nicht tief. Die Uferböschungen sind steil und steinig. Das Flußbett besteht nur aus großen Steinen, die wir im Wasser überklettern müssen. Nach der Furt folgt wieder Lava. Die Zeit verrinnt. Wir kommen kaum voran. Bei Kilometer 62,2 durchfahren wir erneut einen flachen Bach. Über fünf Stunden sind wir seit Dreki schon unterwegs. Die Nadel unserer Tankanzeige ist trotz der wenigen Kilometer schon ein beträchtliches Stück gewandert. Der Spritverbrauch unseres Wagens ist hoch in der Lava. Rechnen Sie bei Dieselfahrzeugen mit 4-5 l pro Stunde; bei Benzinern mit 2-3 l mehr. Umgerechnet auf einen Spritverbrauch pro 100 km kommt man so auf 30 l/100 km und mehr. Diese Angaben können jedoch nur grobe Anhaltswerte sein. Derartige Berechnungen verlieren im Gelände schnell ihren realen Bezug. Sinnvoller ist es, von dem Spritverbrauch auszugehen, den wir tatsächlich auf dieser Strecke ermittelten, als wir unser Fahrzeug wieder volltankten: Für die Strecke von der Askja bis zur Stóraver-Hütte verbrauchte unser Isuzu Trooper im Schnitt 16 l/100 km. Das sind etwa 5 l mehr als auf gut befahrbaren Pisten, und 8 l mehr als auf Asphaltstraßen.

Bei Kilometer 63,1 folgt wieder ein übles Lavastück. Die Piste führt in steilen Auf- und Abfahrten und in vielen Kurven über meterhohe Wälle aus Lava. Die Piste ist so schmal, daß unser Fahrzeug in seiner Breite gerade durch einen Hohlweg in der Lava paßt. Wir fragen uns, wie hier ein zu einem Camper umgebauter, allradangetriebener Lastkraftwagen fahren kann. In den Sommermonaten findet man viele solcher »Expeditionsmobile« in Island. Fast alle tragen ausländische Kennzeichen. Nach einem Kilometer liegt diese Lava hinter uns. Die Piste verläuft nun ein Stück auf einer flachen Hochebene aus Schotter.

Dann wechseln sich wieder Lavafelder mit Weichsandpassagen ab, bis wir bei Kilometer 72,3 zwei weitere Furten erreichen. Nach einer Geröllwüste mit einzelnen kleinen Seen blockieren halbmeterhohe Felsbrocken die Piste. Zwischen den Steinen fließt Wasser. Der Untergrund ist sandig. Die Felsen müssen mühsam und vorsichtig mit dem Fahrzeug überklettert werden.

Nach einigen Steilstücken sehen wir bei Kilometer 83,7 in der Ferne vor uns den Fluß Hrauná, den wir aber nicht durchfahren müssen. Bei Kilometer 84,4 folgt dennoch eine steinige Furt. Hinter der Furt führt die Piste an einem langezogenen Feld aus Fladenlava entlang und überquert es schließlich.

Bei Kilometer 92,6 liegt die meiste Lava hinter uns. Wir verlassen die Odádahraun und fahren auf eine Hochebene aus Geröll, in der verstreut kleine Seen liegen. Ab hier gibt es nur noch kurze Lavastücke. Die Hochebene ist zügig befahrbar. Bei Kilometer 99,9 erreichen wir eine Abzweigung. Der Wegweiser zeigt an, daß hier die Gaesavatnaleid sydri wieder in unsere Route einmündet. Von hier sind es bis zu den Gaesavötn 9 km, wie auf dem Schild steht. Nach Nyidalur sind es noch 30 km. Sieben Stunden Fahrzeit haben wir bis jetzt benötigt.

Die Gaesavatnaleid nyrdri und sydri bilden gemeinsam das letzte Drittel der Gaesavatnaleid-Piste. Lava gibt es nicht mehr – dafür eine ruppige Schotterpiste und Gletscherflüsse.

Den tosenden Skjálfandafljót überqueren wir bei Kilometer 100,2 auf einer einfachen Holzbrücke. Drei Kilometer weiter stehen wir vor den breiten und verzweigten Langadrag. Dies sind Schmelzwasserabflüsse des Tungnafellsjökull. Insgesamt müssen in den Langadrag drei große Flußarme gefurtet werden. Der erste Arm ist mit 40-50 cm der tiefste. Nach der zweiten Furt führt die Piste auf dem Schotter hundert Meter flußaufwärts, bis man eine flache Furt durch den dritten Flußarm erreicht. Die Langadrag können nach Regenfällen oder bei besonders warmem Wind, wenn viel Gletschereis schmilzt, stark anschwellen. Bei hoher Wasserführung ist in diesem Gewirr von Flußarmen der genaue Verlauf der Piste nicht mehr erkennbar. Dann ist die Gefahr groß, daß man die Flußarme an einer zu tiefen Stelle durchfährt oder im Wasser auf einem Felsbrocken aufsetzt. Ohne vorherige Erkundung der Wassertiefe und der Bodenbeschaffenheit zu Fuß sollte man die Gletscherflüsse in dieser Gegend nicht durchfahren. Warten Sie bei Hochwasser besser vierundzwanzig Stunden. Nach einem Tag ist der Wasserstand meist wieder gesunken.

Bei Kilometer 106 verläuft die Piste wieder auf dem Schotter in einem Flußbett. Dabei müssen ebenfalls mehrere Flußarme durchfahren werden. Hier am Nordrand des Tungnafellsjökull gibt es viele namenlose Gletscherflüsse, die durchquert werden müssen. Alle münden weiter nördlich in den großen Fluß Skjálfandafljót, den wir auf der Brücke überquert hatten.

Bei Kilometer 114,2 liegt der gefährlichste Gletscherfluß dieser Strecke vor uns. Mitte der 80er Jahre hat dieser reißende Fluß einen schweren Geländewagen umgeworfen, in dem vier japanische Touristen den Tod fanden. Vor besonders tiefen und gefährlichen Furten warnen seither Schilder vor den möglichen Gefahren.

Die Furt durch diesen Gletscherfluß ist im Vergleich zu früher entschärft worden. Man hat die Furt verbreitert und aufgeschüttet. Die Strömung des Flusses ist jedoch so stark, daß der Schotter ständig weggespült wird und tiefe Rinnen entstehen. Bei Niedrigwasser erkennt man deutlich zwei Hauptströme, die durch ein schmales Schotterband voneinander getrennt sind. Isländer erklärten uns, daß der Fluß nur dann gefahrlos durchfahren werden kann, wenn die Schotterbank nicht überschwemmt ist. Die beiden Flußarme können aber immer noch 50-80 cm tief sein!

Fünf Kilometer weiter folgt der letzte Gletscherfluß auf der Gaesavatnaleid. Im Vergleich zu den zurückliegenden Flüssen ist er einfach zu furten.

Die letzten Kilometer der Piste bis zur Einmündung in die Sprengisandur-Piste F28 verlaufen durch eine moosbewachsene Schotterebene. Die Piste ist stellenweise erdig und bei Nässe verschlammt. Eine schöne Aussicht in die Weite der Sprengisandur und auf die schneebedeckten Gletscher entschädigt für die Strapazen in der Odádahraun. In der Ebene Tómasarhagi erreichen wir nach $8\frac{1}{2}$ Stunden bei Kilometer 124,6 die Sprengisandur-Piste. Diese Piste wird in der Route »Sprengisandur F28« beschrieben.

## *Gaesavatnaleid sydri*

Eine Woche nachdem wir die Gaesavatnaleid nyrdri im Trooper befahren hatten, zelten wir wieder bei der Hütte Dreki am Fuß der Askja. Zusammen mit unserem isländischen Freund Sigurdur wollen wir die Gaesavatnaleid sydri bezwingen. Sigurdur kennt die Gaesavatnaleid und will uns auch einige geologisch interessante Stellen abseits der Piste zeigen. Er fährt einen Nissan Patrol GR mit höhergelegtem Fahrwerk und 35 x 12,5 R 15-Reifen. Selbstverständlich ist in seinem Auto auch ein Funkgerät eingebaut.

Bevor wir losfahren, melden wir uns beim Hüttenwart in Dreki ab. Wir erfahren, daß zwei Fahrzeuge die Gaesavatnaleid sydri von Nyidalur aus befahren und beschließen spontan, die Strecke ohne Begleitfahrzeug zu wagen. Schließlich sind wir zu dritt, und unser Fahrzeug ist mit Winde, Hi-Lift-Wagenheber und Ersatzreifen hervorragend ausgerüstet. Selbst ein Kompressor zum Aufpumpen der Reifen ist fest im Motorraum eingebaut. Als wir Sigurdur fragen, wie er die Strecke einschätzt, erhalten wir die lapidare Antwort: »No problem with this car« – kein Problem mit diesem Wagen.

Die Abzweigung bei Kilometer 32,2 erreichen wir schnell. Ab hier beginnt unsere Wegbeschreibung mit Kilometer 0. Ohne anzuhalten biegen wir auf die Gaesavatnaleid sydri ein. Die Piste zu den Gaesavötn führt zu Beginn an einem steilen Sandhang entlang. Danach folgen mehrere ausgedehnte Lavafelder mit Weichsandpassagen. Wir merken schnell, daß Isländer anders als wir Auto fahren. Die Piste dient Sigurdur nur als grobe Orientierung. Er fährt mal links, mal rechts neben der Piste. Gelegentlich umfährt er größere Felder aus Blocklava in einem weiten Bogen. Er weicht bewußt von der gekennzeichneten Piste ab, die über die Lava verläuft. Wir geben den Pistenverlauf deshalb nur mit vollen Kilometerzahlen an. Sigurdur befährt diese Strecke, wie er uns erzählt, regelmäßig, um in diesem Gebiet geologische Studien zu betreiben.

Nach 12 km durch Sand und Lava erreichen wir ein etwa 4 km langes Gebiet aus schwarzem Lavasand, das stellenweise vom Schmelzwasser des nahen Dyngjujökull überflutet ist. Mehrere Gletscherabflüsse fließen in dieses Schwemmland, bilden flache, aber ausgedehnte Seen und versickern wieder im Sand. Alte graue Holzpfosten markieren einen Pistenverlauf, der in gerader Linie durch das Schwemmland führt. Die gekennzeichnete Piste zeigt nicht den »trockensten« Weg durch das

Schwemmland an. Wir umfahren zwar einzelne ausgedehnte »Wasserpfützen«, halten uns sonst aber weitgehend an den markierten Weg. Abseits der Piste kann hier leicht Treibsand auftreten. Für die großen Räder des Nissan sind die »Quicksands« jedoch offensichtlich kein Hindernis. Im Auto spüren wir den Sand nur, wenn der Wagen im weichen Sand zu bremsen scheint und Sigurdur Gas gibt, bis der schwere Sechszylindermotor regelrecht aufheult. Mit Kraft pflügt der Wagen dann durch den nassen, tiefen Sand.

Bei Kilometer 16 liegt das Schwemmland hinter uns. Wir klettern in 1L und mit Allradantrieb über Lavabrocken. Kilometerweit geht es so langsam wie möglich mit Schrittgeschwindigkeit die steile Auffahrt zum 1025 m hohen Schildvulkan Urdarháls hinauf. Auf diesem Steilstück sind wir froh, nicht mit dem Trooper zu fahren. Der hochbeinige Nissan klettert selbst über mehr als 60 cm hohe Lavabrocken, ohne daß der Unterboden am Stein schrammt. Seine Achsverschränkung ist phänomenal.

Eine richtige Piste ist auf dem langgezogenen Berghang nicht auszumachen. Vereinzelt sehen wir Markierungspfosten, die jedoch deutlich abseits unserer Fahrroute stehen. Sigurdur meint, hier käme man besser voran. Nach 7 km und über einer Stunde Fahrzeit liegt der Anstieg hinter uns.

Der Urdarháls ist ein riesiger Explosionskrater mit 200-300 m Durchmesser und steilen Wänden aus bröckelnder Lava. In der näheren Umgebung gibt es noch weitere kleine Krater. Die Piste verläuft im Süden oberhalb des Urdarháls entlang. Bei klarem Wetter hat man von hier eine beeindruckende Fernsicht über die ausgedehnten Lavafelder der Odádahraun und auf die Berge des Dyngjufjölls bei der Askja.

Die nächsten Kilometer fahren wir in etwa 1100 m Höhe über ein Hochplateau aus Lavagestein. Wieder kommen wir stellenweise nur mit Schrittgeschwindigkeit voran. Steile Auf- und Abfahrten sind häufig. Mehrmals umfahren wir ausgedehnte Altschneefelder. Im Süden erkennen wir den 1446 m hohen Tafelvulkan Kistufell, dessen flache Kuppe mit Schneeresten bedeckt ist und sich kaum von dem weißen Gletschereis des Dyngjujökull abhebt. Im Norden liegt der 1459 m hohe Vulkan Trölladyngja mitten in der schwarzen Lavalandschaft.

Die Stunden vergehen. In der Lava schaffen wir nicht mehr als 5-10 km in der Stunde. Trotz Super-Jeep. Bei Kilometer 31 passieren wir eine Rettungshütte auf dem Dyngjuháls. Danach wird die Lava offensichtlich immer unpassierbarer. Wir durchfahren ab Kilometer 33 ein extrem schwieriges Lavafeld. Einige Male müssen wir anhalten, ein Stück zurückfahren und einen besseren Weg durch die Lava finden. Obwohl Sigurdur dieses Lavafeld schon mehrfach durchfahren hat, gibt es in dem Labyrinth aus meterhohen Lavabrocken kaum eine Orientierungsmöglichkeit. Eine markierte Piste gibt es auch nicht mehr. Hier muß sich jeder selbst einen befahrbaren Durchgang suchen und den weiteren Weg möglichst zuvor zu Fuß erkunden. Wenn dichter Nebel hier jede Sicht raubt, sollte man anhalten, besseres Wetter abwarten und am Abend das Zelt aufbauen. Endlich erkennen wir wieder einen unscheinbar grauen Markierungspfosten. Er hilft uns aber nicht viel weiter, denn gerade an dieser Stelle ist die Lava nicht passierbar. Zwei Stunden lang quälen wir uns durch das Lavafeld, dann wird das Gelände wieder besser befahrbar.

Die halbe Strecke liegt hinter uns. Wir sind noch keinem anderen Fahrzeug begegnet. Sigurdur meint, der Weg vor uns würde jetzt zusehends besser werden; den beiden anderen Geländewagen, die in Nyidalur gestartet sind, hätten wir eigentlich schon begegnen müssen. Per Funk nimmt Sigurdur Kontakt mit Nyidalur und Dreki auf. Wir erfahren, daß die zwei Fahrzeuge tatsächlich vor sechs Stunden in Nyidalur abgefahren sind. Es sind Franzosen ohne Funk in ihren Wagen. Nun, vielleicht treffen wir sie noch, oder sie sind die Gaesavatnaleid nyrdri gefahren.

Die Piste führt bei Kilometer 44 nahe an den Dyngjujökull heran. In diesem Gebiet kann es vorkommen, daß – je nach Schneelage – Altschneefelder oder auch nur ein schmaler Gletscherausläufer überquert werden müssen, die einen flachen Hang bedecken, über den die Piste hinwegführt. Tatsächlich versperrt uns wenig später ein etwa 200 m breites Schneefeld den Weg. Sigurdur sagt, daß man den Schnee vermeiden könne, wenn man weiter nördlich fährt. Die Piste soll dort ebenfalls markiert sein, doch die Lava ist tückisch und selbst mit seinem Super-Jeep nur mühsam passierbar. Schnee und Gletscher stellen für seinen Nissan jedoch kein unpassierbares Hindernis dar. Sigurdur fährt vorsichtig mit den Vorderrädern auf den Schnee. Der Schnee trägt. Sigurdur fährt zurück und steigt aus. Fachmännisch senkt er den Reifendruck auf 0,8 bar. Die Reifen beulen seitlich stark aus und vergrößern so die Auflagefläche. Mit Allradantrieb und gesperrtem Hinterachsdifferential geht es in 2L und Vollgas bergauf über das Schneefeld. Nach dem Schnee wird der Luftdruck in den Reifen sofort wieder auf den Normalwert erhöht.

Die Piste verläuft oberhalb des Schnees im lockeren Moränenschutt des Gletschers. Kurz hintereinander folgen zwei weitere Schneefelder, die wir ebenfalls ohne jegliche Schwierigkeiten passieren. Wir sind uns einig, daß wir die Gaesavatnaleid sydri mit einem normalen Geländewagen nur mit technischen Hilfsmitteln wie einer Seilwinde, einem langen Abschleppseil, Sandblechen und der gegenseitigen Hilfe eines zweiten Fahrzeugs geschafft hätten. Diese Piste ist das richtige Gelände für ausgefuchste Off-road-Fans, denen kein Weg als zu schwierig und keine Stelle als unpassierbar gilt.

Bei Kilometer 48 erreichen wir die 1190 m hoch gelegene Paßhöhe am Jördurhryggur. Auffallend viele Steinmännchen stehen neben der Piste.

Das schlimmste Gelände liegt hinter uns. Acht Stunden sind wir bereits unterwegs. Zusammen mit den 32 km von Dreki ergibt dies eine durchschnittliche Fahrgeschwindigkeit von genau 10 km/h.

Die Abfahrt zu den Gaesavötn ist ziemlich steil, im Vergleich zu den hinter uns liegenden Schikanen aber einfach zu befahren. Wir müssen zwar auch große Lavabrocken überklettern, die sind für unseren Nissan aber unproblematisch.

Bei Kilometer 57 fahren wir an einer kleinen Hütte vorbei, die sich in Privatbesitz befindet. Früher wurden von hier aus mit einem Raupenfahrzeug Gletschertouren auf den Dyngjujökull und den Tungnafellsjökull angeboten.

Die Gaesavötn, die »Gänseseen«, sind kleine Seen mit grünbemoosten Uferzonen. In der Nähe befindet sich ein Flugfeld. Sigurdur erzählt uns, daß auch er in dieser Gegend gelegentlich mit seinem Wagen auf den Gletscher fährt. Dann montiert er noch breitere 38-Zoll-Reifen. Ohne mehrere Begleitfahrzeuge und konstant gute Wetterbedingungen unternimmt er jedoch keine Gletschertouren.

Die Furten durch die Zu- und Abflüsse der Gaesavötn empfinden wir im Nissan Patrol als unproblematisch.

Nach insgesamt 64 km ab der Abzweigung der Gaesavatnaleid sydri und nach 10 Stunden Fahrt erreichen wir die bekannte Einmündung der Gaesavatnaleid sydri in die Gaesavatnaleid nyrdri. Wir fahren weiter nach Nyidalur, um dort zu übernachten. Am nächsten Tag wollen wir über die Gaesavatnaleid nyrdri zurück zur Askja, denn dort steht unser Trooper.

Die Franzosen haben wir nicht getroffen. Wir erfahren in Nyidalur, daß sie nicht in Dreki angekommen sind. Auch andere, die die Gaesavatnaleid nyrdri befahren haben, trafen die Franzosen nicht. Nyidalur hat daraufhin die umliegenden Funkstationen gebeten, auf zwei Landrover mit französischen Kennzeichen zu achten. Noch am selben Abend berichtet uns Sigurdur, daß die Franzosen die Gaesavatnaleid nicht gefahren sind und wohlbehalten in Landmannalaugar eingetroffen sind. Sie werden wohl nie erfahren, daß man sich um sie gesorgt hat.

## Sprengisandsleid F28

*Hochlanddurchquerung vom Bardadalur in Nordisland nach Sigalda in Südisland über den Sprengisandur; Routenverlauf zwischen den Gletschern Hofsjökull und Vatnajökull. Abstecher zu den heißen Quellen im Laugafell, zu den Veidivötn und nach Jökulheimar. Routenbeschreibung bis Landmannalaugar.*

*Gesamtdistanz*: 280 km über die F28 und F22 bis Landmannalaugar; mit Abstechern 450 km.

*Maximaldistanz ohne Tankmöglichkeit*: 200 km bis zur Tankstelle bei der Stóraver-Hütte; die Treibstoffversorgung ist jedoch nicht gesichert. Tankstellen gibt es sonst in Südisland sowie im Eyafjördur und Skagafjördur. Falls Hochlandrouten befahren werden, die von der Sprengisandur-Piste abzweigen, gibt es keine weitere Tankmöglichkeit auf etwa 450 km. Bei den Veidivötn gibt es zwar eine einfache Tankstelle, die Treibstoffversorgung ist hier aber ebenfalls nicht gesichert.

*Pistenart*: Markierte Schotter- und Sandpiste.

*Schwierigkeitsgrad*: Mittelschwierig; Geländewagen mit Allradantrieb ist wegen der tiefen Furten notwendig.

*Zeitbedarf*: 10-12 Stunden nur für die Sprengisandsleid; mit Abstechern mindestens 2-3 Tage.

*Sicherheitsausrüstung*: Zelt; warme Kleidung; Lebensmittel für 2-3 Tage; Trinkwasser; 20-l-Reservekanister, möglichst zwei Ersatzreifen; langes Abschleppseil und Schaufel.

*Streckenbeschreibung*:

| km | km | |
|---|---|---|
| 0 | 281 | Abzweigung der Straße Nr. 842 von der Ringstraße westlich des Godafoss. Straße führt ins Bardardalur. Alternative Strecke: Straße Nr. 844 fahren, die östlich des Godafoss abzweigt |
| 24 | 257 | Brücke über den Skjálfandafljót beim Gehöft Laekjavellir; Tankstelle; Einmündung der Straße Nr. 844 in die Straße Nr. 842 |
| 34 | 247 | Birkenwald |
| 39 | 242 | Brücke über die Mjóadalsá; Ende des Bardatals; Beginn der Piste Sprengisandsleid F28 |
| 43 | 238 | Abzweigung zum Aldeyjarfoss |
| 46 | 235 | Aldeyjarfoss |
| 49 | 232 | Wieder auf F28; rechts Zufahrt zum See Ishólsvatn; nach 700 m Hinweisschild auf den Hrafnabjargafoss |

| | | |
|---|---|---|
| 52 | 229 | Beginn der Geröllwüste »Sprengisandur« |
| 85 | 196 | Fossgilsmosar, Furt |
| 87 | 194 | Berge Kidagilshnjúkur links, Gvendarhnjúkur rechts |
| 88 | 193 | Abzweigung der »Göngjuleid« in die Schlucht Kidagil (3 km),Schild |
| 93 | 188 | Abzweigung einer Piste in das Bleiksmyrardalur |
| 94 | 187 | Kleine Furten |
| 99 | 182 | Links Tal Kidagilsa |
| 102 | 179 | Breite Furt |
| 105 | 176 | 1. Zufahrtsmöglichkeit zum Laugafell. Beschilderte Abzweigung der F78 »Eyjafjardarleid« zur F82 nach »Eyafjördur 54 km«, zur F72 nach »Skagafjördur 73 km« und zur Hütte im »Laugafell 22 km« |
| 107 | 174 | Mehrere kleine Furten auf 2 km |
| 120 | 161 | See Fjórdungsvatn im Osten |
| 124 | 157 | 2. Zufahrtsmöglichkeit zum Laugafell beim Fjórdungsvatn. Beschilderte Abzweigung der F72 »Skagafjardarleid« rechts nach »Skagafjördur 81 km« |
| 137 | 144 | Beschilderte Abzweigung der Piste Gasavatnaleid zur Askja |
| 138 | 143 | Ebene Tómasarhagi; tiefe Furt (60-70 cm) durch die Hagakvislar |
| 142 | 139 | Breite und tiefe Furt (60-70 cm) durch die Jökulsá nördlich von Nyidalur |
| 143 | 138 | Nyidalur; mehrere Hütten (160 Plätze), Zeltplatz; sanitäre Einrichtungen |
| 145 | 136 | Zwei breite Furten (40 cm tief) südlich von Nyidalur |
| 147 | 134 | Abzweigung einer unmarkierten Piste nach Westen zum See Kvislavatn |
| 148 | 133 | Breite, sandige Furt (30 cm tief) |
| 154 | 127 | Furt |
| 159 | 122 | Furt |
| 168 | 113 | Zufahrt auf den Berg Kistualda |
| 169 | 112 | Breite, steinige Furt |
| 173 | 108 | Furt, breites Geröllfeld |
| 186 | 95 | Furt durch die Svartá (40 cm tief) |
| 189 | 92 | Links See Thverölduvatn, rechts Tal der Thjórsá |
| 200 | 81 | Brücke über den Fluß Stóraverskudur; Stóraver-Hütte (20 Plätze); Raststätte mit Tankstelle |
| 202 | 79 | Versalir; Wegweiser »Sigalda 28 km« |
| 206 | 75 | Rechts Abzweigung einer Piste nach »Klafur Tungnaá«; Zufahrt ist laut Schild gesperrt! |
| 216 | 65 | Brücke über Kedvisl; cañonartige Schlucht |
| 218 | 63 | Wegweiser, links Abzweigung nach »Thórisos« |
| 220 | 61 | Furt durch Kaldakvisl |
| 225 | 56 | Brücke über Kaldakvisl |
| 230 | 51 | Hochebene, links See Thórisvatn |
| 238 | 43 | Beschilderte Abzweigung zu den »Veidivötn 27 km« und »Jökulheimar 54 km« |
| 246 | 35 | Sigalda, Wasserkraftwerk; Abzweigung der F22 nach Landmannalaugar. Sprengisandsleid F28 führt weiter geradeaus; nach 20 km besiedeltes Land, Ende der Hochlandpiste |
| 252 | 29 | Verzweigung; Schild: links »F22 Landmannalaugar«, rechts »F26 Selfoss« |
| 254 | 27 | Stichstraße (1 km) zu den Wasserfällen der Tungnaá |
| 256 | 25 | Lavafeld |
| 263 | 18 | Hinweistafel; Beginn des Nationalparks »Fridland ad Fjallabaki«; gut befahrbare Sandpiste |

| | | |
|---|---|---|
| 274 | 7 | Beschilderte Kreuzung: rechts »Landmannaleid«, links »Ljótipollur 2 km«; See Frostastadavatn |
| 278 | 3 | Einfacher Zeltplatz vor Landmannalaugar; Abzweigung der Stichstraße nach Landmannalaugar |
| 281 | 0 | Landmannalaugar; kurz davor 2 tiefe Furten (40-60 cm); Zeltplatz, Hütte (115 Plätze), sanitäre Einrichtungen. Heiße Quellen |

*Laugafell*

| | | |
|---|---|---|
| 0 | 30 | Beschilderte Abzweigung der F72 »Skagafjardarleid« beim Fjórdungsvatn nach »Skagafjördur 81 km« und »Laugafell 31 km«; Zufahrt zur F82 nach »Eyjafjördur 73 km« |
| 7,5 | 22,5 | Furt |
| 8 | 22 | Breite und tiefe Furt (50 cm) durch die Bergvatnskvisl |
| 12 | 18 | Furt |
| 15 | 15 | Furt |
| 19 | 11 | Mehrere Furten (bis 50 cm tief) durch Zuflüsse der Jökulkvisl |
| 30 | 0 | Laugafell; davor tiefe Furt (50-60 cm) durch Laugarkvisl; Hütte (15 Plätze), Zeltplatz, sanitäre Einrichtungen; heiße Quellen. Zufahrt zur Piste F82, die in den Eyjafjördur führt. F72 führt vom Laugafell weiter ins Vesturdalur und in den Skagafjördur |

*Veidivötn und Jökulheimar*

| | | |
|---|---|---|
| 0 | 23,4 | Beschilderte Abzweigung südlich des Thórisvatn; Piste zu den Veidivötn (27 km) und nach Jökulheimar (54 km) |
| 2,4 | 21 | Staumauer, tiefe Schlucht |
| 5,3 | 18,1 | See Fellsendavatn; Piste führt am sandigen Nordufer entlang; kleinere Furten |
| 9,8 | 13,6 | Rechts 822 m hoher Berg Thóristindur |
| 13,5 | 9,9 | Abzweigung einer Piste zum Botnavatn |
| 16,2 | 7,2 | Abzweigung der Piste nach Jökulheimar; 38 km bis zur Hütte; von dort führt die Piste noch etwa 15 km weiter bis an den Rand des Gletschers Tungnaárjökull; im Gletschervorland zahlreiche Furten durch die Gletscherabflüsse |
| 18,9 | 4,5 | Furt (40 cm tief) durch die Vatnakvisl |
| 21,2 | 2,2 | Wegweiser; Abzweigung einer Piste zu den Hraunvötn; Alternativroute nach Jökulheimar |
| 21,5 | 1,9 | Furt (40 cm tief) durch die Fossvatnakvisl |
| 22,6 | 0,8 | Abzweigung; Wegweiser, geradeaus »Tjarnakot«, rechts »Vatnakringer« |
| 23,4 | 0 | Veidivötn, Tjarnakot; Hütten; Tankmöglichkeit; Zeltplatz; sanitäre Einrichtungen |

Der Gletscherfluß Skjálfandafljót bildet zwischen Akureyri und dem Myvatn den Godafoss. Der Wasserfall liegt direkt an der Ringstraße. Die Wasser des Skjálfandafljót stürzen 10 Meter tief in eine hufeisenförmige Schlucht.

Die Straße Nr. 842 zweigt etwa 1 km westlich der Brücke über den Skjálfandafljót nach Süden ins Bardardalur (Bardatal) ab; die Straße Nr. 844 biegt unmittelbar östlich der Brücke in das Tal ab. Beide Straßen verlaufen entlang des Skjálfandafljót und führen auf die Piste Sprengisandsleid F28. Eine Brücke verbindet nach 24 km beide Straßen bei dem Gehöft Laekjavellir. Hier befindet sich die vorerst letzte Tankstelle vor dem Hochland. Wer auf der

Straße Nr. 844 fährt, muß hier den Gletscherfluß Skjálfandafljót überqueren und auf der Straße Nr. 842 weiterfahren. Nach 10 km führt die Straße durch einen Wald aus Birken. Das Bardardalur endet bei Kilometer 39. Hinter der 1977 erbauten Brücke über die Mjóadalsá beginnt die Sprengisandsleid F28. 250 km unbewohntes Hochland liegen vor uns.

Die Sprengisandsleid, der »Weg« über die weite, 700-800 m hohe Kies- und Geröllhochfläche des Sprengisandur, ist die berühmteste Hochlandroute Islands.

Früher war dies der beschwerliche Reiterweg der Bischöfe von Skálholt, die von Südisland aus ihre Gemeinden im Nordosten und Osten der Insel betreuten. Auch Schäfer mit ihren Herden durchzogen dieses Land. Das Hochland ist weitgehend vegetationslos. Deshalb fanden die Pferde und Schafe auf diesem langen Weg kaum Futter. Die Sprengisandsleid war eine gefürchtete Strecke; Einsamkeit, böse Geister und Gesetzlose bedrohten die Reisenden. Zusätzlich konnten orkanartige Stürme Pferd und Reiter in Gefahr bringen. Man war bemüht, den Sprengisandur schnell zu durchqueren. Erst die 6 km lange, schmale Schlucht Kidagil bot Schutz vor dem Sturm; hier gab es auch Wasser und frisches Gras für die Tiere. Man spornte die Pferde deshalb zum »Vorwärtsprengen über den Sand« an, damit sie »schnell nach Kidagil kommen«, wie es in dem alten isländischen Volkslied »A Sprengisandi« heißt:

»Ridum, ridum og rekum yfir sandinn... ad vera kominn ofan i Kidagil.«

Im Jahre 1933 durchquerte erstmals ein Auto den Sprengisandur. Heute ist die Route stark befahren. Bei den meisten Islandreisenden steht der »Sprengisandur« auf dem Programm.

Erste Sehenswürdigkeit auf der Strecke ist der Wasserfall Aldeyjarfoss. Der Gletscherfluß Skjálfandafljót stürzt hier 20 m tief in einen Kessel aus beeindruckenden Basaltsäulen. Bei Kilometer 43 zweigt eine 1,5 km lange, holprige Piste zum Aldeyjarfoss ab. Vom Parkpatz sind es dann noch 15 Minuten zu Fuß, bis man in den Felskessel blicken kann.

Im weiteren Verlauf der Piste erstreckt sich westlich der See Ishólsvatn, zu dem eine Stichstraße hinführt. Der Skjálfandafljót bildet oberhalb des Aldeyjarfoss einen zweiten Wasserfall. Der Hrafnabjargafoss ist ebenfalls über eine kurze Stichstraße und eine kleine Wanderung zu erreichen. Nach dem Wasserfall beginnt der Sprengisandur, der sich fast bis zur Hütte in Nyidalur erstreckt.

Die erste Furt führt bei Kilometer 85 durch den kleinen Bach Fossgilsmosar. Die Piste verläuft weiter zwischen den Bergen Kidagilshnjúkur und Gvendarhnjúkur. Bei Kilometer 88 zweigt die Stichstraße »Göngjuleid« in die Schlucht Kidagil ab. Die 3 km lange Zufahrt ist beschildert.

Bei Kilometer 93 erreichen wir die Abzweigung einer Allradpiste in das Bleiksmyrardalur. Die Stichstraße ist bis zur privaten Hütte in den Bleiksmyrardrög mit einem Geländewagen ohne Probleme zu befahren. Es ist ein wasserreiches Gebiet, in dem die Zuflüsse des Flusses Fnjóská entspringen. Einige zum Teil knietiefe Furten müssen durchfahren werden. Der weitere Weg in das Bleiksmyrardalur ist nicht mehr gekennzeichnet. Wir sind diese Strecke nicht gefahren. Off-road soll es jedoch mit isländischen Super-Jeeps möglich sein, dem Tal der Fnjóská etwa 30 km weit bis ins Bleiksmyrardalur zu folgen, wo man wieder auf eine markierte Allradpiste trifft. Auf dieser Strecke müssen viele und tiefe Zuflüsse der Fnjóská durchfahren werden. Fährt man weiter nach Norden, erreicht man die Ringstraße.

Bis zur Abzweigung der Piste F78 bei Kilometer 102 müssen auf der Sprengisandsleid noch einige zum Teil breite Flüsse durchfahren werden. Die Abzweigung ist beschildert. Von hier aus erreicht man nach 22 km das Laugafell, über die F82 »Eyjafjardarleid« nach 54 km das Gehöft Tjarnir im Eyjafjördur, und über die F72 »Skagafjardarleid« nach 73 km die Kirchengemeinde Goddalir im Vesturdalur. Die Strecke ist bis zum Laugafell einfach zu befahren. Die Piste »Eyjafjardarleid« zweigt fünf Kilometer vor dem Laugafell nach Norden ab und führt steil in das Eyjafjardardalur. Kurz hinter Tjarnir mündet sie in die Straße Nr. 821, die nach 30 km vor Akureyri im Eyjafjördur endet.

Bei Kilometer 120 erhebt sich östlich der Piste der 969 m hohe Schildvulkan Fjórdungssalda, an dessen Fuß der sichelförmige See Fjórdungsvatn liegt. Bei Wind entstehen auf dem flachen Wasser des Sees Wellen, die den Eindruck eines »Meeres in der Wüste« erwecken. Die Piste führt am See entlang weiter.

Die zweite und von der Streckenführung her interessantere Zufahrtsmöglichkeit zu den heißen Quellen im Laugafell erreichen wir bei Kilometer 124. Hier zweigt die ausgeschilderte Piste F72 zum Skagafjördur ab. Diese Route wird im Anschluß an die Sprengisandsleid beschrieben.

Bei Kilometer 137 erreichen wir in der Ebene Tómasarhagi die Abzweigung der schwierigen Piste Gaesavatnaleid F98, die über die Askja zurück zur Ringstraße östlich des Myvatn führt. Kurz danach muß der reißende Gletscherfluß Hagakvislar gefurtet werden. Der Fluß ist zwar nicht breit, aber sehr tief. Die starke Strömung hat das sandige Flußbett oft 60-70 cm tief ausgespült. Beim Eintauchen in den Fluß überspült die Bugwelle leicht die Motorhaube und raubt für Sekundenbruchteile jede Sicht. Erschrecken Sie hier möglichst nicht, sondern fahren Sie mit konstantem Gas weiter!

Vier Kilometer weiter folgt die zweite gefährliche Furt auf dieser Strecke. Wenige hundert Meter vor den Hütten in Nyidalur muß die breite und mehrarmige Jökulsá gefurtet werden. Auch hier kann die starke Strömung der einzelnen Flußarme den Untergrund bis zu 70 cm tief ausgewaschen haben. Wir erlebten im wasserreichen Juli 1992 eine Stufe im Flußbett der Jökulsá, die unseren Wagen 1 m tief eintauchen ließ. Der »Wasserschlag« führte vor allem bei einigen Benzinern dazu, daß ihr Motor im Fluß ausging. Andere Geländewagen, die über kein Sperrdifferential verfügten und zu wenig Schwung hatten, fuhren sich an der Stufe fest. Wir übernachteten damals in der nahen Hütte. Mit dem Fernglas verfolgten wir abends die Fahrzeuge beim Furten. Blieb wieder mal ein Auto in der Furt stecken, eilten schnell zahlreiche »Helfer« zur Furt – auch um die Bergung des Fahrzeugs zu filmen und zu fotografieren.

In Nyidalur befinden sich Hütten mit Schlafplätzen für 160 Personen und ein Zeltplatz. Reisegruppen, die hier abends ankommen, verbringen in den Hütten gerne die Nacht. Deshalb sind die Quartiere meistens gut belegt. Dann heißt es zusammenrücken. Über 150 Personen teilen sich dann die Küche, die wenigen Toiletten und die Waschgelegenheiten.

600 m südlich der Hütten führt ein empfehlenswerter Wanderweg durch das vegetationsreiche Jökuldalur, das »Gletschertal«, an den Rand des 50 km$^2$ großen Tungnafellsjökull.

Zwei Kilometer südlich Nyidalur folgen zwei breite, etwa 40 cm tiefe Furten. Bei Kilometer 147 zweigt eine nicht markierte Piste nach Westen ab. Dies ist der »alte« Weg durch das Hochland. Die Strecke ist kaum noch befahrbar. Die Gefahr, daß man im unwegsamen Gelände steckenbleibt oder sich in einem der vielen und tiefen Gletscherflüsse festfährt, ist groß. Das Schmelzwasser hat weite Teile der ehemaligen Piste weggeschwemmt. Hier heißt es dann, eine Umfahrung off-road zu finden. Ein Begleitfahrzeug ist für das Teilstück bis zur Westseite des Krislavatn aus Sicherheitsgründen zu empfehlen. Im weiteren Verlauf führt die Piste zwar auch durch tiefe Flüsse, sie ist aber markiert und wird häufiger befahren. Die Piste dient als Zufahrt zu den Staudammprojekten östlich der Thjórsá. In Versalir mündet die Route wieder in die F28.

Nach der Abzweigung bei Kilometer 147 quert die Sprengisandsleid mehrere flache Flüsse, die gefurtet werden müssen.

Bei Kilometer 168 bietet der Berg Kistualda ein überwältigendes Panorama über die Weite des Sprengisandur im Norden und den Kvislavatn im Südwesten. Auf den Berg führt eine Stichstraße. Am Horizont erheben sich im Westen der Hofsjökull und im Osten der Vatnajökull.

Die Sprengisandsleid verläßt nun die Hochebene und führt allmählich ins weite Tal im Süden. Wieder müssen einige Bäche durchfahren werden. Bei Kilometer 186 folgt ein größerer Fluß, die Svartá. Die Furt ist etwa 40 cm tief. Drei Kilometer danach führt die Piste am See Thverölduvatn vorbei. Westlich der Piste verläuft das Tal der Thórsá, das man von dieser Stelle aus gut einsehen kann. Bei Kilometer 200 gelangt man nach der Brücke über den Fluß Stóraverskudur zur Stóraver-Hütte. Hier gibt es seit 1987 eine Raststätte mit 20 Schlafsackunterkünften und einer Tankstelle. Zwei Kilometer weiter mündet bei Versalir die bereits erwähnte Piste vom Kvislavatn in die F28 ein. Ein Wegweiser zeigt an, daß es auf unserer Strecke noch 28 km bis Sigalda sind.

Bei Kilometer 206 zweigt eine Allradpiste nach »Klafur Tungnaá« ab. Diese Zufahrt ist laut Schild für den öffentlichen Verkehr gesperrt. Die Flüsse werden im Gebiet der Tungnaá aufgrund der Staudammprojekte zeitweise unpassierbar, wenn Wasser geflutet wird. Würde man einen solchen Fluß bei Niedrigwasser oder gar »trockener« Furt passieren, könnte man nach dem Fluten möglicherweise tagelang zwischen zwei Furten festsitzen.

Die cañonartige Schlucht des Flusses Kedvisl überspannt bei Kilometer 216 eine Brücke. Zwei Kilometer weiter zweigt eine Piste in östlicher Richtung nach »Thórisos« ab. Diese Stichstraße führt nach etwa 6 km an das Nordufer des Thórisvatn und nach 10 km zu dem See Saudafellslón. Ein Abfluß des Thórisvatn muß gefurtet werden.

Bei Kilometer 220 durchfahren wir den letzten nicht überbrückten Fluß auf der Sprengisandsleid. Die Furt durch den Flußarm der Kaldakvisl ist etwa 30 cm tief. Bei Kilometer 225 überqueren wir einen weiteren Arm der Kaldakvisl auf einer Brücke. Das unbewohnte Hochland liegt jetzt endgültig hinter uns.

Die gut befahrbare Piste führt auf einer Hochebene am See Thórisvatn vorbei. Der 577 m hoch gelegen Thórisvatn ist mit einer Fläche von 82 km$^2$ der zweitgrößte See Islands. Am Südufer des Sees zweigt bei Kilometer 238 die ausgeschilderte Piste zu den Veidivötn und nach Jökulheimar ab. Die Sprengisandsleid endet offiziell beim Wasserkraftwerk in Sigalda, das wir bei Kilometer 246 passieren.

Sigalda ist eines der Wasserkraftwerke im Gebiet der Flüsse Thjórsá und Tungnaá. Man nutzt den Wasserreichtum und das starke Gefälle der Flüsse an mehreren Stellen zur Stromerzeugung. Die Kraftwerksstation Sigalda hat eine Leistung von 150 Megawatt. Der Fluß Tungnaá wird hier seit 1977 an mehreren Stellen durch hohe Dämme gestaut. Auch bei Hrauneyjar, wenige Kilometer flußabwärts, wird derselbe Fluß noch einmal gestaut. Zwei künstliche Seen entstanden: der Hrauneyjarlón westich und der Krókslón östlich der Straße F28.

Bei Kilometer 252 mündet die F28 in die

Piste zur Arnarvatnsheidi

Gigjökull mit Gletschersee

Furt durch den Seeabfluß des Gigjökull

Lavawasserfälle »Hraunfossar«

Papageitaucher

Reykjavik mit Tjörnin

Freilichtmuseum in Arbaer, Schlafstube mit Spinnrad

Freilichtmuseum in Skógar

**Seljalandsfoss**

Vogelinsel Eldaey – Baßtölpel

»Heiliger Berg« Helgafell

Dreizehenmöwen

Zum Trocknen aufgehängter Stockfisch

Seehunde auf einem Felsen in den Westfjorden

Westfjorde – Blick vom Berg Sandafell in den Dyrafjördur

F22, die wenige Kilometer westlich auf die F26 trifft. Diese Straße verläuft am Fuß des Vulkans Hekla vorbei und führt weiter durch das fruchtbare Weideland im Süden Islands. Die F26 ist mit »Selfoss« ausgeschildert.

Nach Osten zweigt die Hochlandpiste F22 in Richtung Landmannalaugar ab. Hier fahren wir weiter. Nach 2 km sieht man auf der linken Seite die Wasserfälle der Tungnaá. Zum Tungnárfellsfoss führt eine 1 km lange Piste, die jedoch stellenweise tief vom Regenwasser ausgewaschen ist. Beim Tungnárfellsfoss stürzt die Tungnaá in vielen einzelnen Fällen in eine hufeisenförmige Schlucht.

Die F22 verläuft bei Kilometer 256 durch ein Lavafeld, das jedoch problemlos zu durchfahren ist. Die Piste quert im weiteren Verlauf einige Sandgebiete, erreicht bei Kilometer 263 den Fjallabak-Nationalpark und bei Kilometer 274 die beschilderte Abzweigung der Piste Landmannaleid und der Zufahrt zum Ljótipollur. Der Ljótipollur, auf deutsch der »häßliche Tümpel«, ist ein Explosionskrater mit einem 14 m tiefen Kratersee. Der Krater bildete sich im 16. Jahrhundert. Seine steilen Wände bestehen aus dunkelrotem Lavagestein. Die 2 km lange Piste führt bis zum Kraterrand in knapp 700 m Höhe. Sie ist sehr steil und bei Nässe glatt. Vom Krater hat man einen guten Blick über das weitverzweigte Flußsystem der Tungnaá. Dorthin führt auch eine Allradpiste, die vor der Auffahrt zum Ljótipollur abzweigt. Auf dieser Strecke gibt es einige tiefe Furten und viele »Quicksands«. Da diese Allradpiste nach wenigen Kilometern im Flußlabyrinth der Tungnaá endet, raten wir vom Befahren ab.

Beim See Frostastadavatn überquert die F22 den Bergrücken Frostastadaháls und führt durch den Lavastrom Námshraun.Die Lava ist hier vollständig mit graugrünen Moosen bewachsen. Neben der Piste erhebt sich der Schlackenkegel Stútur, der bestiegen werden kann. Von der Höhe hat man eine gute Aussicht über die Lavalandschaft und sieht am Horizont die farbenfrohen Rhyolitberge bei Landmannalaugar.

Bei Kilometer 278 befindet sich am Fuß des Lavastroms Nordurnámshraun ein einfacher Zeltplatz. Hier zweigt eine Stichstraße nach Landmannalaugar ab. Die Hütten bei den heißen Quellen erreicht man nach knapp 3 Kilometern. Unmittelbar vor dem Zeltplatz müssen die 40-50 cm tiefe Námskvisl und der 50-60 cm tiefe, warme Quellfluß gefurtet werden, in den sich die heißen Quellen ergießen.

## *Laugafell*

Die markierte Piste F72 »Skagafjardarleid« zweigt beim Fjórdungsvatn von der Sprengisandsleid ab. Die Piste verläuft zunächst über eine sandige Hochebene. Die Sanddecke ist fest und zügig befahrbar. Nach etwa 6 km führt der Weg ins weite Flußtal der Bergvatnskvisl. Bei Kilometer 7,5 muß ein kleiner Bach gefurtet werden. 500 m weiter stehen wir am Ufer der breiten Bergvatnskvisl. Dies ist der erste von drei großen Flüssen, die bis zum Laugafell gefurtet werden müssen. Die Furt durch die Bergvatnakvisl ist steinig und etwa einen halben Meter tief.

Auf den nächsten 20 km ändert sich die Landschaft kaum. Die Strecke führt durch Geröll und Sand, ist aber durchweg gut befahrbar. Im Westen liegt der 1 782 m hohe Gletscher Hofsjökull. Nach einigen kleineren Furten gelangt man ab Kilometer 19 in ein wasserreiches Gebiet. Hier müssen mehrere zum Teil bis 50 cm tiefe Arme des Gletscherflusses Jökulkvisl gefurtet werden. Die Jökulkvisl entspringt beim Klakkajökull, einer Gletscherzunge des

Hofsjökull. Nach den Furten erhebt sich links der Piste der 997 m hohe Berg Laugafellshnjúkur. Bei Kilometer 30 erreichen wir das 892 m hoch gelegene Laugafell. Hier zweigt eine Verbindungspiste nach Norden ab und trifft nach 5 km auf die Piste F82 »Eyjafjardarleid«. Nach 200 m auf dieser Strecke muß die 50-60 cm tiefe Laugarkvisl durchfahren werden. Hinter der Furt erreichen wir die Hütte und den Zeltplatz am Laugafell. Hier gibt es heiße Quellen, die zu einem Badebecken eingefaßt sind.

Die Skagafjardarleid führt vom Laugafell weiter nach Nordwesten. Nach 4 km muß die bis zu 50 cm tiefe Hnjúkskvisl gefurtet werden. Nach weiteren sechs Kilometern folgen die letzten tiefen Furten dieser Strecke durch mehrere Arme der Strangilaekur und der Austari-Jökulsá. In diesen Flüssen sammelt sich Schmelzwasser vom Nordrand des Hofsjökull. Nach Regenfällen oder auch bei warmem Wind, der viel Eis und Schnee auf dem Hofsjökull zum Schmelzen bringt, können die Furten 50-70 cm tief werden.

Die Piste führt jetzt über das seenreiche Grasland Orravatnsrústir. Einzelne Seeabflüsse müssen in dieser Hochebene gefurtet werden. Die Piste wird bei Regen schnell sumpfig und verschlammt. Geländewagen mit besonders grobstolligen Reifen sind hier und auf der langgezogenen, steilen und schmierigen Abfahrt ins Vesturdalur im Vorteil. Die F72 endet bei der Kirchengemeinde Goddalir im Vesturdalur. Hier beginnt die Straße Nr. 752, die weiter in den Skagafjördur führt. Vier Kilometer hinter Goddalir befindet sich in Hverhólar eine Tankstelle.

## *Veidivötn und Jökulheimar*

Die Piste zu den Veidivötn und nach Jökulheimar zweigt südlich des Thórisvatn von der Sprengisandsleid nach Osten ab. Isländer befahren die Strecke von der F26 kommend bis zu den Veidivötn trotz der zwei 40 cm tiefen Furten auch mit normalen PKWs. Für die Piste nach Jökulheimar ist ein Geländewagen notwendig.
Nach 2,4 km fahren wir über eine Staumauer. Der Seeabfluß vom Thórisvatn hat hier eine tiefe Schlucht gebildet. Der Cañon ist bei geschlossener Schleuse jedoch trocken. Bei Kilometer 5,3 führt die Piste am sandigen Nordufer des Sees Fellsendavatn entlang. Einzelne Seeausläufer müssen gefurtet werden, oder man umfährt das Wasser auf dem schwarzen Lavasand. Vorbei am 822 m hohen Berg Thóristindur gelangt man bei Kilometer 13,5 zur Abzweigung einer Sandpiste, die zu einer Hütte am Botnavatn, einem Ausläufer des Thórisvatn, führt.

Bei Kilometer 16,2 zweigt eine mit Holzpfosten markierte Piste in einem Sandgebiet nach Norden ab. Der verfallene Wegweiser ist nicht mehr lesbar. Dies ist die Zufahrt nach Jökulheimar. Bis zur Hütte und zum Zeltplatz sind es 38 km. Die Piste führt auf der ganzen Strecke durch schwarzen Lavasand und Geröll. Bis zur Hütte gibt es keine erwähnenswerten Furten, dafür aber tiefen und losen Sand. Stellenweise ist Allradantrieb erforderlich. Jökulheimar liegt am Westrand des Gletschers Tungnaárjökull. Hier entspringt der Fluß Tungnaá. Die feuchte Ebene ist reich an Pflanzen. Besonders die leuchtendgrünen Moose bilden einen herrlichen Kontrast zu der gewaltigen Gletscherlandschaft aus Eis, dunkler Lava und Geröll. Eine unmarkierte Allradpiste führt von Jökulheimar noch einige Kilometer weiter zum Gletscher. Im Gletschervorland müssen zahlreiche Gletscherabflüsse gefurtet werden. Der Boden ist hier weich und sandig. Im Schwemmland der Tungnaá gibt es häufig »Quicksands«. Bei entsprechender Wetterlage kann das Schwemmland großflächig überflutet sein. Dann ist die Piste nur bis Jökulheimar befahrbar. Die Isländer verbringen in diesem Gletschertal gerne die Wochenenden und veranstalten Feste. Dann kann es hier voll und laut werden.

Der weitere Weg zu den Veidivötn quert bei Kilometer 18,9 den Fluß Vatnakvisl. Bei Kilometer 21,2 erreichen wir die beschilderte Abzweigung zu den Hraunvötn, den »Lavaseen«. Sie schließen sich im Norden an die Veidivötn an und gelten wie diese als beliebte Angelseen. Die Zufahrt zu den Hraunvötn ist eine Alternativroute nach Jökulheimar. Bei den Seen trifft die Piste wieder auf den zuvor beschriebenen Weg.

Die Furt durch die Fossvatnakvisl durchfahren wir bei Kilometer 21,5. Einen Kilometer weiter erreichen wir eine beschilderte Abzweigung: Geradeaus führt die Piste nach Tjarnakot, rechts nach Vatnakringer. Die Pisten führen in einem langgezogenen Oval um die Seenplatte der Veidivötn herum und treffen hier wieder aufeinander. Fährt man nach Tjarnakot, erreicht man nach knapp einem Kilometer die Hütten, den Zeltplatz und die Tankstelle bei den Veidivötn.

Die Veidivötn, auf deutsch die »Angelseen«, sind kleine Karseen vulkanischen Ursprungs. Insgesamt soll es 50 einzelne Seen geben, die sich über ein Gebiet von 20 km Länge und 4 km Breite verteilen. Zwischen den Seen gibt es im Uferbereich vegetationsreiche Grünflächen. Hier haben viele Isländer kleine Hütten gebaut, in denen sie die Wochenenden und den Urlaub verbringen. Die Veidivötn sind fischreich und ein vielbesuchtes Ausflugsziel der Isländer. Touristen kommen eher selten in diese herrliche Seenlandschaft.

Umrundet man die Veidivötn, müssen die Zu- und Abflüsse einzelner Seen gefurtet werden. Die Furten sind gut passierbar und in der Regel nicht tiefer als 40 cm, da sie ständig unterhalten und bei Bedarf mit Schotter aufgefüllt werden. Die »Rundstraße« verläuft kurvenreich durch die grüne Lavalandschaft zwischen den Seen. Von der Hauptpiste gehen viele unmarkierte, oft privat angelegte Stichstraßen ab, die zu den Angelpätzen am Seeufer oder auch zu etwas abgelegeneren Seen führen. Mitunter sind es auch nur vage erkennbare Fahrspuren. Befährt man diese Pisten, muß man mit allen Schwierigkeitsgraden rechnen, die auf solchen Pisten auftreten können: grundloser Morast, mehr als 60 cm tiefe, breite Furten, »Quicksands«, keinerlei Wegmarkierungen oder Hinweistafeln. Man kann sich hier schnell verfahren. Wir empfehlen deshalb, die Hauptpiste nicht zu verlassen. Die Landschaft bei den Veidivötn ist überall einzigartig.

## Fjallabaksvegur nyrdri F22

*Der Fjallabaksvegur nyrdri verbindet die Teilstrecken »Landmannaleid«, »Dómadalsleid« und »Fjallabaksleid«. Die Pisten »Landmannaleid« und »Dómadalsleid« verlaufen nördlich des Vulkans Hekla bis zur Einmündung in die F22 beim Frostastadavatn. Die »Fjallabaksleid« führt nach Landmannalaugar, durch das Jökuldalur zur Eldgjá und von dort weiter zur Ringstraße östlich des Myrdalsjökull. Die Strecke »Reykjadalir« führt zu den heißen Quellen in den Reykjadalir; die Piste durchquert im weiteren Verlauf das Fjallabak-Hochland westlich des Gletschers Torfajökull und führt auf die Straße Nr. 264 beziehungsweise auf die Piste »Fjallabaksvegur sydri«.*

*Gesamtdistanz*: 119 km; mit Abstecher zum See Langisjór 176 km; die Strecke über die »Reykjadalir« zur Straße Nr. 264 und zur Piste »Fjallabaksvegur sydri« ist etwa 50 km lang.

*Maximaldistanz ohne Tankmöglichkeit*: Rund 150 km; mit Abstecher zum Langisjór 210 km; Tankstellen an der Ringstraße. Im Fjallabak-Hochland gibt es keine Tankmöglichkeit.

*Pistenart*: Markierte und viel befahrene Schotter- und Sandpiste, verläuft stellenweise im Flußbett; die Pisten zum Langisjór und in die Reykjadalir werden selten befahren.

*Schwierigkeitsgrad*: Mittelschwierig; zahlreiche Furten; »Quicksands«; Geländewagen mit Allradantrieb notwendig. Die Piste zum Langisjór ist wegen der vielen und tiefen Furten schwierig zu befahren.

Die Strecke über Reykjadalir zum Fjallabaksvegur sydri ist sehr schwierig. Steile und schmierige Auf- und Abfahrten; Altschneefelder; tiefe Gletscherflüsse müssen gefurtet werden; die Pisten sind nicht durchgehend beschildert; es besteht die Gefahr, sich auf den verzweigten und nicht markierten Allradpisten im Hochland zu verfahren.

*Zeitbedarf*: 4-5 Stunden Fahrzeit für die Hauptstrecke; Fußweg zum Ofaerufoss in der Eldgjá 1-2 Stunden; Piste bis zum Langisjór 2 Stunden; »Reykjadalir« 2 Stunden; Hochlanddurchquerung bis zum Fjallabaksvegur sydri 4-6 Stunden.

*Sicherheitsausrüstung*: Nicht erforderlich für den Fjallabaksvegur nyrdri; für die Piste zum Langisjór und zum Fjallabaksvegur sydri wird unbedingt ein Begleitfahrzeug empfohlen.

Im Fjallabak-Hochland Reservetreibstoff, Zelt, Lebensmittel für zwei Tage, Trinkwasser, warme Kleidung, Schaufel, ein langes Ab-schleppseil und einen Kompaß mitführen.

*Streckenbeschreibung*: *Landmannaleid und Dómadalsleid*

| km | km | |
|---|---|---|
| 0 | 119 | Búrfell; Abzweigung der Piste Landmannaleid von der F26 nach Osten |
| 3,8 | 115,2 | Schafgatter |
| 7 | 112 | Piste führt nördlich der Hekla durch den schwarzen Lavasand der Sölvahraun |
| 20,7 | 98,3 | Furt |
| 24,5 | 94,5 | Furt |
| 25,4 | 93,6 | Furt |
| 26 | 93 | Abzweigung einer nicht beschilderten Piste nach Süden zum Krakatindur und Laufafell |
| 26,8 | 92,2 | Furt durch die Raudufossakvisl; Verzweigung der Landmannaleid: Rechts führt die Landmannaleid weiter zum Dómadalur; schwach links verläuft eine Parallelstrecke zum Dómadalur über die Höhle Landmannahellir |
| 28 | 91 | Abzweigung der Piste in die Reykjadalir; Schild »Hrafntinnúsker 15 km« |
| 29,8 | 89,2 | Furt durch die mehrarmige Klukkugilskvisl (10-40 cm tief); breites Flußbett; Treibsand möglich |
| 31,9 | 87,1 | Einmündung der Parallelstrecke von Landmannahellir. Beginn der Dòmadalsleid |
| 42,4 | 76,6 | Einmündung in die F22 nördlich des Frostastadavatn; Beginn der Fjallabaksleid |

*Fjallabaksleid*

| | | |
|---|---|---|
| 49,4 | 69,6 | Campingplatz am Fuß der Nordurnámshraun; Stichstraße nach Landmannalaugar |
| 52,4 | 66,6 | Landmannalaugar |
| 54,8 | 64,2 | Brücke über Jökugilskvisl |

| | | |
|---|---|---|
| 56 | 63 | Piste führt am Fluß Tungnaá entlang; Weichsandstellen |
| 57,3 | 61,7 | Kleine Furten |
| 59,1 | 59,9 | Kirkjufell; drei verrohrte Furten; Piste führt am Berg Stórikylingur vorbei; Zufahrt zur Berghütte Storikofi |
| 62,6 | 56,4 | Furt |
| 63,2 | 55,8 | Stichstraße zum Kirkjufellsvatn |
| 63,9 | 55,1 | Furt durch Abfluß des Kirkjufellsvatn (30-40 cm tief) |
| 64,2 | 54,8 | Breite Furt durch mehrere Flußarme (30-40 cm tief); zwischen den Flußarmen Schotter- und Sandbänke; »Quicksands« im Flußbett möglich. Verlauf der Piste im Fluß nicht genau erkennbar, links halten und den steilen Berghang hinauffahren! |
| 65 | 54 | Furt, sandig |
| 66,5 | 52,5 | Furt |
| 68,5 | 50,5 | Knietiefe Furt durch die Jökugilskvisl; Piste verläuft auf den nächsten Kilometern durch das Jökuldalur |
| 69 | 50 | Furt |
| 69,6 | 49,4 | Furt |
| 70,1 | 48,9 | Furt (30 cm tief) durch breiten, mehrarmigen Fluß; »Quicksands« im Flußbett möglich |
| 71,5 | 47,5 | Mehrere kleine Furten; Piste verläuft im Flußbett |
| 72,4 | 46,6 | Furt (40 cm tief) durch Skuggafjallakvisl; dahinter führt Piste einen Berghang hinauf |
| 72,9 | 46,1 | Mehrere flache Furten; Ende des Jökuldalur; moosbewachsene Lava; Piste steigt steil an |
| 76,6 | 42,4 | Mehrere flache Furten; Abzweigung einer beschilderten Allradpiste nach Nordosten zum See Langisjór. Diese Strecke ist 30 km lang; zahlreiche Flüsse sind zu furten (40-60 cm tief) |
| 81,7 | 37,3 | Berg Herdubreid (779 m), guter Blick über die Eldgjá |
| 83,2 | 35,8 | Abzweigung der Stichstraße in die Eldgjá |
| 84,6 | 34,4 | Eldgjá, Parkplatz; kurz davor zwei tiefe Furten (40-50 cm) durch die Nyrdrióía; »Quicksands« im Flußbett möglich |
| 86,5 | 32,5 | Wieder auf der F22; Furt durch die Strangakvisl |
| 87,4 | 31,6 | Abzweigung einer 8 km langen Piste zum 935 m hohen Berg Gjátindur am Talschluß der Eldgjá; bester Blick über die Eldgjá! Zwei knietiefe Furten durch die Strangakvisl und Nyrdrióíaera |
| 90 | 29 | Grasbewachsene Hochfläche |
| 91,7 | 27,3 | Abfahrt ins Tal der Skaftá |
| 97 | 22 | Brücke über die Sydrióíaera |
| 112 | 7 | Skaftatal; Gehöfte; Straße Nr. 208 |
| 117 | 2 | Guter Blick auf den Myrdalsjökull |
| 119 | 0 | Gröf; Kirche; Abzweigung der Straße Nr. 210 nach Snaebyli. Zufahrt zur Piste Fjallabaksvegur sydri |

*Reykjadalir*

| km | km | |
|---|---|---|
| 0 | 18,4 | Abzweigung der Piste in die Reykjadalir; Schild »Hrafntinnúsker 15 km« |
| 1,6 | 16,8 | Piste führt steilen Berghang hinauf |
| 2,2 | 16,2 | Vom Regen ausgewaschene Piste |
| 3,6 | 14,8 | Steile Auffahrt auf Bergrücken |
| 5,1 | 13,3 | Hochplateau auf Bergrücken; einzigartiges Panorama |
| 7 | 11,4 | Piste führt über den Berg Pokah- |

| | | |
|---|---|---|
| | | ryggur. Altschneefelder am nördlichen Berghang möglich |
| 10,5 | 7,9 | Reykjadalir; Verzweigung der Piste: Links Richtung Hrafntinnúsker; Piste endet nach etwa 5 km in einem sumpfigen Flußtal vor der Lava Hrafntinnuhraun. Rechts steile Abfahrt in das Tal mit den heißen Quellen |
| 12,5 | 5,9 | Zwei Furten (20-40 cm tief) durch Quellflüsse des Markarfljót. Piste verläuft im Flußtal, »Quicksands« möglich |
| 15 | 3,4 | Piste führt über Lava |
| 17 | 1,4 | Furt durch Markarfljót (40-50 cm tief); nach der Furt geradeaus weiter |
| 18,4 | 0 | Laufafell; Einmündung in die Piste vom Krakatindur. Nach Norden führt diese Piste zurück auf die Landmannaleid; im Süden mündet sie nach 5 km beim See Laufavatn in die Zufahrt zur Straße Nr. 264 (westlich halten) oder führt in östlicher Richtung durch das Fjallabak-Hochland auf die Piste Fjallabaksleid sydri |

## *Landmannaleid und Dómadalsleid*

Die Piste Landmannaleid zweigt beim Berg Búrfell im Thórsá-Tal von der Straße Nr. 26 nach Osten ab. Die Landmannaleid, auf deutsch »der Weg der Männer vom Land«, war früher ein beschwerlicher Reiterweg, der durch die Lavalandschaft nördlich des 1491 m hohen Vulkans Hekla zu den heißen Quellen in Landmannalaugar, dem »Bad der Männer vom Land«, führt. Die heutige Piste ist mit einem Geländewagen befahrbar. Auf den ersten Kilometern verläuft die Strecke durch den schwarzen Lavasand des Sölvahraun. Die Lava stammt von der Hekla, die sich markant südlich der Piste erhebt. Die Hekla ist heute noch aktiv. Der vorerst letzte Ausbruch fand Anfang des Jahres 1991 statt. Die Piste führt nahe an den Lavaströmen des Heklaausbruchs von 1970 vorbei.

Bei Kilometer 20,7 folgt die erste flache Furt. In den umliegenden Bergen des Fjallabak-Hochlands entspringen viele Flüsse, die in das Tal fließen, durch das auch die Landmannaleid führt. Weitere flache Flüsse müssen bei Kilometer 24,5 und 25,5 durchfahren werden. Ihre Wasserführung ist besonders stark vom Wetter abhängig. Bei Regen schwellen die Flüsse schnell an und können im Tal ausgedehnte, flache Seen bilden. Bei langanhaltender Trockenheit versiegen diese Flüsse hingegen oftmals ganz.

Bei Kilometer 26 zweigt eine nicht beschilderte Piste nach Süden ab. Sie führt über die nördlichen Ausläufer der Berge Raudufossafjöll zum 858 m hohen Vulkankrater Krakatindur. Die Piste verläuft über zum Teil üble Lavafelder nach Süden und trifft westlich des 1164 m hohen Bergmassivs Laufafell auf eine andere Piste. Diese führt in westlicher Richtung auf die Straße Nr. 264 beziehungsweise verläuft in östlicher Richtung weiter durch das Fjallabak-Hochland.

An der Furt durch die Raudufossakvisl verzweigt sich bei Kilometer 26,8 die Landmannaleid. Schwach links verläuft die Parallelstrecke über die Höhle Landmannahellir. Die »Höhle der Männer vom Land« bot früher den Reisenden Schutz vor Wind und Wetter und eignete sich gut zum Übernachten und Unterstellen der Pferde. Heute wird die Höhle als Pferch für Schafe und Pferde genutzt. Die Landmannaleid führt vor der Verzweigung rechts weiter durch die etwa 30 cm tiefe Raudufossakvisl. Zwei Kilometer flußaufwärts liegen die sehenswerten Wasserfälle Raudufossar, zu denen ein Fußpfad am Flußufer entlang führt.

Bei Kilometer 28 zweigt eine Allradpiste zu den heißen Quellen in den Reykjadalir, den »Rauchtälern«, ab. Heiße Quellen befinden sich auch am Fuß des Bergs Hrafntinnusker. Die Piste zu den heißen Quellen ist mit »Hrafntinnusker 15 km« ausgeschildert. Diese Strecke ist eine recht abenteuerliche Route, die Fahrer und Fahrzeug einiges abverlangt, dafür aber durch eine herrliche Gebirgslandschaft führt. Wir beschreiben diese Piste am Ende des Kapitels.

Die Landmannaleid durchquert eine feuchte, grasbewachsene Talaue. Bei Kilometer 29,8 erreichen wir die bisweilen recht breite Furt durch den mehrarmigen Fluß Klukkugilskvisl. Nach Regenfällen erlebten wir hier schon einen 1200 m breiten See, der nur noch von einzelnen Inseln aus Sand unterbrochen wurde. Das Wasser kann stellenweise 40 cm tief sein. Der Verlauf der Piste ist dann nicht mehr genau erkennbar. Das Flußtal ist sandig. In dieser Furt bilden sich bei hoher Wasserführung ausgedehnte »Quicksands«, die man nur zügig und mit Schwung passieren kann, will man sich nicht im weichen Sand festfahren.

Im Sommer 1990 erreichten wir diese Stelle, als sich ein allradangetriebener PKW-Kombi im Treibsand festgefahren hatte. Der Wagen saß mit dem Bodenblech auf dem Sand auf. Das Wasser war etwa 20 cm tief. Wir verknoteten zwei lange Abschleppseile und versuchten, von einer Stelle im Fluß mit festem Untergrund aus den Wagen mit unserem Trooper herauszuziehen. Es gelang nicht. Alle vier Räder unseres Autos drehten durch und gruben sich tief im immer noch sandigen Untergrund ein. Beinahe wären wir mit unserem eigenen Fahrzeug ebenfalls in die mißliche Lage gekommen, festzusitzen. Wir schafften es gerade noch, uns wieder mit eigener Kraft aus dem Sand zu befreien. Daraufhin versuchten wir, den festsitzenden PKW freizuschaufeln. Eine halbe Stunde lang gruben wir mit der Schaufel. Der Toyota Tercel bewegte sich keinen Zentimeter von der Stelle. Endlich kam Hilfe. Zwei Geländewagen näherten sich. Die Fahrer hielten selbstverständlich an. Zu viert räumten wir in schweißtreibender Arbei erst einmal den Sand großflächig unter dem festsitzenden PKW weg. Das eiskalte Wasser lief uns in die Gummistiefel. Wie Pferde vor ein Fuhrwerk spannten wir alle drei Geländewagen vor den Toyota. Nach insgesamt über einer Stunde Arbeit und mehreren erfolglosen Versuchen – trotz der drei Fahrzeuge – kam der Toyota dann endlich frei. »Quicksands« sind nicht zu unterschätzen!

Hinter der Furt durch die Klukkugilskvisl mündet bei Kilometer 31,9 die parallel verlaufende Piste über die Landmannahellir wieder in die Landmannaleid ein. Im weiteren Verlauf der Strecke führt die Piste durch das aus schwarzem Lavasand bestehende Tal Dómadalur. Dieses Pistenstück heißt in isländischen Straßenkarten »Dómadalsleid«. Bei Kilometer 42,4 treffen wir nördlich des Sees Frostastadavatn auf die F22, die Fjallabaksleid. Zu den heißen Quellen in Landmannalaugar sind es von hier noch 10 km.

## *Fjallabaksleid*

Landmannalaugar liegt in einer außergewöhnlich schönen Landschaft. Die Hütten und der Zeltplatz liegen in dem breiten Tal des Gletscherflusses Jökugilskvisl. Sanft geschwungene Bergrücken umgeben Landmannalaugar. Selbst im Hochsommer liegen noch Altschneereste auf den Berghängen. Die Berge bestehen aus Rhyolit. Das vulkanische Gestein zeigt sich in prächtigen Farben: in Rot, Braun, Ocker, Gelb, Grün. Der Lavastrom Laugahraun besteht aus glasigem, tiefscharzem Obsidian; stellenweise ist die Lava mit dunkelgrünen Moosen bewachsen. Aus dem Lavastrom fließt ein 70$^{O}$ C heißer Quellfluß hervor. Landmannalaugar ist ein wasserreiches Gebiet. Kalte und warme Quellen haben hier eine grüne Insel geschaffen, die viele Pflanzen und Vögel beheimatet. Das heiße Wasser des Quellflusses vermischt sich mit dem kalten eines vorbeifließenden Bergbachs. Diese Stelle ist ein beliebter »Badeplatz«. Auch wenn draußen ein eisiger Sturm weht und das Thermometer im Sommer nur knapp über null Grad anzeigt, kann man in Landmannalaugar im warmen Wasser baden. Das warme Wasser und die einzigartige Landschaft machen Landmannalaugar zu einem der beliebtesten Ausflugsziele Islands.

Seit einiger Zeit ziehen bedrohlich dunkle Wolken über das einstige Paradies Landmannalaugar. Die vielen Besucher und Badenden gefährden dieses äußerst sensible Ökosystem. Das Wasser wird zunehmend eutroph, üble Gerüche entstehen, und die Keimzahlen im Wasser steigen an. Manche Tümpel in Landmannalaugar sind bereits vollständig von Algen bedeckt. Die Pflanzen zersetzen sich. Der Gehalt an Sauerstoff im Wasser sinkt. Faulgase entstehen. Es bleibt die Frage, wie lange Landmannalaugar noch das »Bad für die Männer (und Frauen) vom Land« sein wird.

Landmannalaugar ist Ausgangspunkt für erlebnisreiche Wanderungen. Der 940 m hohe Rhyolitberg Bláhnúkur ist auf einem Wanderweg einfach zu besteigen. Er bietet eine unvergeßliche Aussicht über Landmannalaugar und die umliegenden Berge. Am Fuß des 855 m hohen Bergs Brennisteinsalda liegen dampfende Fumarolen. Der Weg dorthin führt über den zerklüfteten Lavastrom Laugahraun. Für den Rückweg bietet sich der Pfad durch die Schlucht Graenagil an. In Landmannalaugar beginnt und endet auch einer der schönsten und beeindruckendsten Fernwanderwege Islands: Der »Laugarvegur« führt quer durch das Fjallabak-Hochland, vorbei an den heißen Quellen am Fuß des Bergs Hrafntinnusker, an den Rand des Gletschers Kaldaklofsfjöll und endet nach etwa viertägiger Wanderung im Thórsmörk.

Landmannalaugar ist nur eine Zwischenstation auf dem Fjallabaksvegur sydri. Die Piste ist in ihrem weiteren Verlauf nach Süden eine zumindest ebenso große Attraktion. Ein Geländewagen ist dafür jedoch unbedingt notwendig. Auch allradangetriebene Linienbusse nehmen diese Route. Die »Fjallabksleid« ist eine landschaftlich besonders reizvolle Piste. Sie gehört sicherlich zu den schönsten Hochlandpisten Islands. Die Strecke verläuft durch tief eingeschnittene Flußtäler, die von bizarren Vulkankegeln, moosbewachsener Lava und farbenprächtigen Rhyolitbergen umgeben sind. Die Route ist nicht ganz einfach zu befahren: Die Piste verläuft stellenweise im Flußbett; »Quicksands« und steile Auf- und Abfahrten auf sandigem Untergrund sind häufig.

Nach der Brücke über die Jökugilskvisl führt die Piste am Fluß Tungnaá entlang. Die Piste ist stellenweise sandig, und auch einzelne flache Wasserläufe müssen gefurtet werden. Bei Kilometer 59 führt die Piste zwischen den Bergen Stórikylingur und Kirkjufell hindurch. Eine Stichstraße führt zu der Berghütte Stórikofi. Bei Kilometer 62,6 muß ein Zufluß der Tungnaá gefurtet werden. Kurz danach führt die Piste in ein enges Flußtal, das von dem Abfluß des Sees Kirkjufellsvatn gebildet wird. Die Furt durch den Seeabfluß ist 30-40 cm tief. Zum Kirkjufellsvatn führt eine gut erkennbare, aber nicht markierte Allradpiste. Nach dem

See überquert die Fjallabaksleid eine Anhöhe und führt dann steil in die weiten und wasserreichen Gletschertäler Jökuldalir. Die Piste verläuft über mehrere Kilometer im Schotterbett des Gletscherflusses Jökugilskvisl. Hier müssen immer wieder knietiefe und breite Flußarme durchfahren werden, die am Torfajökull entspringen. Zwischen den einzelnen Wasserläufen liegen Schotter- und Sandbänke. Meiden Sie den Sand! Er kann sehr weich und tief sein. In dem Flußtal können »Quicksands« auftreten, die jedoch meistens unkritisch sind. Fahren Sie immer zügig mit zugeschaltetem Allradantrieb und 2L durch das flache Wasser.

Im Fluß ist der Verlauf der Piste nicht auszumachen. Einzelne Talausläufer reichen weit nach Süden in die Berge hinein. Halten Sie sich eher nördlich.

An einer Stelle verläßt die Fjallabaksleid kurz das Tal und verläuft steil über den Bergrücken Réttarhnúkur. Halten Sie sich etwa bei Kilometer 64,2 links und fahren Sie den steilen Berghang hinauf. Die Piste führt anschließend erneut steil ins Tal hinunter und durchquert es. Dabei müssen wieder einzelne Flußarme gefurtet werden.

Der 40 cm tiefe Fluß Skuggafjallakvisl muß bei Kilometer 72,4 durchfahren werden. Hier enden die Jökuldalir. Die Piste führt weiter in die Berge.

Nach einigen flachen Furten bei Kilometer 76,6 zweigt eine beschilderte Allradpiste nach Nordosten zu dem langgezogenen See Langisjór ab. Die Piste endet nach etwa 30 km am südwestlichen Seeufer. Kurz vor dem See zweigt ein Fahrweg nach Osten zu einer Berghütte im Tal der Skaftá ab. Die Piste zum Langisjór führt im Tal der Nyrdriófaera aufwärts. Dabei müssen viele und tiefe Zuflüsse gefurtet werden. Die Route wird kaum befahren. Zustand. Aus Sicherheitsgründen sollte man diese Strecke nur mit zwei Fahrzeugen befahren.

Der 779 m hohe Berg Herdubreid bietet bei Kilometer 81,7 einen guten Blick über die »Feuerschlucht« Eldgjá. Bei Kilometer 83,2 biegt eine 1,5 km lange Stichstraße in die Eldgjá ab. Kurz vor dem Parkplatz müssen zwei tiefe Flußarme der Nyrdriófaera gefurtet werden. Das Flußbett ist sandig, »Quicksands« sind möglich. Vom Parkplatz führt ein Fußweg in die Schlucht hinein. Nach etwa 30 Minuten erreicht man den Wasserfall Ofaerufoss, der von einer Naturbrücke aus Basalt überspannt wird.

Die Eldgjá ist vulkanischen Ursprungs. Sie ist der größte Eruptionsgraben der Erde: 5 km lang, 270 m tief und 600 m breit. Unter Wissenschaftlern ist das genaue Datum ihrer Entstehung immer noch umstritten: Entweder ist die Eldgjá über 2000 Jahre alt, oder sie bildete sich erst um das Jahr 950 n. Chr. Damals flossen unvorstellbar große Mengen Lava aus der »Feuerschlucht«. Die Eldhraun, die »Feuerlava«, überzog große Teile Südislands.

Nach dem Abstecher in die Eldgjá muß im weiteren Verlauf der Fjallabaksleid nach Süden der Fluß Strangakvisl gefurtet werden. Bei Kilometer 87,4 zweigt eine 8 km lange Piste von der Fjallabaksleid ab, die zum 935 m hohen Berg Gjátindur führt. Der Berg liegt oberhalb des Talschlusses der Eldgjá und bietet den besten Überblick über diese vom Vulkanismus gestaltete Landschaft. Auf dieser Stichstraße müssen die Flüsse Strangakvisl und Nyrdriófaera gefurtet werden.

Bei Kilometer 90 endet das Fjallabak-Hochland. Die Piste ist ab hier geschottert. Sie führt über eine grasbewachsene Hochfläche hinunter in das weite Tal des Flusses Skaftá. Nach der Brücke über die Sydriófaera treffen wir im Skaftátal wieder auf die ersten Gehöfte. Bei Kilometer 112 endet die F22 und mündet in die Straße Nr. 208 ein. Auf den folgenden Kilometern hat man einen guten Blick auf den gewaltigen Eispanzer des Myrdalsjökull. Bei Kilometer 119 erreichen wir die kleine Gemeinde Gröf. Hier zweigt die Straße Nr. 210 nach Snaebyli ab. Dort beginnt die Piste »Fjallabaksvegur sydri«. Sechs Kilometer weiter südlich mündet die Straße Nr. 210 in die Ringstraße.

## *Reykjadalir*

Nach der Abzweigung der Piste in die Reykjadalir von der Landmannaleid verläuft der Fahrweg durch eine flache Sandebene. Nach 1,6 km führt die Piste einen steilen und vom Wasser ausgewaschenen Berghang hinauf. Bei Kilometer 5,1 erreicht die Piste ein Hochplateau. Das Panorama ist einzigartig. Im Westen erhebt sich die schneebedeckte Hekla über den Bergen Raudufossafjöll. Im Osten sehen wir auf die farbenreichen Rhyolitberge, und die Aussicht reicht über das Tal der Tungnaá bis zum Vatnajökull. Nach Süden versperrt der Bergrücken Pokáhryggur die Aussicht. Am nördlichen Berghang gibt es bis in den August hinein noch ausgedehnte Altschneefelder, die entweder in einem weiten Bogen off-road umfahren oder mühsam bergauf durchquert werden müssen. Letzteres ist nach unserer Erfahrung nur möglich, wenn man – wie es bei isländischen Super-Jeeps üblich ist – extrabreite Reifen montiert hat. Vom Pokáhryggur, den wir bei Kilometer 7 erreichen, verläuft die Piste steil in die Reykjadalir hinunter. In den »Rauchtälern« gibt es zahlreiche heiße Quellen und Solfataren. Am Anfang der Reykjadalir verzweigt sich die Piste. Richtung Osten endet der Weg nach etwa 5 km in einem sumpfigen Flußtal vor dem Lavastrom Hrafntinnuhraun. Von hier erreicht man nach einer Stunde Fußmarsch die heißen Quellen am Fuß des Bergs Hrafntinnusker.

Wir fahren an der Abzweigung weiter nach Süden. Nach der steilen Abfahrt ins Tal furten wir bei Kilometer 12,5 die Quellflüsse des Markarfljót. Die Piste verläuft stellenweise im Flußbett. Der Untergrund ist sandig. Bei Kilometer 15 überquert die Piste ein Lavafeld. Der Weg ist hier nur schlecht erkennbar; es gibt mehrere Fahrspuren, welche die vermeintlich beste Route über die Lava anzeigen. Gelegentlich schrammen große Lavabrocken am Bodenblech unseres Troopers. Nach dem Lavafeld durchfahren wir bei Kilometer 17 erneut das Markarfljót. Diese Furt ist tiefer und breiter als die vorangegangenen. Nach der Furt zweigt eine unmarkierte Piste nach Norden zu einer Hütte im Vesturdalur ab. Wir fahren weiter nach Westen und erreichen bei Kilometer 18,4 die Piste vom Krakatindur. Südöstlich der Piste erhebt sich der 1 164 m hohe Berg Laufafell. Entlang der Westseite des Laufafells geht es weiter südwärts. Bei Kilometer 23 erreichen wir am See Laufavatn die beschilderte Zufahrt zur Straße Nr. 264, die westlich durch das Tal des Flusses Eystri-Rangá führt.

Wir fahren in östlicher Richtung weiter und wollen – quer durch das einsame Fjallabak-Hochland – im Süden die Piste Fjallabaksvegur sydri erreichen. Vor uns liegen 50 km Hochland, 50 km schlechte Wegstrecke, reißende Flüsse und nur spärliche Markierungen. Wir wollen diese Route alleine fahren, obwohl aus Sicherheitsgründen ein Begleitfahrzeug angeraten wäre.

Die Piste führt zunächst am südlichen Ufer des Laufavatn entlang. Die Strecke ist mit Pfosten markiert und mit 20-30 km/h befahrbar. Wir sind kaum einen Kilometer weit gekommen, da versperren uns wieder mächtige Lavabrocken den Weg. Mit Schrittgeschwindigkeit geht es mühsam über das Lavafeld Laufahraun. Die Piste ist nicht mehr durchgehend markiert. Wir suchen den nächsten Holzpfosten mit dem Fernglas. Nach einem Kilometer liegt das Lavafeld hinter uns. Wir furten einige flache Wasserläufe. Bei Kilometer 25 durchfahren wir einen 30 cm tiefen Flußarm des Laufalaekur. Wenige hundert Meter weiter liegt das Tal des Markarfljót vor uns. Von der Anhöhe sehen wir die Flußarme, die Piste und die Lava auf der gegenüberliegenden Seite des Tals.

Vor uns liegen tiefe und unbekannte Furten. Diese Strecke wird nur selten befahren. Wenn wir steckenbleiben, können wir keine Hilfe erwarten. Wir überlegen, ob es richtig ist, alleine weiterzufahren. In dieser Gebirgslandschaft kann man sich außerdem leicht verfahren, denn Wegweiser gibt es kaum noch, dafür aber viele »wilde« Fahrspuren, die sich nicht mehr von der Hauptpiste unterscheiden lassen.

Das Abenteuer siegt über die Vernunft. Wir fahren weiter.

Bei Kilometer 26 durchfahren wir das oberschenkeltiefe Markarfljót zum dritten Mal. Kurz danach die ebenso tiefe Ljósá. Diese Furten gelten als gefährlich. Jetzt hält uns nichts mehr. Wir durchqueren den Launfitársandur. Unseren Weg durch das Sandgebiet müssen wir selbst suchen. Eine Piste ist nicht erkennbar. Vermutlich haben die starken Regenfälle in der vergangenen Woche alle Spuren verwischt. Wir orientieren uns mit dem Kompaß, um einen Weg südlich an dem 650 m hohen Bergrücken vorbei zu finden. Wir kommen nur langsam voran. Endlich stoßen wir wieder auf einen vom Wetter gebleichten Holzpfosten. Bei Kilometer 29 wendet sich die Piste nach Süden. Wir fahren an einem Grat entlang. Im Osten liegt das Flußtal der Grashagakvisl. Die Landschaft ist vegetationslos. Nur große Steine und Geröll. Die Zeit vergeht. Unser Stundenschnitt liegt bei 15 km/h.

Bei Kilometer 31 halten wir an der Furt durch die Torfakvisl an. Die Furt ist voller großer Gesteinsbrocken, über denen sich das Wasser kräuselt. Der Fluß ist breit und tief. Seine Strömung stark. Wir zögern, die Furt zu durchfahren. Es ist sicherer, den Fluß vor dem Furten zu Fuß zu erkunden, um möglichst nicht im weichen Sand steckenzubleiben oder im Fluß auf einem übersehenen Felsbrocken aufzusetzen. Ich ziehe mir die Wathose über und gehe in den Fluß hinein. Der Untergrund ist hart – kein Sand. Den Blick flußaufwärts gerichtet, setze ich vorsichtig Fuß vor Fuß. Im Flußbett gibt es größere Stufen. Das Wasser reicht bis über die Knie. Ich spüre die Kälte. Vom anderen Ufer aus winke ich Barbara zu. Gekonnt steuert sie unseren Wagen durch den Fluß.

Die Piste führt weiter über feinen Sand und Geröll. Wir fahren durch den Bergeinschnitt Alftaskard. Der Weg führt steil bergauf. Auf dem losen Gestein müssen wir mit Allradantrieb fahren. Von der Anhöhe sehen wir den See Alftavatn vor uns liegen. Die Piste führt in einiger Entfernung nördlich am See vorbei. Wir furten flache Seeabflüsse. Mehrere unmarkierte Pisten führen zum See. Bei Kilometer 35 passieren wir eine verschlossene Hütte. Hier quert der Fernwanderweg von Landmannalaugar zum Thórsmörk unsere Piste. Der schmale Pfad ist deutlich zu erkennen.

Auf den nächsten vier Kilometern müssen mehrere Wasserläufe gefurtet werden. Die 50 cm tiefe Furt durch die Bratthálskvisl erkunden wir vor dem Durchfahren zu Fuß.

Die holprige Piste führt immer weiter nach Süden. Kurz vor der Hütte in Hvanngil müssen wir einen 50 cm tiefen Flußarm der Kaldaklofskvisl durchfahren. Danach führt die Piste durch ein Sandgebiet.

Bei Kilometer 49 halten wir an. Vor uns liegt der Hauptarm der Kaldaklofskvisl. Der Fluß ist ungefähr 10 m breit und reißend. Das Wasser scheint tief zu sein. Wieder erkunden wir die Furt zu Fuß. Die Kraft des oberschenkeltiefen Wassers wirft mich beinahe um. Ich habe Mühe zu gehen. Zum Glück liegen keine großen Steine im Fluß versteckt. Im Wasser zu stolpern wäre gefährlich. In Sichtweite führt eine einfache Holzbrücke über diesen Fluß. Den Wanderern bleibt der gefährliche Fluß erspart. Wir haben diese Alternative nicht. Mit unserem Auto müssen wir durch den Fluß fahren. Die Kaldaklofskvisl ist verdammt tief.

Die Bugwelle überspült beim Eintauchen ins Wasser die Motorhaube. Wir hören dumpfe Gluckergeräusche. Kraftvoll bahnt sich unser Wagen seinen Weg durch das 70 cm tiefe Wasser. Hinter der Furt erreichen wir die Piste Fjallabaksvegur sydri. Die schwere und für nur ein Fahrzeug nicht ganz ungefährliche Hochlanddurchquerung liegt hinter uns. Der Fjallabaksvegur sydri aber liegt noch vor uns.

## *Lakagigar*

*Piste zu den Laki-Kratern.*

*Gesamtdistanz*: 54 km bis zum Berg Laki.
*Maximaldistanz ohne Tankmöglichkeit*: Etwa 120 km; Tankstelle in Kirkjubaejarklaustur an der Ringstraße.
*Pistenart*: Schotter- und Sandpiste; bis zu den Laki-Kratern ausgeschildert und markiert. Wenig befahren.
*Schwierigkeitsgrad*: Einfach zu befahren, jedoch mehrere, halbmetertiefe Furten. Ein Geländewagen ist erforderlich. Ab den Laki-Kratern soll es eine unmarkierte, einsame Piste durchs Hochland zurück zur Ringstraße geben. Für diese Strecke ist aus Sicherheitsgründen ein Begleitfahrzeug notwendig.
*Zeitbedarf*: 3 Stunden bis zu den Laki-Kratern. Hier sind Wanderungen möglich.
*Sicherheitsausrüstung*: Zelt und warme Kleidung, Trinkwasser und Lebensmittel. Für die Weiterfahrt ab Laki-Kratern zusätzlich Reservekanister und Begleitfahrzeug.

*Streckenbeschreibung*:

| km | km | |
|---|---|---|
| 0 | 54 | Abzweigung der Straße Nr. 206 von der Ringstraße westlich von Kirkjubaejarklaustur |
| 2,4 | 51,6 | Abzweigung der Piste zu den Laki-Kratern; Schild: »Laki 44 km« |
| 11,2 | 42,8 | Kleine Furt; dahinter sind einige Schafgatter zu öffnen. Piste wird ruppig |
| 12,2 | 41,8 | Furt durch die Stjórn (30 cm tief) |
| 17,9 | 36,1 | Furt durch die Geirlandsá (50 cm tief). Flußabwärts Wasserfall Fagrifoss |
| 22,9 | 31,1 | Furt, Piste führt über den Schotter eines trockenen Flußbetts |
| 23,7 | 30,3 | Furt |
| 27,3 | 26,7 | Furt |
| 27,8 | 26,2 | Breite Furt durch die Hellisá (40-50 cm tief) |
| 30,3 | 23,7 | Furt |
| 30,7 | 23,3 | Furt |
| 31 | 23 | Furt (50 cm tief) |
| 40,8 | 13,2 | Naturreservat Lakagigar (Schild); sandige Piste mit ausgedehnten flachen Wasserpfützen. Steile Auf- und Abfahrten |
| 52,6 | 1,4 | Parkmöglichkeit am Fuß des Bergs Laki |
| 54 | 0 | Ende der offiziellen Piste am Berg Laki. Steile Auffahrt auf den Aussichtsberg |

Der Vulkanausbruch, durch den die Lakagigar, die Laki-Krater entstanden, begann am 8. Juni 1783. Er hatte verheerende Ausmaße. Er lieferte die größte Lavamenge, von der je berichtet wurde, seit es authentische Aufzeichnungen über Vulkanausbrüche gibt. 12,5 Kubik-Kilometer (!) Lava flossen damals aus über 100 einzelnen Kratern, die sich über eine Länge von 25 km aneinanderreihen. Der größte Krater ist 120 m hoch. In seinem Kessel befindet sich ein kleiner Kratersee.

Die Lava wälzte sich damals in zwei gewaltigen Strömen zur Küste. Ein Lavastrom floß durch das Tal des Flusses Skaftá. Vor den Medallandssandur staute sich die Lava und floß in die Breite. Dabei begrub sie einen 850 Jahre älteren Lavastrom, die »Feuerlava« Eldhraun, unter sich. Eine »neue Feuerlava«, die Nyja-Eldhraun, entstand. Sie erstreckt sich westlich des kleinen Orts Kirkjubaejarklaustur über eine Fläche von 565 $km^2$.

Diese erste Ausbruchsphase dauerte sechs Wochen.

Ende Juli 1783 begann nordöstlich des 818 m hohen Berges Laki eine zweite Eruption. Während dieser zweiten Eruption floß die Lava weiter östlich durch das Tal der Hverfisfljót zur Küste. Erst am 7. Februar 1784 kamen die Ausbrüche endgültig zum Stillstand. Der Berg Laki gab den Vulkankratern ihren Namen. Er besteht überwiegend aus Palagonit, einem gelblichen, lockeren Gestein vulkanischen Ursprungs. Palagonit entsteht durch subglaziale Vulkanausbrüche, also durch Vulkanismus unter dem Eis eines Gletschers.

Bei den Vulkanausbrüchen wurden gewaltige Mengen giftiger Gase freigesetzt: 20 Millionen Tonnen Kohlendioxid und wahrscheinlich ebensoviel Schwefeldioxid. Die Asche bedeckte eine Fläche von 8 000 $km^2$.

Die Eruptionen der Laki-Krater trafen die Isländer hart. 10 000 Menschen starben an den Folgen des Vulkanausbruchs. Das war ein Fünftel der damaligen Gesamtbevölkerung Islands. Die nachfolgende Hungersnot forderte erneut viele Opfer. Über Jahre hinweg war das Trinkwasser in einem weiten Gebiet ungenießbar, und wertvolle Weideflächen waren unter einer dicken Ascheschicht begraben. Sie gingen für immer verloren. Die Pflanzen verdorrten unter dem sauren Regen, als sich Schwefeldioxid aus dem vulkanischen Gas mit Wasser in schweflige Säure verwandelte. Die Hälfte aller Rinder, drei Viertel aller Pferde und vier Fünftel aller Schafe der Insel starben durch den Vulkan: Der Vulkanausbruch war eine Katastrophe für ganz Island.

Heute sind das grün bemooste Lavafeld der Nyja-Eldhraun und die bizarren Vulkanschlote der Lakagigar landschaftliche Höhepunkte auf einer Abenteuerreise durch Island. Die Laki-Krater sind zu einem Naturdenkmal geworden.

Ausgangspunkt zu den Laki-Kratern ist die 300 Einwohner zählende Gemeinde Kirkjubaejarklaustur. Sie liegt im Südosten Islands an der Ringstraße. Bereits 1186 gründeten an diesem Ort irische Mönche ein Kloster. 1966 wurde die heutige neue Kirche gebaut, die an die »Feuerpredigt« des Pfarrers Jón Steingrímsson erinnert. Bedroht von den Lavamassen des Laki-Ausbruchs versammelten sich 1783 alle Einwohner in der Kirche zum Gebet. Während der Predigt von Jón Steingrímsson stoppte der Lavastrom wenige Kilometer vor dem Ort.

Kirkjubaejarklaustur liegt am Fuß steiler Felswände. Früher verlief hier die Küste. Die Felsen fielen damals senkrecht ins Meer ab. Durch die Lage Islands in der Bruchzone des Mittelatlantischen Rückens wirken hier die tektonischen Kräfte besonders stark. Die Kraft der Vulkane hebt das Land. Die Flüsse transportieren ständig riesige Mengen Geröll und Sand ins Meer. Dadurch entsteht neues Land. Die alte Felsenküste wandert landeinwärts.

Dies wird besonders bei dem ehemaligen Kliff Lómagnúpur deutlich. Der 767 m hohe Felsen liegt einige Kilometer nordöstlich von Kirkjubaejarklaustur an der Ringstraße am Rand der Skeidarársandur. 30 km lang verläuft die Ringstraße durch Schwemmland. Mit einer Fläche von 1000 km$^2$ ist der Skeidarársandur der größte Sander Islands. Sander sind ausgedehnte Sand- und Schotterebenen an der Küste, die durch die Ablagerung von Sand und Geröll aus den Gletscherflüssen gebildet werden. Der Skeidarársandur liegt vor dem gewaltigen Gletscher Skeidarárjökull, einem Ausläufer des Vatnajökull. Der Vatnajökull ist mit einer Fläche von 8400 km$^2$ die größte Eiswüste Europas. Der Skeidarársandur mit seinem verzweigten Netz aus Flußarmen und lockeren Schwemmsandflächen war bis vor zwei Jahrzehnten ein fast unüberwindbares Hindernis auf dem Weg von der Ostküste Islands nach Westen. Selbst mit geländegängigen Fahrzeugen war ein Durchqueren dieser Sandebene mit ihren reißenden Gletscherflüssen nur in extrem trockenen Sommern oder schneearmen Wintern möglich. Seit 1974 verläuft die Ringstraße durch den Skeidarársandur. Das Straßenstück zwischen Núpsstadur und Skaftafell ist eine Meisterleistung des Straßenbaus. Mehrere Brücken, die auf tief verankerten Betonsockeln lagern, überspannen die Gletscherflüsse. Die größte Brücke ist fast 900 m lang. Ob diese Brücken aber den erwarteten gewaltigen Gletscherläufen standhalten werden, ist fraglich. Man wählte deshalb eine ungewöhnliche, aber geniale Konstruktion. Sollte das Hochwasser so stark sein, daß die Brücken von der Gewalt des Wassers weggerissen werden, so brechen sie an vorgegebenen Sollbruchstellen. Die Stahlkonstruktion der Brücken ist schwimmfähig gebaut. Sie treiben dann als komplette Brückensegmente auf dem Wasser. Man hofft, nach Abklingen des Gletscherlaufs diese Teile dann wieder aus dem Meer fischen zu können.

Der letzte große Gletscherlauf in diesem Gebiet war 1934. Damals betrug die Wasserführung der Skeidará je nach Schätzung zwischen 45 000 und 64 000 Kubikmeter Wasser pro Sekunde. Das entsprach fast der durchschnittlichen Wasserabflußmenge des Amazonas.

Auf der Fahrt zu den Laki-Kratern ahnt man die immerwährende Gefahr, die von dem »glühenden Herz« unserer Erde ausgeht. Wir erinnern uns an die Aufschrift an einem Pinzgauer, den wir im Hafen von Hanstholm sahen: »Lakagigar – Expedition zu Feuer und Eis«.

Die 50 km lange Piste zu den zwischen den Gletschern Myrdalsjökull und Sidujökull gelegenen Kratern ist eine Herausforderung für jeden Fahrer eines Geländewagens.

Spät abends kommen wir in Kirkjubaejarklaustur an. Am nächsten Tag wollen wir zu den Laki-Kratern fahren. Der Campingplatz befindet sich etwa einen Kilometer von der Ringstraße entfernt an der Straße Nr. 203, gegenüber dem Sportplatz. Hinter dem Campingplatz rauscht ein Wasserfall durch eine tief eingeschnittene, enge Schlucht.

Das Wetter ist schlecht. Es regnet schon den ganzen Tag über. Von den dunkelgrünen Steilwänden ziehen weiße Wolkenfetzen ins Tal. Der starke Wind zerstäubt das Wasser zahlreicher kleiner Wasserfälle, die sich nach ergiebigem Regen bilden. Die Wiese des Campingplatzes ist durchnäßt. Das Wasser steht zentimeterhoch. Unser kleines Zelt bauen wir auf einer nicht überschwemmten, etwas höher liegenden Stelle auf. Es ist kalt. Nur 8$^{\circ}$ C. Hochsommer in Island. Wir kochen unser Abendessen im Zelt. Überall ist es feucht. Nur die Wärme unseres Gasbrenners vetreibt die Kälte. Wir motivieren uns gegenseitig:

»So schlimm ist die Kälte doch gar nicht. Es wird schon wärmer. Iß deine heiße Suppe. – Das ist Natur, das ist Island. Sei froh, es könnte noch schlimmer kommen. Vielleicht schneit es im Hochland sogar. Morgen fahren wir zur Lakagigar. Und dann machen wir Urlaub in Reykjavik«.

Am nächsten Morgen brechen wir früh auf. Es regnet immer noch. Wir fahren ohne Frühstück los. Das wollen wir unterwegs nachholen.

Trotz des Regens sehen wir uns das Naturdenkmal Kirkjugólf an. Es liegt unweit des Campingplatzes auf einer eingezäunten Weide, die man betreten darf. Kirkjugólf bedeutet »Kirchenpflaster«. Die von den Gletschern plattgehobelte Oberfläche sechseckiger Basaltsäulen erinnert tatsächlich an einen Kirchenfußboden aus Pflastersteinen. Eine Kirche stand hier aber nie. Kirkjugólf ist eine Laune der Natur.

Westlich von Kirkjubaejarklaustur fahren wir auf der Ringstraße durch ein grünes Hügelland aus kleinen Pseudokratern. Danach durch die Nyja-Eldhraun. Sechs Kilometer weiter zweigt die Straße Nr. 206 nach Norden zur Farm Holt ab. Nach 3 km beginnt an einer ausgeschilderten Abzweigung die Piste zu den Laki-Kratern.

Die grobgeschotterte Piste verläuft auf den ersten Kilometern durch hügeliges Weideland. Grün beherrscht die Landschaft. Bei Kilometer 11,2 furten wir einen flachen Bach. Hinter der Furt sind mehrere Schafgatter zu öffnen und wieder zu schließen. Die Piste wird ruppiger. Sie ist stellenweise verschlammt.

Der Himmel ist grau. Ständig fällt leichter Nieselregen. Das Licht ist dennoch einzigartig. Wie durch einen starken Scheinwerfer angestrahlt, leuchtet das saftige, dunkelgrüne Gras der Weiden, wenn die Wolkendecke für ein paar Minuten aufreißt und die Strahlen der Polarsonne gleißend die Landschaft erhellen.

Bei Kilometer 12,2 durchfahren wir den etwa 30 cm tiefen Fluß Stjórn. Im Flußbett liegen große Steine, die wir vorsichtig umfahren. Die Piste steigt an. Ab Kilometer 15,7 verläuft sie 2 km lang über eine Hochebene. Bei Kilometer 17,6 stehen wir an der Furt durch die Geirlandsá – der größte Fluß auf dem Weg zur Lakagigar, den wir durchfahren müssen. Die Böschung des etwa 30 m breiten Flusses ist steil und felsig. Wir müssen mit unserem Auto 20 cm hohe Gesteinsbrocken überklettern. Das Wasser im Fluß kräuselt sich an mehreren Stellen genau in unserer Fahrtrichtung. Am gegenüberliegenden Ufer können wir die Stelle nicht ausmachen, wo die Furt wieder aus dem Fluß hinausführt. Dort, wo der Fluß endet, beginnt nur eine weite, ebene Zone aus angeschwemmtem Schotter und Sand. Hoffentlich gibt es hier im Flußbett nicht auch die gefürchteten »Quicksands« wie auf dem Weg in die Eldgjá. Wir beschließen die Geirlandsá nicht an dieser Stelle zu furten. Eine Fahrspur scheint noch ein Stück weiter am Ufer der Geirlandsá flußaufwärts zu führen. Ob dies die richtige Piste ist? Wir fahren weiter. Nach nur 200 m werden die Bauchfreiheit und die Überhänge unseres Wagens auf eine harte Probe gestellt. Hochwasser hat ein Stück unserer Piste weggerissen. Vor uns liegt ein vielleicht 2 m tiefer, V-förmiger Einschnitt. Das trockene »Tal« ist etwa vier Meter breit. Die Böschungen auf beiden Seiten sind gefährlich steil. Der Untergrund besteht nur aus lockerem Schotter. Wir schalten den Allradantrieb zu und legen den ersten Gang des Untersetzungsgetriebes ein. Unser Trooper kriecht über die steile Böschung in die Tiefe. Wir haben das Gefühl, das Auto stehe senkrecht. Hoffentlich bleiben wir hier nicht stecken. Zu spät erkennen wir, daß es ein Fehler war, diesen Weg zu nehmen. Zum Glück sind unsere Gepäckstücke im Wagen fest verzurrt, so daß sie bei dieser Schräglage nicht im Innern umherfliegen können.

Bei 40° dürfte der Böschungswinkel liegen – zu steil, um auf dem lockeren Boden mit Motorkraft allein wieder aus dem Tal herausklettern zu können. »Diese Steigung schaffen wir nie!« schießt es mir durch den Kopf. »Wir sitzen in der Falle.« Hier hilft nur noch eins: mit Schwung die Steilwand hoch! »Festhalten!« Behutsam drücke ich das Gaspedal bis zum Anschlag durch. Der Motor dröhnt mit knapp 4000 U/min. An der gegenüberliegenden Böschung schiebt die vordere Stoßstange unseres Troopers ein paar Steine beiseite. Das Geräusch klingt fürchterlich. Mitten in der Steigung drehen alle vier Räder durch. Doch wir schaffen es. Der Schwung hat ausgereicht. Oben angekommen, halten wir an, steigen aus und sehen uns die Unterseite unseres Wagens an. An der vorderen Stoßstange finden wir einige Schrammen im Lack. Eingedrückt ist aber nichts. Dieses Stück werden wir mit Sicherheit nicht wieder zurückfahren.

Hundert Meter weiter führt die Piste direkt in den Fluß. Hier müssen wir furten. Die Strömung der Geirlandsá ist stark. Der Fluß ist breiter als zuvor, dadurch aber vielleicht auch etwas flacher. Das Wasser ist trüb. Mit Schrittgeschwindigkeit fahren wir in 1L in den Fluß. Der Wagen taucht knietief ein und holpert über die großen Steine im Flußbett. Es gibt an dieser Stelle zum Glück keinen tiefen, lockeren Sand, keine »Quicksands« im Flußbett; der Untergrund ist griffig. Am anderen Ufer halten wir uns links flußaufwärts. Auf wegloser Strekke fahren wir über den angeschwemmten Schotter. Vor uns erkennen wir den weiteren Verlauf der Piste. Die Gegend um uns herum ist menschenleer. Noch sind wir keinem anderen Fahrzeug auf unserem Weg zu den Laki-Kratern begegnet.

Flußabwärts liegt der sehenswerte Wasserfall Fagrifoss. Wir sehen ihn von der Piste aus aber nicht. Der Regen hält uns von einer Wanderung zum Wasserfall ab. Wir fahren weiter. Bei Kilometer 21,7 erklimmt die Piste zwischen zwei Tälern eine Hochfläche. Die Landschaft, die uns umgibt, wirkt abenteuerlich. 800 m weiter furten wir einen kleinen Bach. Danach führt die Piste steil hinunter in ein ausgetrocknetes, breites Flußbett. Kilometerweit fahren wir nur auf dem angeschwemmten Schotter. Der Verlauf der Piste ist kaum zu erkennen. Die Pistenmarkierungen sind spärlich. Welche Wassermassen donnern hier wohl während der Schneeschmelze zum Meer! Unser Auto wirkt winzig in dem weiten Tal. Bei Kilometer 23,7 durchfahren wir erneut einen kleinen Bach. Die Piste verläßt das Tal und steigt an. Nach einem Kilometer beginnt eine öde Steinwüste. Das grüne Grasland ist endgültig verschwunden. Die nächsten fünf Kilometer fahren wir durch das Geröllfeld. Mehrmals queren kleine Flußläufe die Piste. Sie sind flach, stellenweise aber recht breit. Bei Kilometer 27,8 furten wir die breite und knapp halbmetertiefe Hellisá. Unerwartet tauchen bei Kilometer 30 die ersten Vulkankegel vor uns am Horizont auf. Wir fühlen uns in die Urzeit der Erdgeschichte zurückversetzt. Unter bedrohlich schwarzen Regenwolken erheben sich die bizarren Schlote der Vulkane.

Bis zum Anfang des Naturreservats Lakagigar durchfahren wir noch vier zum Teil knietiefe Wasserläufe. Das Naturreservat erreichen wir bei Kilometer 40,8. Eine große Tafel neben der Piste zeigt eine Karte der Laki-Krater und erklärt knapp die Entstehung dieser Landschaft.

Die Piste führt von hier noch ein gutes Stück weiter in diese Vulkanlandschaft hinein. Wir fahren zunächst am östlichen Rand eines Lavafeldes entlang. Kubikmetergroße Lavablöcke liegen ineinander verkeilt. Moose wachsen auf der rauhen Oberfläche. Am Rand des Tals erheben sich Vulkanschlote. Wie Ariadnes Faden zeigt uns die Piste den kurvenreichen Weg durch die Lava. Die Piste ist weich. Sie besteht aus rotbraunem Lavasand. Auf den nächsten 10 km furten wir im Varmardalur weitere kleine Wasserläufe. Ob es nur ausgedehnte, vom Regen gespeiste Wasserpfützen sind oder aber richtige Bäche, wissen wir nicht. Kleine, flache Seen umgeben uns. Das Regenwasser versickert nur sehr langsam in der Lava. Es regnet seit Tagen schon ununterbrochen. Der Regen hat wahrscheinlich das Land überflutet. Auf dem nassen, weichen Untergrund fahren wir mit Allradantrieb. Noch immer sind wir keinem weiteren Fahrzeug begegnet.

Bei Kilometer 51,4 erreichen wir einen auffallenden, hohen Krater. Die hellrote Lava sieht aus, als ob der Krater immer noch glüht. Die schroffen Wände sind bemoost. Dieser Laki-Krater erscheint uns wie aus dem Bilderbuch. Hinter dem Krater beginnt eine sehr steile und sandige Auffahrt auf einen Bergrücken. Mit Allradantrieb und 2L geht's den 812 m hohen Berg Laki hoch. Bei Kilometer 52,6 endet die Piste im Niemandsland. Einzelne unmarkierte Fahrspuren führen weiter in die endlose Ferne. In unserer Straßenkarte ist zwar der weitere Verlauf einer unmarkierten Piste verzeichnet, die im Norden um die Laki-Krater herumführt und in etwa 15 km Entfernung parallel zu der gefahrenen Route zur Ringstraße zurückführt, aber in Anbetracht der aufgeweichten Piste verzichten wir auf diese Erkundungsfahrt. Außerdem sind wir alleine unterwegs. Wer hier weiterfährt, sollte unbedingt in Begleitung eines zweiten Fahrzeugs fahren. Möglicherweise sind dies auch gar keine offiziellen Fahrwege mehr, denn schließlich befinden wir uns in einem Naturreservat. Vielleicht sind es nur die unschönen Zeichen wilder Off-Roader, die hier für Jahre ihre Spuren hinterlassen haben.

Für uns endet die Fahrt auf dem Aussichtsberg. Der nasse Wind pfeift uns um die Ohren, als wir aussteigen, um diese Urwelt zu genießen und zu fotografieren. Im Westen leuchtet die hellgraue Wasserfläche des Lambavatn unter dem dunklen Himmel aus Regenwolken. Vor uns im Tal liegen dunkelgrün erscheinende Vulkankrater. Im Nordosten strahlt das weißlich-blaue Eis des Sidujökull in den spärlichen Strahlen der Sonne, als die Wolkendecke für wenige Minuten aufreißt. Island, die Insel aus Feuer und Eis, erscheint greifbar zu sein.

Wir fahren zurück zum Laki-Krater. Am Fuß der Kraterwand parken wir. Gut geschützt vor Kälte, Wind und Regen, mit Stiefeln und Regenjacke, erkunden wir den erloschenen Vulkan. Die Lava hinterließ immer wieder größere Aushöhlungen. Schneereste überdauern hier den kurzen Sommer. In den Lavaspalten wachsen Grasnelken, und winzige Wassertropfen glitzern wie Perlen auf den Moospolstern.

Barbara hat den Rucksack mitgenommen und überrascht mich mit einem belegten Brot. Wir »frühstücken« in der urgewaltigen Landschaft.

Irgend jemand hat einmal gesagt, daß es zwei Arten von Islandreisenden gibt. Die einen finden das Land langweilig und hassen das Klima. Die anderen sind von Island fasziniert; bereits beim ersten Besuch »infiziert« sie der Island-Bazillus – sie erliegen der Natur, der Landschaft, den Stimmungen, der Ruhe. Island ist für sie ein herrliches Land. Eine grüne Insel am Rand des Polarmeers.

## Kjalvegur F37

*Der Kjalvegur F37 ist neben der Sprengisandsleid die zweite Route, die quer durch das Hochland von Nord- nach Südisland führt. Die*

*F37 beginnt im Norden im Blöndudalur, verläuft zwischen den Gletschern Langjökull und Hofsjökull und endet beim Gullfoss im Süden. Auf halber Strecke führen Stichstraßen zu den heißen Quellen in Hveravellir und zu dem Sommerskigebiet bei den Kerlingarfjöll. Im Haukadalur westlich des Gullfoss liegt der Ort Geysir.*

*Gesamtdistanz*: 220 km
*Maximaldistanz ohne Tankmöglichkeit*: 100 km; Tankstellen im Blandatal im Norden, in Hveravellir am Kjölur und im Haukadalur im Süden.
*Pistenart*: Schotterpiste, stark befahren.
*Schwierigkeitsgrad*: Die F37 ist einfach befahrbar; von Süden kann man mit einem PKW bis Hveravellir fahren; von Norden und zu den Kerlingarfjöll ist jedoch wegen der tiefen Furten ein Geländewagen mit Allradantrieb notwendig. Die Stichstraße zu den Kerlingarfjöll ist bei Nässe glitschig.
*Zeitbedarf*: 8 Stunden; Übernachtung in Hveravellir wird empfohlen.
*Sicherheitsausrüstung*: Reservekanister; Zelt, Verpflegung.

*Streckenbeschreibung*:

| km | km | |
|---|---|---|
| 0 | 219,1 | Abzweigung der Straße Nr. 731 von der Ringstraße; Brücke über Blandá |
| 3,9 | 215,2 | Abzweigung: Links Blöndudalur; rechts Kjölur |
| 13,3 | 205,8 | Schlucht |
| 14,5 | 204,6 | Wohnbaracken; Kjölur zweigt nach rechts ab |
| 15 | 204,1 | Wohnbaracken; rechts Schlucht der Gilsá |
| 16,5 | 202,6 | Schotterpiste, Hochebene |
| 36,5 | 182,6 | Links See Galtaból |
| 37,4 | 181,7 | Rechts See Thristikla |
| 39,5 | 179,6 | Abzweigung: Links F37 nach Hveravellir, rechts Kolkukoll |
| 41 | 178,1 | Baustelle Staudamm; Baustelle durchfahren und schwach rechts halten. Links See Blöndulón |
| 44,4 | 174,7 | Furt; Straße führt durch Baustelle |
| 47,5 | 171,6 | Straße wird schlechter; Furt |
| 48,5 | 170,6 | Rettungshütte, Flugfeld |
| 49,7 | 169,4 | Furt |
| 67,3 | 151,8 | Abzweigung einer Piste zum Stórisandúr |
| 70,8 | 148,3 | Berg Sandkúlufell (847 m) |
| 71,5 | 147,6 | Furt durch Kúlukvisl (30-50 cm tief) |
| 78,6 | 140,5 | 1. Furt (40-80 cm tief) durch den breiten Fluß Seydisá |
| 79,4 | 139,7 | 2. Furt durch Seydisá (40-80 cm tief) |
| 85 | 134,1 | Flugfeld, Geröllwüste |
| 86,9 | 132,2 | Schafgatter |
| 87,3 | 131,8 | Abzweigung: Links »F37 Godafoss 93 km«, rechts »Hveravellir 2 km« |
| 89,4 | 129,7 | Hveravellir; Hütten (70 Plätze), Zeltplatz, heiße Quellen; Tankstelle |
| 92,2 | 126,9 | Wieder auf F37 |
| 111,3 | 107,8 | Rechts Abzweigung einer Piste zum »Beinahóll 7 km« |
| 112,8 | 106,3 | Furt |
| 114,5 | 104,6 | Zufahrt zum Tafelberg Kjalfell |
| 118,3 | 100,8 | Rechts Zufahrt zur Hütte Svartarbotnas |
| 120,4 | 98,7 | Abzweigung: Links »Kerlingarfjöll 10 km«. Wir fahren hier weiter! |
| 122,2 | 96,9 | Furt durch Fluß Fossrófur; steile Auffahrt auf Berghang |
| 123 | 96,1 | Flugfeld |
| 124,7 | 94,4 | Wasserfall Gygjarfoss; Furt (30 cm tief) |
| 128,3 | 90,8 | Gatter, Brücke |

| | | |
|---|---|---|
| 128,5 | 90,6 | Furt |
| 129,9 | 89,2 | Furt (50-60 cm tief) durch reißende Jökugilkvisl; steile Auffahrt im Flußschotter |
| 131 | 88,1 | Asgardsfjall; Hütten, Tankstelle |
| 135,8 | 83,3 | Piste führt über Berghang; Solfataren und Rhyolitberge |
| 137 | 82,1 | Sommerskigebiet mit Liftanlage am Snaekollur bei den Kerlingarfjöll; Hütte |
| 155,2 | 63,9 | Wieder auf F37 |
| 160,9 | 58,2 | Abzweigung einer unbeschilderten Piste nach rechts |
| 172,2 | 46,9 | Rechts Abzweigung einer Parallelpiste zur F37 zum See Hvitárvatn; nach 500 m stufige Furt durch Svartá (30-40 cm tief); nach 4 km Hütte (30 Plätze) am See; nach 10 km Einmündung in die F37 weiter südlich |
| 180,6 | 38,5 | Südliche Zufahrt zum Hvitárvatn |
| 182,8 | 36,3 | Brücke über Hvitá; links markanter Bergrücken Bláfell |
| 188,5 | 30,6 | Furt |
| 194,2 | 24,9 | Hütte Fremstaver |
| 197,1 | 22 | Furt (30 cm tief) in einem Tal; steile Auffahrt |
| 206,1 | 13 | Abzweigung einer Piste zum »Hagavatn 15 km« |
| 208 | 11,1 | Flugfeld |
| 218,4 | 0,7 | Links Abzweigung zm Gullfoss |
| 219,1 | 0 | Gullfoss; 12 km westlich liegt der Ort Geysir im Haukadalur |

Früher war der Kjalvegur ein bevorzugter Reiterweg quer durch das unbewohnte Hochland. Im Gegensatz zum Sprengisandur fanden die Pferde auf dem Kjalvegur überall genügend frisches Gras und Wasser. Auch den Stürmen war man weniger stark ausgesetzt, da der Weg über weite Strecken durch Täler verlief.

Die Piste »Kjalvegur F37« folgt dem alten Reiterweg. Auf dieser Route liegen mehrere Sehenswürdigkeiten, die mit dazu beitragen, das der Kjalvegur heute relativ stark befahren wird. Etwa auf halbem Weg befindet sich auf der Hochebene Kjölur das Thermalgebiet von Hveravellir. Die heißen Quellen zwischen den Gletschern Langjökull und Hofsjökull sind sehenswert. Südöstlich des Kjölur liegen die Kerlingarfjöll. Auf dem Gletscher wurde eines der beliebtesten Sommerskigebiete Islands errichtet. Aber nicht nur Skiläufer kommen hier auf ihre Kosten. Beeindruckend sind vor allem die gewaltige Berglandschaft und das Gletscherpanorama. Im Süden bildet der Fluß Hvitá den mächtigen Wasserfall Gullfoss. Unweit davon liegt im Haukadalur ein weiteres Thermalgebiet, das vor allem wegen seiner Springquellen berühmt ist: Im Haukadalur ist der Geysir die größte Touristenattraktion.

Der Kjalvegur beginnt am Ende des Blöndudalur (»Blöndutal«) in Nordisland. Wir folgen der Beschilderung »Kjölur«. Die Straße ist bis zu den Wohnbaracken bei Kilometer 14,5 stellenweise asphaltiert. Die Baracken gehören zu der Baustelle eines Staudammprojekts, durch das der Fluß Blandá zur Elektrizitätsgewinnung gestaut wird. Die Baustelle zieht sich auf eine Länge von 25 km hin. Immer wieder trifft man hier auf Baracken und Pisten, die zu den einzelnen Baustellen führen. Der Verlauf des Kjalvegur ist jedoch gut beschildert. Wir fahren im Baustellengebiet über die seenreiche Audkúluheidi. Bei Kilometer 41 durchfahren wir die letzte große Baustelle des Staudammprojekts. Die ersten Furten folgen. Das Hochland beginnt.

Wir fahren ab Kilometer 47,5 auf einer holprigen Schotterpiste. Die zu furtenden Wasserläufe sind flach. Einzelne Furten sind sandig. Das Gebiet ist wasserreich und grasbewachsen. Wie auch auf der Audkúluheidi entstanden hier durch das ständige Gefrieren und Wiederauftauen des Bodens die für Islands subarktische Klimazone typischen, grasbewachsenen Buckelwiesen, die »Thúfur«.

Bei Kilometer 48,5 fahren wir an einer Rettungshütte vorbei. Unweit der Hütte sehen wir die Markierungen eines Flugfeldes. Bei Kilometer 49,7 furten wir einen flachen Flußarm.

Bei Kilometer 67,3 weist ein verblaßtes Holzschild auf eine Allradpiste hin, die nach Westen zum Stórisandúr abzweigt. Auf unserer Karte (Adalkort Blatt 5, Mittelisland, 1:250000) ist diese Piste nicht verzeichnet. Bei Kilometer 70,8 erhebt sich westlich der Piste der 847 m hohe Berg Sandkúlufell. Die erste ernstzunehmende Furt führt bei Kilometer 71,5 durch einen Flußarm der Kúlukvisl.

Der Wasserstand der Gletscherflüsse, die am Nordrand des Hofsjökull entspringen, ist hohen Schwankungen unterworfen. Nach Regenfällen oder auch bei besonders mildem Wind, der das Eis des Gletschers zum Schmelzen bringt, steigt der Wasserstand der Gletscherflüsse in diesem Gebiet innerhalb kurzer Zeit beträchtlich an. Insbesondere die Furt durch den Fluß Seydisá, die wir bei Kilometer 78,6 erreichen, ist ein Beispiel dafür. Der Fluß ist im Bereich der Furt mehrarmig. Zwischen den Flußarmen liegen trockene Inseln aus Schotter und Sand. Normalerweise sind die einzelnen Arme der Seydisá nicht über 40 cm tief. Man furtet sie einzeln und fährt dazwischen über den angespülten Schotter. Bei hoher Wasserführung, wie Anfang Juli 1992, zeigt die Furt ein anderes Bild: Der Fluß gleicht einem breiten See.

Mehrere hundert Meter Wasser liegen vor uns. Wir erkennen mehrere Hauptströme der Seydisá. Die Strömungsgeschwindigkeit ist hoch. Der Verlauf der Piste ist im Wasser nicht zu erkennen. Wir warten am Ufer auf ein zweites Fahrzeug. Erst dann wagen wir die Durchfahrt. Mehrmals taucht unser Auto in den vom Wasser ausgewaschenen Rinnen so tief ein, daß die Bugwelle die Motorhaube überspült. Der Fluß dürfte 80 cm tief sein. Das ist auch für unseren Geländewagen fast schon zu tief. Wir wissen aber, was wir unserem Trooper zutrauen können – 80 cm schafft er noch ohne Probleme. Die Seydisá ist der größte und gefährlichste Fluß auf dem Kjalvegur.

Bei Kilometer 87,3 erreichen wir die Abzweigung der Stichstraße nach Hveravellir. Nach 2 km stellen wir unser Fahrzeug bei den Hütten in Hveravellir ab. Hier gibt es einen Zeltplatz, sanitäre Einrichtungen und eine einfache Tankstelle.

Hveravellir ist Naturschutzgebiet. Es liegt nördlich des ausgedehnten Lavastroms Kjalhraun zwischen den Gletschern Langjökull und Hofsjökull. Die zahlreichen heißen Quellen und dampfenden Solfataren sind sehenswert. Das Wasser hat einzigartig gemusterte Kalkablagerungen geschaffen. Für die Touristen wurde ein kleiner Badepool gebaut, der mit heißem und kaltem Wasser gespeist wird.

Auch in Hveravellir soll in früherer Zeit der Gesetzlose Fjalla-Eyvindur sein Unwesen getrieben haben. Reste seiner einstigen Behausung können besichtigt werden: Ein längliches Loch im Boden, um dessen Seiten moosbewachsene Lavasteine aufgeschichtet sind.

Von Hveravellir aus verläuft eine Allradpiste noch einige Kilometer weiter nach Westen. Die Piste führt über Ausläufer des Kjalhraun und endet bei einer Hütte in der Nähe des Langjökull.

Ab Hveravellir durchfahren wir auf unserem weiteren Weg nach Süden das 600-700 m hoch gelegene Tal Kjölur, das sich zwischen den Gletschern Langjökull und Hofsjökull ausdehnt.

Bei Kilometer 111,3 zweigt eine Piste zu dem 7 km entfernten Beinahóll ab, der im Lavafeld Kjalhraun liegt. Beinahóll bedeutet »Knochenhügel«. Der frühere Reiterweg führte durch das Kjalhraun und über den »Knochenhügel«: Bei einem Unwetter im Jahre 1780 kamen hier nach einer alten Überlieferung vier Schaftreiber ums Leben.

Bei Kilometer 114,5 ist eine Zufahrt zum 1008 m hohen Tafelberg Kjalfell ausgeschildert.

Die Abzweigung zu den Kerlingarfjöll erreichen wir bei Kilometer 120,4. Der Ausflug in das Sommerskigebiet ist empfehlenswert. Nach der Furt durch den Fluß Fossrófur führt die Piste einen steilen Berghang hinauf. Für die Piste zu den Kerlingarfjöll ist ein Geländewagen notwendig. Die Piste kann bei Nässe ziemlich glitschig werden und verschlammen. Stellenweise ist sie tief vom Wasser ausgewaschen. Bei Kilometer 124,7 sehen wir rechts neben der Piste den Wasserfall Gygjarfoss. Oberhalb des Wasserfalls muß ein Zufluß gefurtet werden. Die Furt ist stufig und normalerweise etwa 30 cm tief. Doch auch hier gilt, was bereits über die Gletscherflüsse gesagt wurde, die beim Hofsjökull entspringen: Der Wasserstand ist starken Schwankungen unterworfen – dieser Zufluß kann wesentlich tiefer sein und reißend. Bei Kilometer 128,3 führt eine Brücke über eine kleine Schlucht, dahinter muß ein Fluß gefurtet werden. Bei Kilometer 129,9 erreichen wir den tiefen und gefährlichen Gletscherfluß Jökugilskvisl. Selbst bei normaler Wasserführung ist der Fluß 50 cm tief. Der Fluß hat ein breites und tiefes Tal ausgewaschen. Die steilen Böschungen bestehen aus losem Schotter. Der Fluß und das Tal sind Schlüsselstellen auf dem Weg zu den Kerlingarfjöll.

Bei Kilometer 131 erreichen wir Asgardsfjall. Hier gibt es mehrere Hütten, die Möglichkeit zum Zelten und eine einfache Tankstelle. Die Versorgung mit Treibstoff ist jedoch nicht gesichert.

Bis zum Sommerskigebiet am Fuß des 1488 m hohen Bergs Snaekollur bei den Kerlingarfjöll sind es noch 6 km. Die Piste dorthin führt über einen steilen und vom Wasser ausgewaschenen Berghang. Von der Anhöhe hat man eine schöne Aussicht über die umliegenden Rhyolitberge und die Gletscher. Auch hier dampft die Erde. An den Berghängen liegt ein kleines Solfatarenfeld. Diese Stelle bestätigt und bekräftigt Islands Bezeichnung als »Insel aus Feuer und Eis«. Ein Gletscherfluß hat ein verzweigtes, tiefes und enges Tal in das ockerfarbene Gestein geschnitten. In das Tal und zu den Solfataren führen ausgetretene Fußpfade.

Die Piste endet bei Kilometer 137 am Gletscher. Hier stehen ebenfalls einzelne Hütten. Auf dem Fußweg über die Gletschermoräne erreicht man das Skigebiet. Von hier bietet sich eine einzigartige Aussicht nach Norden über die verzweigten Gletscherflüsse, die beim Hofsjökull entspringen, wie auch auf den fahlblau leuchtenden Gletscher selbst.

Bei Kilometer 155,2 erreichen wir nach unserem Abstecher zu den Kerlingarfjöll wieder die F37.

Bei Kilometer 172,2 zweigt eine parallel zur F37 verlaufende Piste nach Westen zum Hvitárvatn ab. Der Hvitárvatn ist ein 30 km$^2$ großer und 84 m tiefer Gletschersee östlich des Langjökull. Am Nordrand des Sees kalbt die Gletscherzunge Nordurjökull in den Hvitárvatn. Auf der Piste zum Hvitárvatn muß die 30-40 cm tiefe Svartá gefurtet werden. Die Furt ist breit und stufig. Die Piste verzweigt sich einen Kilometer nach der Furt und führt zu einer Touristenhütte in der Nähe des Sees. Bei Kilometer 180,6 biegt diese Parallelstrecke wieder in den Kjalvegur ein. Zwei Kilometer weiter überqueren wir die Hvitá auf einer Brücke. Im Osten erhebt sich der markante, 1204 m hohe Bergrücken Bláfell.

Im weiteren Verlauf der Piste folgen noch einige bis zu 30 cm tiefe Furten. Bei Kilometer

206,1 zweigt eine markierte Allradpiste zum 15 km entfernten Hagavatn ab. Dieser Gletschersee liegt am Südrand des Langjökull. In den See kalbt die Gletscherzunge Hagafellsjökull. Auf dem Wasser treiben deshalb viele Eisberge. Die Piste zum Hagavatn führt durch viele – teilweise mehr als knietiefe – Gletscherflüsse. In der Nähe des östlichen Seeufers liegt eine Hütte, und es besteht die Möglichkeit, hier zu zelten.

Der »Kjalvegur F37« endet bei Kilometer 219,1 am Gullfoss.

Der Gullfoss, der »goldene Wasserfall«, ist sicherlich einer der schönsten und imposantesten Wasserfälle Islands. Die Hvitá stürzt hier in zwei Kaskaden in eine 32 m tiefe, enge Felsenschlucht. Fußpfade führen an mehreren Stellen bis zur Fallkante des Wassers.

Am Wasserfall erinnert ein Relief an die Bäuerin Sigridur, die Tochter des Bauern von Brattholt. Der Gullfoss gehörte einst zum Landbesitz des Bauern. Eine englische Gesellschaft wollte den Gullfoss kaufen und hier ein Kraftwerk zur Stromversorgung errichten. Ververträge waren bereits geschlossen, als sich Sigridur mit großem Engagement gegen den Verkauf »isländischen Bodens« wehrte. Der Gullfoss steht heute unter Naturschutz und gehört dem isländischen Staat.

12 km westlich des Gullfoss liegt das Haukadalur, ein Gebiet mit heißen Quellen. Berühmt geworden ist das Haukadalur wegen seiner Springquellen, seiner Geysire, die sich bei dem gleichnamigen Ort Geysir befinden. Der Große Geysir – isländisch: »Stóri Geysir« – liegt am Fuß des Rhyolitberges Laugarfjall. Nach ihm werden auch alle anderen Springquellen der Welt mit »Geysir« bezeichnet. Seit einigen Jahrzehnten »springt« der Große Geysir nicht mehr. Dennoch ist sein Kalksinterbecken mit 14 m Durchmesser sehenswert. Früher schoß aus dem Großen Geysir in regelmäßigen Zeitabständen eine 60 m hohe Wasserfontäne in die Luft. In der Vergangenheit hat man durch bestimmte Maßnahmen – wie künstliche Absenkung des Wasserspiegels oder Zusatz von einem Zentner Schmierseife – den Großen Geysir einige Male wieder zum Ausbruch gebracht. Heute verzichtet man aus Naturschutzgründen auf diese Maßnahmen. Trotzdem kann ein Geysir bewundert werden. Der Strokkur, das »Butterfaß«, ist der kleinere Bruder des Großen Geysirs. Alle paar Minuten schießt er eine 10 bis 20 m hohe Wasserfontäne in die Luft. Den Ausbruch des Geysirs zu beobachten, ist beeindruckend: Vor dem Herausschießen des Wassers steigen große Gasblasen auf; dann wölbt sich die Wasseroberfläche blasenförmig auf; explosionsartig schießt Sekundenbruchteile später die kochende Wassersäule empor. Wieder Sekunden später erlischt der Geysir; das Wasser fließt in den Schlund des Geysirs zurück. Nach einigen Minuten beginnt das Schauspiel von neuem.

4. Karte »Pisten im Westen«

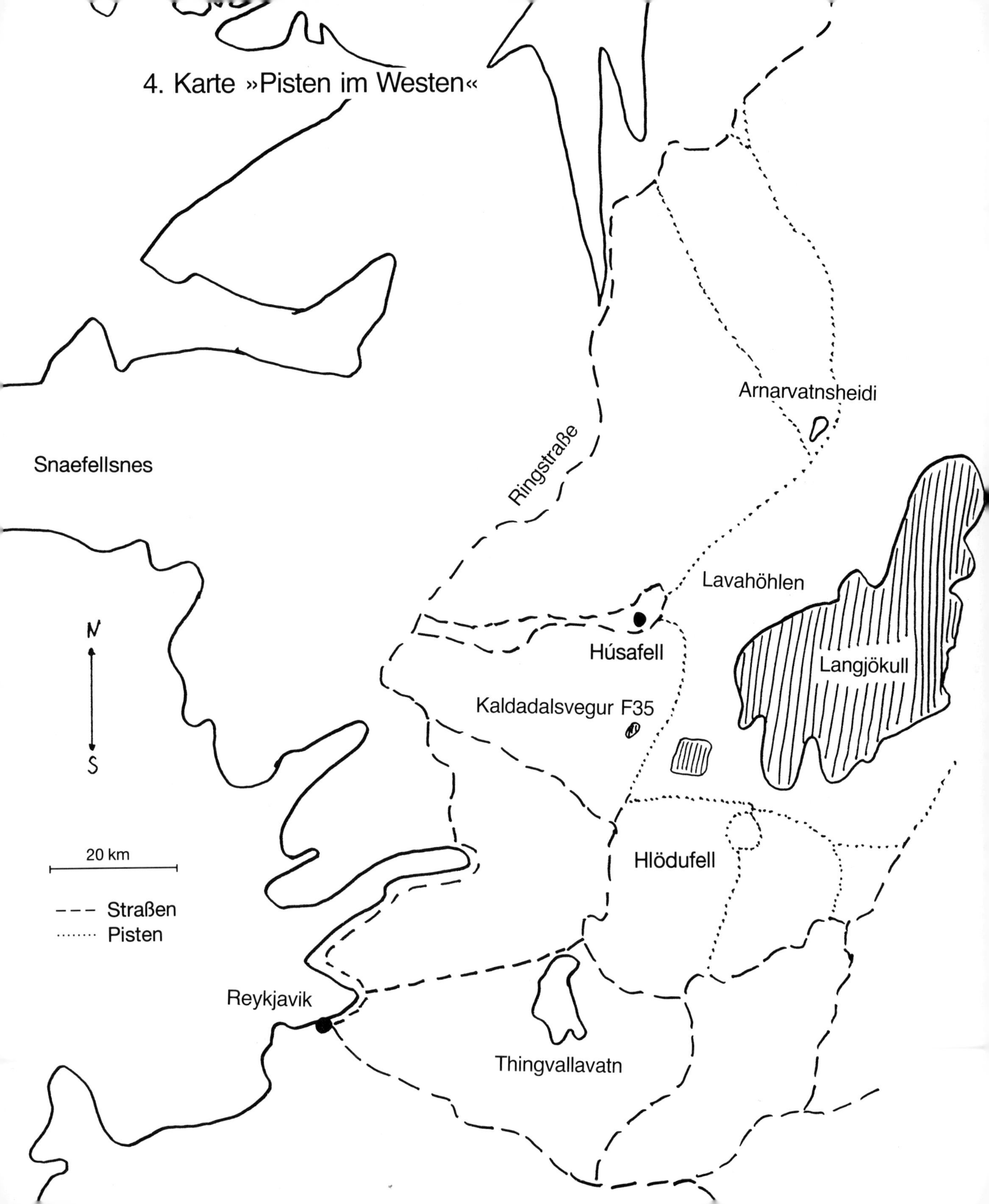

# Pisten im Westen

## Kaldadalsvegur F35

*Route Thingvellir – Kaldidalur – Húsafell – Wasserfälle Hraunfossar und Barnafoss – Lavahöhlen im Hallmundarhraun – Arnarvatnsheidi*

### 1. Teilstrecke »Kaldadalsvegur«

*Route Thingvellir – Kaldidalur – Húsafell – Wasserfälle Hraunfossar und Barnafoss*
*Gesamtdistanz*: 70 km
*Maximaldistanz ohne Tankmöglichkeit*: 40 km, Tankstellen in Thingvellir und Húsafell
*Pistenart*: Von Thingvellir bis zum Kaldadalsvegur sowie im Gebiet von Húsafell asphaltierte oder geschotterte Landstraße; der Kaldadalsvegur ist eine nichtasphaltierte Hochlandpiste; Schlaglöcher, nach Regen schlammig und viele Pfützen; stark befahren.
*Schwierigkeitsgrad*: Einfach zu befahren; Allradantrieb nicht notwendig, auch mit PKW möglich; im Kaldidalur gibt es oft dichten Nebel.
*Zeitbedarf*: 2-3 Stunden
*Sicherheitsausrüstung*: Nicht erforderlich

*Streckenbeschreibung*:

| km | km | |
|---|---|---|
| 0 | 70 | Thingvellir-Nationalpark |
| 23 | 47 | Beschilderte Abzweigung der Piste F35 »Kaldadalsvegur« von der Straße Nr. 52 nach Húsafell |
| 24,8 | 12,5 | Rettungshütte; Abzweigung einer beschilderten Allradpiste ins Haukadalur |
| 29,4 | 40,6 | Abzweigung der Piste »Okvegur«; Hinweistafel auf den 1221 m hohen Berg Prestahnúkur |
| 39,3 | 30,6 | Piste wird rauher und steigt an |
| 41,7 | 28,3 | Schild »Braedavir« und »Hádegisfell-sydra 10 km«; Gebirgslandschaft |
| 48,9 | 21,1 | Piste führt ins Tal des Flusses Geitá |
| 54,4 | 15,6 | 1 165 m hoher Berg Hafrafell |
| 57,9 | 12,1 | Steile Abfahrt ins Tal der Hvitá |
| 62 | 8 | Piste führt durch Birkenwald |
| 63,6 | 6,4 | Kaldadalsvegur F35 mündet in die Straße Nr. 518 ein. Nach wenigen Kilometern Richtung Borgarnes erreicht man Húsafell, viele Hütten, Campingplatz |
| 70 | 0 | Wasserfälle Hraunfossar und Barnafoss an der Straße Nr. 218 westlich von Húsafell |

Der »Kaldadalsvegur« F35 beginnt 23 km nördlich von Thingvellir. Der Kaldadalsvegur ist bei Trockenheit mit einem normalen PKW befahrbar; die Piste ist zwar holprig und mit Steinen übersät, bietet sonst aber keine fahrtechnischen Schwierigkeiten. Es gibt auch keine nennenswerten Furten. Manche bezeichnen den Kaldadalsvegur geringschätzig als »Hochland für Anfänger«. Landschaftlich ist die Piste bei gutem Wetter ein Erlebnis. Sie führt über die Berge. Gletscher begleiten die Fahrt. Im Westen erhebt sich der 1198 m hohe Gletscher Ok, im Osten der 1350 m hohe Thórisjökull. Noch weiter westlich dominiert der gewaltige Langjökull.

Gleich zu Beginn der Piste steht eine auffallende, orange leuchtende Rettungshütte. Vor der Hütte zweigt eine beschilderte und gut markierte Allradpiste in das Haukadalur beim Gullfoss ab. Die Piste folgt einer Überlandleitung. Diese Route ist mit einem Geländewagen befahrbar. Sie durchquert den Lavastrom Skjalbreidarhraun und führt über das 756 m hoch gelegene Thórólfsfell. Südlich davon erhebt sich der 1188 m hohe Tafelvulkan Hlödufell, zu dem westlich und östlich des Thórólfsfell zwei Pisten abzweigen. Wir empfehlen, von hier die westliche Piste nach Süden zu nehmen. Sie führt am Hlödufell vorbei und mündet bei Middalur in die Straße Nr. 37 ein. Fährt man vom Thórólfsfell weiter geradeaus in Richtung Osten, wird die Piste schlechter und der Pistenverlauf unübersichtlich. Links der Piste erstreckt sich nach 15 km der ausgedehnte See Sandvatn mit seinen verzweigten Zu- und Abflüssen. Auf dieser Route biegt nach etwa 20 km bei »Skersli« eine Piste nach Süden ab. Fahren Sie unbedingt diese Route! Die Piste führt direkt in das Haukadalur. Auf dem Weg müssen mehrere Flußarme der Stóra-Grjótá gefurtet werden, die für einen Geländewagen jedoch problemlos sind. Fährt man hingegen ab Skersli weiter nach Osten, gelangt man zwar nach 9 km auf die F37 nördlich des Gullfoss; zwei Kilometer davor endet die Fahrt aber meistens am Ufer des breiten und unpassierbar tiefen Gletscherflusses Asbrandsá, einem Abfluß des Sandvatn.

Vom Kaldadalsvegur zweigt bei Kilometer 29,4 eine schmale, aber gut befahrbare Stichstraße zum Berg Ok ab. Bei Kilometer 41,7 führt eine beschilderte Piste nach Osten zum Hádegisfell. Das Hádegisfell ist ein 1069 m hoher Berg, der zwischen den Gletschern Thórisjökull und Geitlandsjökull, einem Ausläufer des Langjökull, liegt. Die Stichstraße ist mit einem Geländewagen befahrbar. Sie führt durch das wasserreiche Kaldidalur, das »kalte Tal«. Dieses Tal gab der Piste ihren Namen: »Kaldadalsvegur« bedeutet »Weg durch das kalte Tal«. Im Tal müssen einige Zuflüsse der Geitá gefurtet werden. Die F35 führt westlich oberhalb des Tals weiter. In diesem Gebiet gibt es häufig dichten Nebel. Der Schnee bleibt in geschützten Lagen zwischen den Bergen lange liegen.

Ab Kilometer 48,9 führt die Piste in das Tal des Flusses Geitá. Bei Kilometer 54,4 zweigt eine Allradpiste zum 1165 m hohen Berg Hafrafell ab. Die Piste quert den Lavastrom Geitlandshraun und führt durch knietiefe Flußarme der Geitá und der Svartá bis an den Rand des Langjökull.

Bei Kilometer 57,9 führt der Kaldadalsvegur steil hinunter in das Tal der Hvitá. Nach der Abfahrt verläuft die Piste durch einen ausgedehnten Birkenwald. Kleine, flache Bäche müssen hier gefurtet werden. Bei Kilometer 63,6 endet der Kaldadalsvegur und mündet in die Straße Nr. 518 ein, die nach Húsafell führt.

Húsafell ist eine reizvolle Gegend. Es ist ein beliebtes Ausflugsziel der Isländer. Viele kleine Holzhütten liegen versteckt im Birkenwald. Auch der Zeltplatz ist von Birken umgeben. Húsafell hat eine Tankstelle mit Laden und ein beheiztes Schwimmbad. Die Gegend lädt zum Verweilen ein. Im August wachsen im Wald Birkenpilze. Man kann hier auch herrliche Kurzwanderungen unternehmen.

Wenige Kilometer westlich von Húsafell liegen an der Straße Nr. 518 die Wasserfälle Hraunfossar und Barnarfoss. Bei den Hraunfossar, den »Lavawasserfällen«, sprudelt das

Wasser auf einer Breite von einem Kilometer aus einem Lavastrom heraus und ergießt sich in den Fluß Hvitá. Beim Barnafoss, dem »Kinderwasserfall«, stürzt die Hvitá in eine enge Schlucht. Man erzählt sich, daß hier einst zwei Kinder von einem Felsen in den tosenden Fluß stürzten und ertranken. Seither heißt diese Stelle »Kinderwasserfall«.

## 2. Teilstrecke »Arnarvatnsheidi«

*Route Lavahöhlen im Hallmundarhraun – Arnarvatnsheidi*

*Gesamtdistanz*: 37 km bis zum Arnarvatn
*Maximaldistanz ohne Tankmöglichkeit*:
100 km bis zum Arnarvatn und zurück, Tankstelle in Húsafell. Fährt man weiter, gibt es erst wieder 150 km weiter nördlich an der Ringstraße eine Tankstelle.
*Pistenart*: Von Húsafell bis zu den Lavahöhlen im Hallmundarhraun befestigte Schotterpiste; anschließend kaum befahrbare, schmale und steinige Erdpiste mit vielen Furten. Bei Nässe völlig aufgeweichte und schlammige Piste. Gefahr, im bodenlosen Morast steckenzubleiben.
*Schwierigkeitsgrad*: Bis zu den Lavahöhlen leicht und mit PKW befahrbar. Weiterfahrt zum Arnarvatn nur mit Geländewagen und Allradantrieb möglich. Schwierige Piste. Viele nicht beschilderte Abzweigungen. Zahlreiche tiefe Furten. Schlamm und Morast. Große Steine müssen überklettert werden; Ausweichen ist nicht möglich, da neben der Piste nur morastiger Boden ist.
*Zeitbedarf*: Von Húsafell zu den Lavahöhlen 1 Stunde; für die Weiterfahrt zum Arnarvatn werden je nach Pistenzustand 2-3 Stunden benötigt.

*Sicherheitsausrüstung*: Fährt man nur bis zu den Lavahöhlen, ist keine Sicherheitsausrüstung erforderlich. Durchquert man die Arnarvatnsheidi, wird empfohlen, ein Zelt, warme Kleidung, Lebensmittel für zwei Tage, eine Schaufel, ein Abschleppseil und einen Hi-Lift-Wagenheber mitzunehmen.

*Streckenbeschreibung*:

| km | km | |
|---|---|---|
| 0 | 37,3 | Beschilderte Abzweigung der Piste zur Arnarvatnsheidi von der Straße Nr. 518 beim Gehöft Kalmanstunga. Tor öffnen |
| 1,4 | 35,9 | Stichstraße zum 937 m hohen Krater Strútur. Piste führt weiter über die Lava Hallmundarhraun |
| 4,3 | 33 | Gatter öffnen |
| 6,4 | 30,9 | Kleine Furt |
| 7,4 | 29,9 | Lavahöhle Surtshellir (Schild) |
| 8,3 | 29 | Hinweisschild auf die Lavahöhlen Surtshellir und Stefanshellir |
| 10,9 | 26,4 | Abzweigung einer Piste nach links zu den Seen Kleppavatn und Fiskivatn |
| 13,9 | 23,4 | Piste überquert Lavafeld |
| 19,6 | 17,7 | Abzweigung: links »Ulfsvatn«, rechts »Arnarvatnstóra«; wir fahren rechts weiter! |
| 20,7 | 16,6 | Abzweigung: rechts »Reykjavatn«, geradeaus weiter zum Arnarvatn; stufige Furt (30-40 cm tief) durch das breite Nordlingafljót |
| 20,9 | 16,4 | Piste durch grasbewachsene Ebene; tief ausgefahrene Spuren, große Steine, morastige Piste |
| 27,8 | 9,5 | Alftakrókur, Hütte; rechts Abzweigung einer Parallelstrecke zum Arnarvatn |
| 29,6 | 7,7 | Rechts Krummavatn |
| 32,1 | 5,2 | Furt durch Seeabfluß des Leggjabrjótstjarnir |

| | | |
|---|---|---|
| 34,3 | 3 | Abzweigung einer Piste nach rechts; kurz danach Abzweigung einer Piste nach links, die in das Austurárdalur führt |
| 36,8 | 0,5 | Einmündung der Parallelpiste |
| 37,3 | 0 | Arnarvatn; Hütte |

Die Arnarvatnsheidi ist eine sumpfige und vegetationsreiche Hochebene mit vielen kleinen Seen. Die Seen sind fischreich, weshalb die Isländer gerne dorthin zum Angeln fahren. An den Seeufern stehen kleine, private Hütten. Ein Gewirr von nicht markierten und unbeschilderten Allradpisten durchzieht dieses Gebiet.

Die Piste von Süden zum Arnarvatn ist schwierig zu befahren. Oftmals müssen halbmeterhohe Gesteinsbrocken überklettert werden. Die Piste ist sehr ruppig und morastig. Bei Nässe besteht die Gefahr, daß man sich in dem bodenlosen Morast festfährt. Wir sind diese Piste von Húsafell aus nur bis zum Arnarvatn gefahren. Auf dieser Route liegen zwei Sehenswürdigkeiten ganz besonderer Art: die Lavahöhlen Surtshellir und Stefanshellir. Sie zählen zu den größten Lavahöhlen der Welt.

Die Piste zur Arnarvatnsheidi ist beschildert. Sie zweigt bei dem Gehöft Kalmanstunga von der Straße Nr. 518 ab. Kurz danach führt eine Stichstraße zum 937 m hohen Vulkankrater Strútur. Die Piste zur Arnarvatnsheidi führt weiter durch die Lava Hallmundarhraun. Die Piste ist ausgebaut worden und seither gut zu befahren. Die Lavahöhlen kann man mit einem normalen PKW anfahren. Die Furt bei Kilometer 6,4 ist unbedeutend.

Bei Kilometer 7,4 weist ein Schild zum ersten Mal auf die Lavahöhle Surtshellir hin. Sie können hier neben der Piste parken und zu Fuß zur Lavahöhle gehen. Der Weg über die Lava ist mit Steinmännchen markiert. Fährt man auf der Piste knapp einen Kilometer weiter, weist erneut ein Schild auf die Lavahöhlen Surtshellir und Stefanshellir hin. Auch von hier aus ist der Weg markiert.

Die Lavaströme der Hallmundarhraun haben in der Lava Hohlräume gewaltigen Ausmaßes hinterlassen. Die Hallmundarhraun ist mit einem Labyrinth an Höhlen und unterirdischen Gängen durchzogen. Die Höhlen haben viele Ein- und Ausgänge. Es besteht die Gefahr, daß man sich in dem verzweigten Höhlensystem verläuft. In den Höhlen gibt es keinerlei Markierungen oder gesicherte Fußpfade. Wer in die Höhlen hinabsteigt, sollte eine starke Taschenlampe dabeihaben. Der Höhlenboden besteht aus kubikmetergroßen Lavabrocken, die überklettert werden müssen. Unser Rat: Gehen Sie nur so weit in die Höhlen hinein, wie Sie noch das Tageslicht über dem Höhleneingang sehen können.

Von der Piste zweigen im weiteren Verlauf mehrere beschilderte Allradpisten ab, die zu den umliegenden Seen führen. Links der Piste fließt der breite Fluß Nordlingafljót. Folgt man den nach Norden abzweigenden Pisten, muß dieser große Fluß gefurtet werden.

Aber auch uns bleibt die Furt nicht erspart. Bei Kilometer 20,7 müssen wir das breite Nordlingafljót durchfahren. Wir haben Glück. Die Wassertiefe beträgt nur 30-40 cm. Die Furt ist aber stufig und holprig. Da sich im Nordlingafljót das Schmelzwasser des Langjökull sammelt, kann die Wasserführung bei entsprechender Witterung auch deutlich höher sein.

Nach der Furt wird die Piste sehr schlecht. Sie führt durch eine grasbewachsene Ebene. Die Piste weist tiefe Spurrillen auf, die mit Wasser gefüllt und morastig sind. Große und spitze Steine ragen 20-30 cm hoch aus der Piste heraus. Sie müssen langsam mit den Rädern einer Wagenseite überklettert werden. Es schrammt immer wieder gefährlich laut am Unterboden unseres Wagens. Als wir uns in der Tankstelle in Húsafell nach der Befahrbarkeit der Piste erkundigten, erhielten wir die Antwort: »You can drive, but you need a good jeep« - »Sie können fahren, aber Sie brauchen einen guten Jeep«.

Bei Kilometer 27,8 passieren wir die Hütte in Alftakrókur. Hier zweigt eine Parallelstrecke ab, die ebenfalls zum Arnarvatn führt.

Wir haben die seenreiche Hochebene erreicht. Auf beiden Seiten der schmalen Piste liegen unzählige kleine Seen. Die Piste ist tief ausgefahren. Die schwarze Erde ist weich und sumpfig. Wir fahren mit Allradantrieb. Kraftvoll wühlt sich unser Trooper seinen Weg durch den schweren Boden. Bei Kilometer 32,1 durchfahren wir den 30 cm tiefen Abfluß des Sees Leggjabrjótstjarnir. Das Flußbett ist sehr weich. Wir fahren in 2L durch das Wasser. Unser Wagen wird zusehends langsamer. Wir haben das Gefühl, daß sich die Räder unseres Autos im Wasser tief in den Boden eingraben. Aber wir schaffen die Furt. Hinter dem Fluß müssen wir wieder große Gesteinsbrocken überklettern. Wir können sie nicht umfahren, denn abseits der Piste besteht der Boden auch nur aus großen Steinen und tiefem Morast. Für dieses Gelände sind unsere Reifen zu fein profiliert. Grobe Stollen wären hier ideal. Bei Kilometer 34,3 zweigen Fahrspuren nach rechts ab. Wenig später biegt eine Piste nach Norden ab. Sie führt quer durch die Seenplatte in das Autsurárdalur. Bei Kilometer 36,8 mündet die Parallelpiste wieder in unsere Route ein. Bei Kilometer 37,3 erreichen wir die private Hütte am Arnarvatn. Der Arnarvatn erstreckt sich nördlich der Piste. Hinter der Hütte müssen wir wieder einen morastigen und breiten Seeabfluß durchfahren. Vor der Furt halten wir an. Zu Fuß prüfen wir den Boden. Er ist sehr weich und tief. Der Gefahr, hier irgendwo im menschenleeren Hochland steckenzubleiben, wollen wir uns nicht aussetzen. Wir brechen unsere Fahrt ab und kehren um.

Die »Arnarvatnsheidi« beansprucht das Fahrzeug extrem. Ständig besteht die Gefahr, sich im bodenlosen Morast festzufahren. Auch landschaftlich ist die Arnarvatnsheidi eher eintönig. Wer hier nicht unbedingt fahren will, sollte nur bis zu den Lavahöhlen fahren.

Wer weiterfahren will, hat vom Arnarvatn aus mehrere Möglichkeiten. Gehen Sie aber davon aus, daß die Pisten auf den nächsten 30 km schlecht befahrbar bleiben.

Vom Arnarvatn kann man über das Austurárdalur zurück zur Ringstraße bei Laugarbakki fahren. Fährt man auf unserer Route weiter geradeaus, gelangt man über die Vididalstunguheidi in das Vididalur oder über die Grimstunguheidi in das Vatnsdalur. Beide Strecken führen ebenfalls auf die Ringstraße.

Eines haben alle diese Strecken gemeinsam: Sie sind bei Nässe kaum befahrbar. Die Pisten sind schmierig und holprig. Viele und tiefe Wasserläufe müssen gefurtet werden. Werktags ist die Arnarvatnsheidi menschenleer. Die Isländer fahren in ihren Super-Jeeps überwiegend am Wochenende zum Angeln. Die Pisten, die über die Arnarvatnsheidi führen, werden nicht unterhalten.

5. Karte »Pisten im Bann der Gletscher«

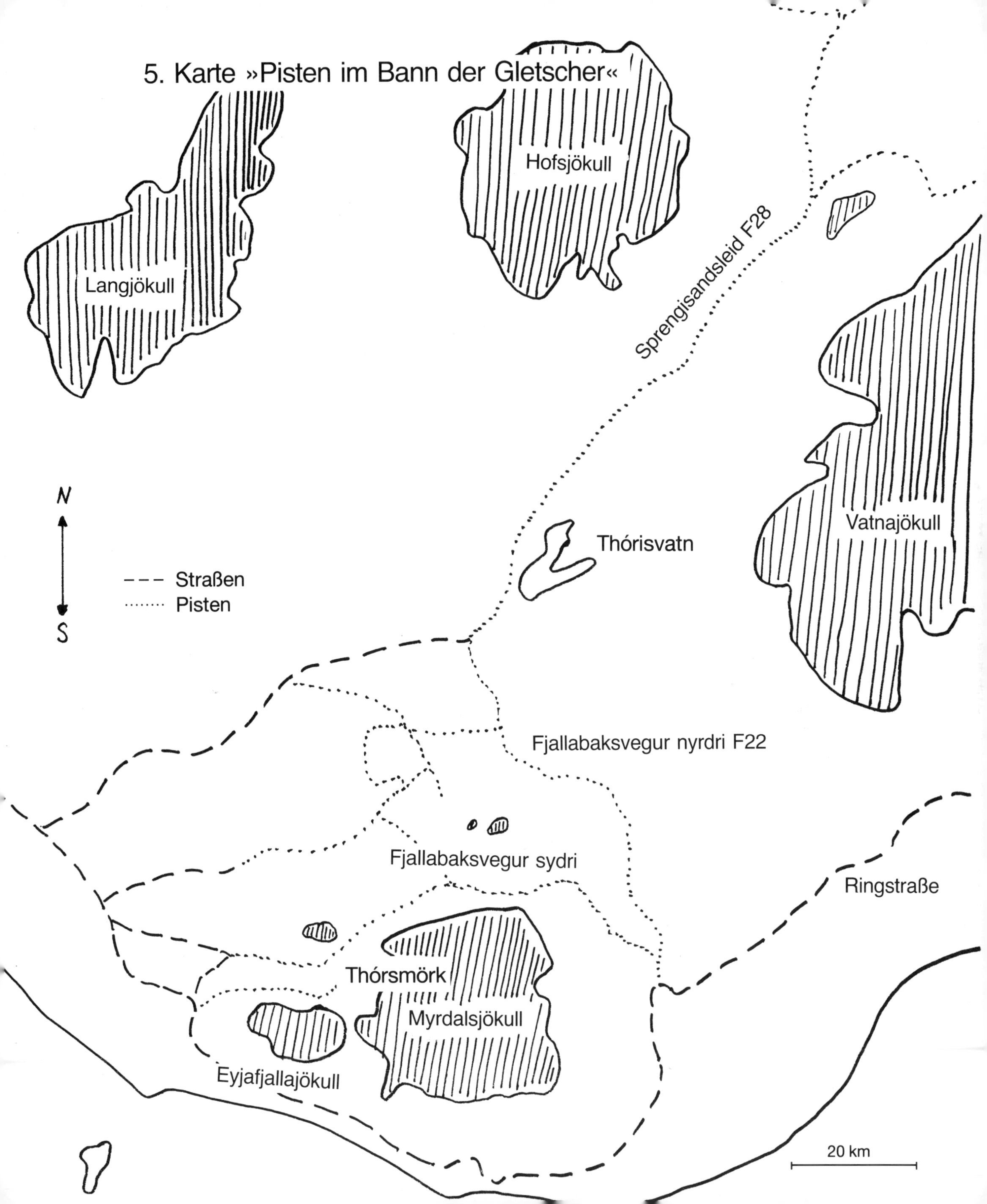

# Pisten im Bann der Gletscher

## Das Thórsmörk

*Piste Nr. 249 »Thórsmörkurvegur«*

*Gesamtdistanz*: 29 km
*Maximaldistanz ohne Tankmöglichkeit*: Etwa 60 km; Tankstelle an der Ringstraße.
*Pistenart*: Markierte Schotterpiste; viel befahren.
*Schwierigkeitsgrad*: Mittelschwer; Geländewagen und Allradantrieb erforderlich; viele – zum Teil sehr tiefe – Furten (Wassertiefe 50-100 cm!); besonders tückisch sind die Furten durch den Gletscherabfluß des Gigjökull, die Steinholtsá, die Hvanná und die Krossá; der Wasserstand dieser Flüsse schwankt je nach Wetterlage stark; nach langanhaltenden Regenfällen kann die Furt durch die Krossá unpassierbar tief und reißend sein.
*Zeitbedarf*: 1½ Stunden bis zu den Hütten des Ferdafélags (Touristenvereins) Islands.
*Sicherheitsausrüstung*: Zelt und warme Kleidung; Reserverad.

*Streckenbeschreibung*:

| km | km | |
|---|---|---|
| 0 | 28,7 | Brücke über das Markarfljót; Abzweigung der Schotterpiste Nr. 249 von der Ringstraße; Schild »Thórsmörk 25 km« |
| 0,7 | 28,0 | 7 Furten auf 9 km |
| 9,9 | 18,8 | Furt durch die Saudá (40 cm tief) |
| 10,9 | 17,8 | Furt |
| 11,8 | 16,9 | Furt durch die Selá; Piste führt ins Tal des Markarfljót hinunter |
| 12,8 | 15,9 | Furt |
| 13,8 | 14,9 | Furt durch die Akstadaá |
| 14,2 | 14,5 | 4 Furten auf 2 km |
| 16,6 | 12,1 | Abzweigung; ein Schild warnt vor den Gefahren beim Durchqueren der tiefen Gletscherflüsse. Rechts Zufahrt zum Lónid, dem Gletschersee des Gigjökull (1 km); tiefe Furt (50-70 cm) durch den Gletscherfluß Jökulsá. Die Piste führt hinter der Furt weiter in das Thórsmörk. Empfohlene Alternative: Diese tiefe Furt vermeiden und an der Abzweigung geradeaus weiterfahren! |
| 17,0 | 11,7 | Breite, aber weniger tiefe (50 cm), nördlicher liegende Furt durch die Jökulsá |
| 17,6 | 11,1 | Furt |
| 19,2 | 9,5 | Furt |
| 19,5 | 9,2 | Tiefe Furt (50-70 cm) durch die Steinholtsá, dahinter Abzweigung zur Hütte im Húsadalur |
| 20,2 | 8,5 | 4 Furten auf 2 km |
| 22,3 | 6,4 | Furt durch die Stakkoltsá |
| 22,6 | 6,1 | Furt |
| 23,9 | 4,8 | Tiefe (60-70 cm) und schmale Furt durch den Gletscherfluß Hvanná; im Flußbett liegen große Steine; steile Böschung |
| 24,1 | 4,6 | Furt |
| 24,5 | 4,2 | Weggabelung; links Zufahrt zu den Hütten im Húsadalur, rechts weiter in das Thórsmörk |
| 24,9 | 3,8 | Furt |
| 26,2 | 2,5 | Zeltplatz mit Hütten und einfachen sanitären Anlagen in Básar |

| | | |
|---|---|---|
| 28,7 | 0 | Thórsmörk; Hütte »Skagfjördsskáli« (80 Plätze) des Ferdafélags Islands im Langidalur; Kiosk; unmittelbar davor die gefährliche Furt durch die verzweigte Krossá; Wassertiefe je nach Wetterbedingungen 60 – 100 cm! Die Furt ist für kleine Geländewagen auch bei geringer Wasserführung zu reißend und zu tief! Etwa 700 m flußabwärts gibt es für Fußgänger eine Holzbrücke über die Krossá |

Das Gletschertal Thórsmörk liegt nördlich des 1666 m hohen Eyjafjallajökull und westlich des 1450 m hohen Myrdalsjökull zwischen den Flüssen Markarfljót und Krossá. Die Piste Nr. 249 – »Thórsmörkurvegur« – zweigt vor der Brücke über das breite Markarfljót von der Ringstraße ab. Die knapp 30 km lange Stichstraße führt zu den Hütten und Campingplätzen im Thórsmörk. Hier enden dann alle befahrbaren Wege. Weiter geht es nur noch zu Fuß. Thórsmörk ist Anfangs- und Endpunkt zweier anspruchsvoller Wandertouren in Island: Vier Tage dauert die Wanderung über den Emstur nach Landmannalaugar; zwei Tage der Weg über die Gletscherausläufer des Myrdalsjökull zum Bergpaß auf dem Fimmvördurháls und weiter nach Skógar. Diese Strecken zählen zu den schönsten Wandertouren in Island. Im Thórsmörk selbst gibt es viele Möglichkeiten für Tageswanderungen, welche die farbenfrohe Landschaft zwischen den Gletschern erschließen. Einen guten Überblick über das Thórsmörk und die umliegenden Gletscher bietet der 458 m hohe Berg Valahnúkur, der einfach zu besteigen ist. Das Thórsmörk ist ein beliebtes Ausflugsziel der Isländer aus dem nahen Reykjavik, die hier oft die Wochenenden verbringen. Dann ist das Tal des Markarfljót stark befahren.

Die Piste zum Thórsmörk ist an sich einfach zu befahren – wenn da nicht die vielen und zum Teil gefährlich tiefen Furten durch die reißenden Gletscherabflüsse wären. Wegen dieser Flußdurchquerungen ist ein möglichst großer und schwerer Geländewagen mit Allradantrieb unbedingt notwendig. Für leichte, kleine Geländewagen stellen die tiefen Furten gelegentlich selbst im eher wasserarmen Hochsommer unpassierbare Hindernisse dar. Es ist ratsam, beim Durchqueren der Gletscherflüsse ortskundigen Isländern zu folgen, die die passierbaren Stellen besser kennen, da sie regelmäßig durch das Radio (natürlich in isländischer Sprache) über die Befahrbarkeit der Furten im Thórsmörk unterrichtet werden.

Nach einer Regenperiode Anfang August 1990 erlebten wir die wasserreiche Seite des Thórsmörk.

Nach der Abzweigung der Straße 249 von der Ringstraße führt die grobgeschotterte Piste im Tal des Markarfljót flußaufwärts. Bereits nach 700 Metern liegt die erste Furt vor uns. Es ist ein namenloser Schmelzwasserabfluß des Eyjafjallajökull. Der Fluß ist etwa 3 m breit und 30 cm tief. Bei Kilometer 2,5 folgt eine weitere, ähnlich breite und flache Furt. Auf den nächsten sieben Kilometern furten wir etwa alle 1000 m einen derartigen Gletscherabfluß. Diese Flüsse sind meist harmlos. Wir ertappen uns sogar dabei, wie wir nach der fünften Furt mit viel zu hoher Geschwindigkeit und ohne zugeschalteten Allradantrieb durch die schmalen Wasserläufe preschen. Das Wasser spritzt auf und klatscht gegen die Windschutzscheibe.

Bei Kilometer 9,9 halten wir an. Vor uns liegt die Saudá. Der Fluß ist breit und fließt schnell; die Uferböschung ist steil und aus lockerem Schotter. Behutsam tasten wir uns mit Allradantrieb und 1L in die Saudá. Der Wagen rumpelt über die großen Gesteinsbrokken, die unsichtbar im Flußbett liegen. Das

Wasser ist durchschnittlich knietief. Ausspülungen im sandigen Flußbett lassen unseren Wagen aber in starker Schräglage einige Male beträchtlich tiefer eintauchen. Hier umspült das Wasser den Scheinwerfer. Tropfend und dampfend kriecht unser Trooper am gegenüberliegenden Ufer wieder aus dem Fluß die steile Böschung hinauf.

Auf den folgenden Kilometern müssen wieder zahlreiche flache Gletscherabflüsse durchfahren werden. Bei Kilometer 11,8 führt die Piste nach der Furt durch die Selá ins Tal des Markarfljót hinab. Etwa 100 m neben dem großen Strom fahren wir durch eine weite Schotterebene, die mit tonnenschweren Felsbrocken übersät ist. Ein gewaltiger Gletscherlauf hat diese Landschaft geformt.

Weitere, meist flache Furten folgen. Bei Kilometer 16,6 erreichen wir eine Abzweigung. Ein Schild warnt vor den Gefahren beim Durchqueren der tiefen Gletscherflüsse im Thórsmörk. Im August 1990 stand in der Nähe des Schildes ein völlig zerbeulter Range Rover mit isländischem Kennzeichen, der laut Radiobericht in einer Furt vom Wasser mitgerissen und umgekippt worden war. Die Insassen konnten sich zum Glück unverletzt retten.

Bei der Abzweigung bei Kilometer 16,6 führt eine schmale Piste nach rechts den flachen Hang hinauf in Richtung der Berge. Geradeaus verläuft die Piste weiter talaufwärts. Wir fahren zunächst nach rechts. Dies ist die Zufahrt zum Lónid, dem Gletschersee des Gigjökull. Den Gletschersee erreichen wir nach 1 km. Am Ende einer schmalen Landzunge, die in den See hineinreicht, halten wir an. Auf dem 40 m tiefen See schwimmen kleine Eisberge. Es sind Bruchstücke des Gigjökull, einer Gletscherzunge des Eyjafjallajökull. Diese Stelle ist ein beliebtes Fotomotiv: der Wagen im See mit Eisbergen vor der Kulisse des mächtigen Gletschers. Obwohl die Piste vom Gletschersee weiter in das Thórsmörk führt, ist es nicht ratsam, den tiefen und reißenden Gletscherabfluß des Lónid direkt hier zu furten. Die Furt durch die Jökulsá, den Gletscherabfluß, gilt als kritisch. Der Untergrund ist tückisch: Die Furt ist tief eingeschnitten und vom schnell strömenden Wasser ausgewaschen. Nördlich davon, also flußabwärts, gibt es eine »einfachere« Furt. Diese Stelle erreicht man, wenn man an der erwähnten Abzweigung geradeaus weiterfährt.

Die Furt durch die Jökulsá liegt bei Kilometer 17,0 vor uns. Den Abstecher zum Lónid haben wir bei den Kilometerangaben nicht berücksichtigt. Einfachere Furt? Wir stehen vor einem etwa 20 m breiten, reißenden und schäumenden Wildfluß. Das Schäumen läßt auf Felsbrocken schließen, die versteckt im Flußbett liegen und vom Wasser überspült werden. Wir legen erst einmal eine Vesperpause ein und wollen auf ein weiteres Fahrzeug warten, bevor wir den Fluß durchfahren. Nach einer Viertelstunde nähern sich zwei Geländewagen: ein Daihatsu und ein großer, höhergelegter Ford Wagoneer. Die Fahrer sind Isländer. Auch sie halten vor der Furt an und steigen aus. Wir fragen einen der beiden:

»Können wir diese Furt durchfahren?«

»Ja, ziemlich tief und viel Wasser«, erhalten wir zur Antwort. »Wir versuchen es! Ihr könnt uns folgen. Euer Wagen schafft das. Das Radio hat gemeldet, daß die Furten wieder passierbar sind«.

Der Fahrer des Daihatsu öffnet die Motorhaube seines Wagens und verlängert den Luftansaugstutzen mit einem Stück Kunststoffrohr, über dessen Öffnung er eine alte Socke stülpt. »Das ist notwendig«, sagt er.

Der Ford fährt als erster. Mit aufheulendem Motor rumpelt der große Wagen durch die Furt. Seine ungestüme Kraft ist durch nichts zu bremsen. Die Jökulsá sieht tiefer und gefährlicher aus, als sie in Wirklichkeit ist. Das

Wasser ist etwa einen halben Meter tief, also noch gut passierbar für einen Geländewagen. Der leichtere und schwächer motorisierte Daihatsu muß gegen die Gewalt des Wassers merklich ankämpfen. Er taucht um einiges tiefer ins Wasser ein als der hochbeinige Ford. Aber auch er schafft den Fluß. Wir folgen in unserem Auto und halten dabei die Motordrehzahl auf 2 000 U/min. Der Allradantrieb ist zugeschaltet und der erste Gang des Untersetzungsgetriebes eingelegt. Auch unser Wagen ist in der Furt nicht zu bremsen. Ohne die geringste Schwierigkeit kriechen wir am anderen Ufer wieder aus dem Fluß.

»Wir haben noch einen größeren Fluß vor uns, die Steinholtsá«, sagt einer der Isländer. »Folgt uns!«

Die Isländer brausen davon. Vor den kleineren Furten drosseln sie kaum ihre Geschwindigkeit. Bei Kilometer 19,5 halten sie an und warten auf uns. Die Steinholtsá ist etwa 10 m breit und reißend. Für mich sieht sie weniger kritisch aus als die Jökulsá. Behutsam tastet sich der Ford ins Wasser. Die Böschung ist steil. Beim Eintauchen überspült die Bugwelle die Motorhaube des Ford. Die Wassertiefe dürfte über eine halben Meter betragen. Dies stellt auch für einen Geländewagen bereits die Grenze seiner Watfähigkeit dar. Doch auch der viel kleinere Daihatsu durchfährt diese Furt. In unserem Trooper hören wir beim Eintauchen in den Fluß dumpfe Gluckergeräusche. Das Wageninnere bleibt aber trocken. Mühelos durchfahren wir die tiefe Steinholtsá.

Wieder folgt auf den nächsten vier Kilometern Furt auf Furt. Die beiden freundlichen Isländer haben wir aus den Augen verloren, nachdem wir unterwegs anhielten, um zu fotografieren. Bei Kilometer 23,9 erreichen wir den schmalen Gletscherfluß Hvanná. Seine Strömung ist gewaltig. Wir halten an. Am gegenüberliegenden Ufer stehen unsere isländischen Freunde. Der Fahrer des Daihatsu hat die Motorhaube seines Wagens geöffnet und macht sich am Motor zu schaffen. Die Hvanná scheint tief zu sein. Das Wasser schäumt nicht. Der Fahrer des Ford winkt uns zu und gibt uns durch Zeichen zu verstehen, flußabwärts in einem Bogen durch den Fluß zu fahren. Aber hier besteht die Böschung nur aus großen Steinen. Wir wollen geradeaus durch den Fluß!

»No!« – Ein lauter Schrei vom gegenüberliegenden Ufer. Wir stoppen, setzen zurück und fahren auf die großen Steine zu. In 1L klettert der Trooper über die Gesteinsbrocken. Trotz der geringen Geschwindigkeit werden wir im Wagen ordentlich durchgeschüttelt. Unser Fahrzeug taucht ins Wasser ein. Der Wagen rumpelt über Unebenheiten. Mehrfach schwappt das Wasser der Bugwelle über die Motorhaube und klatscht gegen die Windschutzscheibe. So langsam wie möglich fahren wir durch den 60-70 cm tiefen Fluß. Es dringt kein Wasser in unser Auto ein. Die zusätzlichen Abdichtungen, die wir zu Hause an den Durchführungen der Lenksäule, der Kabel und Pedale angebracht haben, bewähren sich. Auch der Tunnel der Kardanwelle bleibt dicht. Das Versiegeln einzelner tiefer liegender elektrischer Bauteile im Motorraum wie Relais und Steckverbindungen macht sich hier bezahlt. Am gegenüberliegenden Ufer halten wir an. Eine halbe Minute lang tropft Wasser aus unserem Trooper. Im Motorraum dampft es. Doch der Wagen hat den Fluß ohne Schaden überstanden. Die Isländer kommen auf uns zu. »Das war der tiefste Fluß, jetzt sind wir sicher«, werden wir empfangen. »Die Krossá durchfahren wir nicht«.

Die Isländer schauen sich unseren Wagen genau an. »Euer Wagen ist gut«. Wir fachsimpeln über Reifen und PS. Die Isländer wünschen uns noch einen schönen Urlaub und fahren weiter.

Bei Kilometer 24,5 gelangen wir an eine Weggabelung. Links führt eine Piste zu den Hütten im Hùsadalur. Rechts geht es weiter in das Thórsmörk. Nach zwei Kilometern fahren wir an einem einfachen Zeltplatz mit kleinen Hütten und den charakteristischen dreieckigenToilettenhäuschen vorbei. Hinter dem Campingplatz nähert sich die Piste dem Talschluß.

Bei Kilometer 28,7 stehen wir vor der Krossá. Unmittelbar hinter dem Fluß liegt die Hütte »Skafjördsskáli« des Ferdafélags Islands. Hier endet der Thórsmörkurvegur. Wir sind im Langidalur, dem von Birken und Moosen bewachsenen, ruhigen und farbenfrohen Tal im Thórsmörk.

Die Krossá ist der gefährlichste und schwierigste Fluß auf dieser Strecke. Ob die Furt befahrbar ist, hängt weder vom Können noch vom Mut des Fahrers ab, sondern allein vom Wasserstand. Die Krossá ist entweder bei »geringer« Wasserführung mit einem großen und schweren Geländewagen gerade noch passierbar, oder bei mehr Wasser überhaupt nicht zu durchfahren. Selbst im Normalfall kann die Krossá 60-100 cm tief sein.

Für viele Geländewagen liegt diese Wassertiefe bereits deutlich oberhalb der serienmäßig vorgegebenen Wattiefe.

Das Flußbett der Krossá ist breit und verzweigt. Zwischen den einzelnen Flußarmen gibt es trockene Schotterbänke. Wer den Wasserstand und den exakten Verlauf der Furt nicht kennt, sollte die Krossá nicht durchfahren. Etwa 700 m flußabwärts führt eine Fußgängerbrücke über den Fluß.

Bei der Brücke kann der Wagen auf dem höhergelegenen Flußschotter abgestellt werden. Nach 15 Minuten Fußmarsch erreicht man die Touristenhütte. Hier gibt es einen kleinen Kiosk und die Möglichkeit zu zelten.

## Fjallabaksvegur sydri

*Route Straße Nr. 261 – Emstrur – Maelifellsandur – Snaebyli – Straße Nr. 208*

*Gesamtdistanz*: 96 km
*Maximaldistanz ohne Tankmöglichkeit*: 150 km; Tankstellen an der Straße Nr. 261 und an der Ringstraße.
*Pistenart*: Markierte Schotter- und Sandpiste
*Schwierigkeitsgrad*: Schwierig; tiefe Furten, Sandgebiete; Geländewagen mit Allradantrieb erforderlich.
*Zeitbedarf*: 6-8 Stunden
*Sicherheitsausrüstung*: Zelt, warme Kleidung, Essen für zwei Tage, Trinkwasser; Abschleppseil, Hi-Lift-Wagenheber, Kompaß; Begleitfahrzeug.

*Streckenbeschreibung*:

| km | km | |
|---|---|---|
| 0 | 96 | Ende der Straße Nr. 261 im Fljótsdalur; Abzweigung der Allradpiste Fjallabaksvegur sydri |
| 0,3 | 95,7 | Furt (40 cm tief) durch die Thórólfsá |
| 1,3 | 94,7 | Gatter öffnen |
| 3,4 | 92,6 | Hinweisschild auf den Berg »Thórólfsfell 547 m« |
| 3,8 | 92,2 | Schotterpiste führt durch das Tal des Markarfljót. Furten durch kleine Wasserläufe |
| 5,9 | 90,1 | Piste führt durch Schlucht |
| 7,3 | 88,7 | 2 Furten (20 cm tief) auf 1000 m |
| 9,2 | 86,8 | Furt durch 2 Flußarme der Gilsá (30 cm tief) |
| 9,5 | 86,5 | Breite Furt durch Gilsá (60 cm tief). Danach führt die Piste in die Berge der Fauskheidi |

| | | |
|---|---|---|
| 16,3 | 79,7 | Abzweigung einer Piste, die östlich des Tindafjallajökulls durch das Fjallabak-Hochland führt |
| 16,5 | 79,5 | Brücke über das Markarfljót, davor steile Abfahrt |
| 16,7 | 79,3 | Furt durch Flußarm des Markarfljót (100 cm tief). Danach steile Auffahrt aus der Schlucht |
| 17 | 79 | Mosar, Hütte |
| 19 | 77 | Lava, Berg Hattafell |
| 22 | 74 | Furt (40 cm tief), sandige Piste |
| 26 | 70 | Brücke über die Innri-Emstruá, danach Furt durch Flußarm der Innri-Emstruá (40 cm tief) |
| 36,5 | 59,5 | Furt durch 2 Flußarme der Bláfjallakvisl (40-50 cm tief) |
| 37 | 59 | Hvanngils-Krókur; Abzweigung der Piste durch das Fjallabak-Hochland in die Reykjadalir und zur Landmannaleid |
| 39 | 57 | Beginn der Sandwüste Maelifellssandur |
| 49 | 47 | Bergrücken Vedurháls; Furt |
| 52 | 44 | Furt; Berg Maelifell |
| 54 | 42 | Furt; Verzweigung der Piste östlich des Bergs Maelifell; wir fahren schwach links weiter |
| 56,5 | 39,5 | 1. Furt durch Brennivinskvisl (40 cm tief) |
| 56,9 | 39,1 | 2. Furt durch Brennivinskvisl (40 cm tief) |
| 64 | 32 | Verzweigung der Piste; wir fahren links weiter |
| 64,8 | 31,2 | Verzweigung der Piste; wir fahren links. Piste verläuft parallel |
| 66,4 | 29,6 | Einmündung der Parallelpiste |
| 67,5 | 28,5 | Furt durch die breite Holmsá (60-80 cm tief). Piste verläuft entlang der Holmsá nach Süden. Steinwüste |
| 69 | 27 | Furt (40 cm tief) |
| 72 | 24 | Piste verläuft steil über den Bergrücken Tjaldgilsháls |
| 75 | 21 | Furt (50 cm tief) |
| 81 | 15 | Piste führt über die Ljótarsadaheidi. Mehrere Furten durch Zuflüsse des Tungufljót auf 8 km |
| 89 | 7 | Snaebyli |
| 95 | 1 | Gröf |
| 96 | 0 | Straße Nr. 208 |

Der Fjallabaksvegur sydri verläuft durch das Hochland nördlich der Gletscher Eyjafjallajökull und Myrdalsjökull. Die Piste ist wegen der steilen Auf- und Abfahrten, der Sandgebiete und vor allem wegen der vielen und tiefen Gletscherflüsse, die gefurtet werden müssen, nur mit einem großen Geländewagen zu bewältigen.

Der Fjallabaksvegur sydri beginnt am Ende der Straße Nr. 261 im Fljótsdalur. Hier zweigt die Allradpiste von der asphaltierten Straße ab und führt durch das Tal des Markarfljót. Bereits nach 300 m stehen wir vor dem ersten größeren Fluß. Die Thórólfsá ist klar und fließt langsam. Die Furt ist gut 40 cm tief. Wir durchfahren den Fluß in einem flußabwärts gerichteten Bogen. Anschließend steigt die Schotterstraße leicht an. Bei Kilometer 1,3 müssen wir ein Schafgatter öffnen. Von hier hat man einen ersten guten Blick über das breite Tal des Markarfljót. Auf der anderen Seite sehen wir Reisebusse auf ihrem Weg in das Thórsmörk fahren. Bei Kilometer 3,4 weist ein Schild auf den 547 m hohen Berg Thórólfsfell hin. Besonders gut sieht man von der Piste jetzt auf den Gigjökull, eine Gletscherzunge des Eyjafjallajökull. Bei Kilometer 3,8 säumt eine Felswand mit bizarren Erosionsformen die Piste. Diese verläuft auf den nächsten 6 km im Tal des Markarfljót flußaufwärts. Dabei müssen immer wieder kleine Wasserläufe, die von den Bergen kommen, gefurtet werden. Auf dem

Flußschotter wachsen Moose, Kamille und Stengelloses Leimkraut.

Bei Kilometer 5,9 führt die Piste oberhalb des Tals durch eine schmale Schlucht. Bei Kilometer 7,3 und 8,3 durchfahren wir zwei flache Bäche. An der Gilsá warnt ein Schild vor den Gefahren beim Furten. Die ersten beiden Flußarme, die wir bei Kilometer 9,2 durchfahren, sind harmlos. 300 m weiter stoppt uns der 3. Flußarm der Gilsá. Vor uns liegt ein vielleicht 200 m breiter Fluß. Wir erkennen deutlich mehrere, stark strömende Hauptarme. Da wir alleine unterwegs sind, wagen wir die Fahrt durch diese Furt nicht. Wir erkunden die Gilsá zuerst zu Fuß. Das kostet zwar Zeit, ist aber die einzige Möglichkeit, die Furt genau auszumachen. Die starke Strömung hat tiefe Rinnen im Flußschotter ausgewaschen. Wir durchfahren die Gilsá schließlich in gerader Richtung und halten genau auf die Piste am anderen Ufer zu. Mehrmals taucht unser Wagen bis zu 60 cm tief in den Fluß ein. Nach der Furt führt die Piste hoch in die Berge der Fauskheidi. Die Piste wird holpriger. Bei Kilometer 16,3 erreichen wir die Abzweigung einer Allradpiste, die östlich des Tindafjallajökulls durch das Fjallabak-Hochland verläuft. Nach der Abzweigung führt die Piste steil in eine Schlucht. Bei Kilometer 16,5 überqueren wir auf einer schmalen Brücke den tosenden Markarfljót. Ein Glück, daß wir diesen Fluß nicht furten müssen! Doch wir haben uns zu früh gefreut. Nur 200 m weiter versperrt uns ein weiterer Flußarm des reißenden Markarfljót den Weg. Das Flußbett scheint V-förmig eingeschnitten und sehr tief zu sein. Wieder müssen wir die Furt zu Fuß erkunden. Die Kraft des Wassers reißt mich beinahe um. Das anströmende Wasser reicht bis zur Hüfte. Das ist schon zu tief für einen Geländewagen. Aber wir müssen hier durch! Ganz langsam, mit zugeschaltetem Allradantrieb und 1L fahren wir in den Fluß. Das Wasser ist verdammt tief. Die Bugwelle überspült die Motorhaube nicht nur beim Eintauchen, sondern auch beim Fahren. Am Armaturenbrett unseres Autos leuchten alle Lampen. Irgendwo schließt uns das Wasser die Elektrik kurz. Doch der Wagen fährt mit voller Kraft weiter. Wir erreichen das andere Ufer. Ohne vom Gas zu gehen, fahren wir in 1L mit Vollgas weiter. Nicht wegen der steilen Auffahrt aus der Schlucht, sondern weil die Lämpchen am Armaturenbrett immer noch leuchten. Nach einer »langen« Minute verlöschen sie endlich wieder. Auch im Leerlauf geht der Motor unseres Wagens nicht aus. Wir kontrollieren die Luftansaugung; sie ist trocken geblieben. Aber der ganze Motor ist triefend naß. Es dampft aus dem Motorraum. Diese Furt war wohl über einen Meter tief. Offensichtlich ist der Wasserstand der Flüsse im Juli 1992 besonders hoch. Der Fjallabaksvegur sydri ist vor einer Woche aber offiziell zum Befahren freigegeben worden.

Bei Kilometer 17 passieren wir die private Hütte in Mosar. Zwei Kilometer weiter durchfahren wir ein Lavafeld nördlich des Bergs Hattafell. Anschließend wird die Piste sandig. Die Furt bei Kilometer 22 ist harmlos im Vergleich zu der vorherigen. Die Piste führt weiter durch dunklen Sand. Im Süden liegt der Myrdalsjökull zum Greifen nah. Auf einer Brücke überqueren wir bei Kilometer 26 die Innri-Emstruá. Doch dann scheint sich das Spiel von vorhin zu wiederholen: Gleich nach der Brücke müssen wir einen Flußarm durchfahren. Wir sehen schon auf den ersten Blick, daß dieser Fluß nicht kritisch ist. Wir schalten den Allradantrieb zu, legen den ersten Gang des Untersetzungsgetriebes ein und fahren mit konstanter Geschwindigkeit durch die 40 cm tiefe Furt.

Bei Kilometer 36,5 durchfahren wir wieder zwei etwas heiklere Flußarme. Die Furt durch die Bláfjallakvisl ist einen halben Meter tief. Kurz darauf erreichen wir Hvanngils-Krókur. Hier zweigt eine schwierige Piste nach Norden ab und führt durch das Fjallabak-Hochland in die Reykjadalir und zur Landmannaleid. Hinter dieser Abzweigung beginnt der ausgedehnte Maelifellssandur. 10 km weit fahren wir nur durch schwarzen Sand. Die Piste ist hart und zügig befahrbar. Wir furten einzelne flache Wasserläufe. Gelegentlich zwingen größere Steine zum Langsamfahren.

Die Piste führt immer näher an den Myrdalsjökull heran. Bei Kilometer 46 fahren wir durch nasses Schwemmland. Der Verlauf der Piste ist gut markiert. Die Reifen unseres Wagens graben sich einige Male tief in den Sand ein, doch wir haben genug Schwung und durchfahren die »Quicksands«. Bei Kilometer 49 erreichen wir den Bergrücken Vedurháls. Wir furten hier erneut einen der zahlreichen namenlosen Gletscherflüsse. Drei Kilometer weiter passieren wir den markanten, 791 m hohen Bergkegel Maelifell. Seine steilen Flanken sind mit dunkelgrünen Moosen bewachsen. Auch hier furten wir einen Gletscherfluß. Die Piste führt im Süden am Berg Maelifell entlang. Wir kommen durch eine phantastische Landschaft: schwarzer Sand, sanfte, grüne und dunkelbraune Bergrücken, gleißendes Gletschereis, silbrig glänzende Wasserläufe.

Die Gletscherflüsse, die wir in diesem Gebiet durchfahren müssen, zählen wir nicht mehr. Es sind zu viele. Die meisten sind nicht tiefer als 30 cm; ihr Flußbett ist sandig, aber mit Allradantrieb problemlos zu befahren.

Bei Kilometer 54 verzweigt sich die Piste östlich des Maelifell. Wir fahren schwach links weiter. Bei Kilometer 56,5 furten wir die Brennivinskvisl, den »Branntweinfluß«. Kurz darauf müssen wir den Fluß ein zweites Mal durchfahren. Auch an den Verzweigungen bei Kilometer 64 und 64,8 halten wir uns links. Der letzte »schwierige« Fluß auf dieser Strecke liegt bei Kilometer 67,5 vor uns. Die Holmsá ist breit und klar. Es ist kein Gletscherfluß. Trotzdem erkunden wir auch diesen Fluß zuerst zu Fuß. Aus Beschreibungen wissen wir, daß die Holmsá tief sein kann. Der Untergrund ist steinig und fest, aber die Furt ist sehr tief: stellenweise bis zu 80 cm. Nach den hinter uns liegenden Flüssen schrecken uns diese 80 cm nicht mehr. Ohne Schwierigkeiten durchfahren wir die oberschenkeltiefe Holmsá.

Der schwierigste Teil der Strecke liegt hinter uns. Die Piste verläuft jetzt entlang der Holmsá nach Süden. Die Landschaft gleicht mit wenigen Ausnahmen einer Steinwüste. Die nächste Furt erreichen wir bei Kilometer 69. Der Fluß ist ebenfalls klar und 40 cm tief. Ab Kilometer 72 verläuft die Piste steil über den Bergrücken Tjaldgilsháls. Danach durchfahren wir erneut einen halbmetertiefen Fluß. Die Landschaft wird langsam wieder grün. Bei Kilometer 81 führt die Piste über die Ljótarsadaheidi. Hier müssen wir auf 8 km mehrere Zuflüsse des Tungufljót durchfahren. Diese Furten sind jedoch nicht besonders tief. Bei Kilometer 89 erreichen wir Snaebyli. Hier endet der Fjallabaksvegur sydri.

Für die 89 km haben wir 7 Stunden gebraucht. Wir haben diese schwierige Route im Alleingang durchfahren. Zusammen mit der Piste ins Thórsmörk dürfte der Fjallabaksvegur sydri die meisten und auch tiefsten Furten der isländischen Hochlandpisten aufweisen. Im Gegensatz zum Thórsmörkurvegur wird der Fjallabaksvegur sydri sehr selten befahren. Wer sich hier festfährt oder verfährt, kann keine schnelle Hilfe erwarten. Deshalb empfehlen wir, diese Route aus Sicherheitsgründen nur mit mindestens zwei Fahrzeugen zu fahren.

Bei Kilometer 96 erreichen wir die Straße Nr. 208; fünf Kilometer weiter südlich ist man wieder auf der Ringstraße.

6. Karte »Ziele on road«

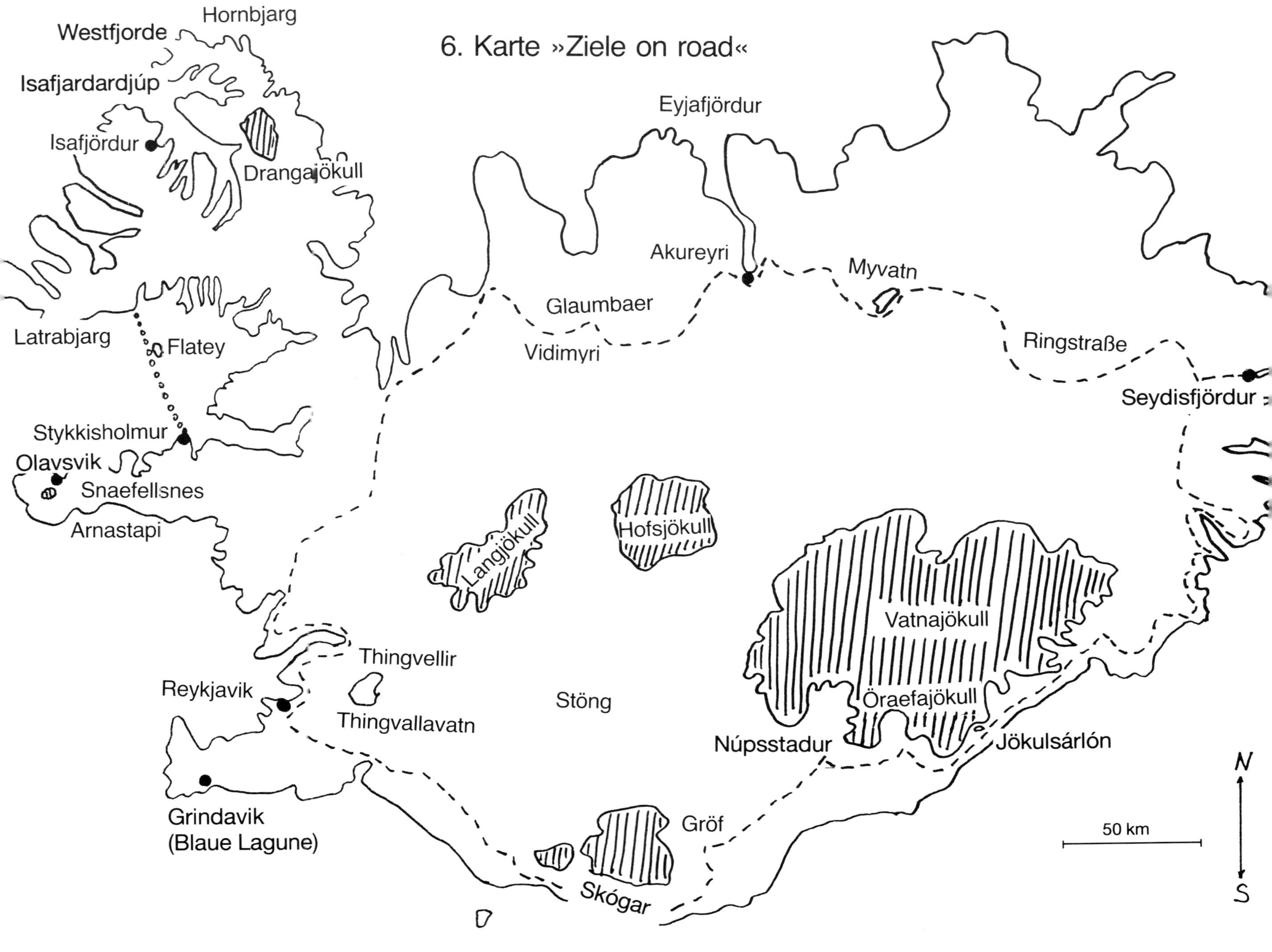

# On-Road-Ziele

## Reykjavik, die smogfreie Hauptstadt

Die Geschichte der Stadt beginnt mit folgender Sage: Der norwegische Einwanderer Ingólfur Arnarson warf 874 die Hochsitzsäulen seines Schiffes über Bord, um die Götter entscheiden zu lassen, wo er sich niederlassen solle. Zwei Jahre später fanden seine Leute die Säulen. Arnarson nannte diesen Ort wegen seiner heißen, dampfenden Quellen »Rauchbucht« – Reykjavik.

Reykjavik hatte lange Zeit jedoch nur untergeordnete Bedeutung. Als der Dänenkönig Christian VII. der kleinen Handwerker- und Fischersiedlung 1786 die Stadtrechte verlieh, zählte sie gerade 170 Einwohner. Erst als die Stadt zum Bischofssitz wurde und das Althing, das isländische Parlament, hierher verlegt wurde, stieg ihre Bedeutung. Die Einwohnerzahl nahm zu. Bis jetzt steigt die Bevölkerungszahl jährlich um etwa 1500 Menschen. Heute zählt Reykjavik 92 000 Einwohner. Mit dem Umland zusammen sind es sogar 150 000 Bewohner, mehr als die Hälfte der isländischen Gesamtbevölkerung.

Der Hauptgrund für die Anziehungskraft der Städte – insbesondere der Hauptstadt Reykjavik – ist, daß das Leben in der Stadt viel bequemer und angenehmer ist als auf dem Land. Auch gibt es hier mehr Arbeitsplätze, insbesondere im Dienstleistungsgewerbe. Die Ausbildungs- und Verdienstmöglichkeiten sind hier ebenfalls besser. Das Angebot an Freizeitmöglichkeiten ist größer. Aber es gibt auch mehr Lärm, Autoabgase, größere soziale Probleme und eine enorme Steigerung der Grundstücks- und Lebenshaltungskosten.

Das Besondere an der nördlichsten Hauptstadt Europas ist, daß sie sehr sauber ist. Hier gibt es so gut wie keine Schornsteine. Geheizt wird seit den vierziger Jahren ausschließlich mit geothermaler Energie, denn fast überall lassen sich Brunnen bohren, die heißes Grundwasser zutage fördern. Das Wasser wird auf dem Öskjuhlid gespeichert und fließt bei Bedarf in die Häuser. Die geothermale Energie ist noch dazu kostengünstig; sie kostet in etwa nur ein Zehntel dessen, was in Island für Heizöl gezahlt werden muß. In den Gemeinden, in denen nicht mit naturheißem Wasser geheizt werden kann, subventioniert der Staat zum Ausgleich das Öl.

In den Flüssen der smogfreien Stadt gibt es Forellen und Lachse!

Es gibt mehrere Möglichkeiten, diese Stadt kennenzulernen. Es werden beispielsweise geführte Rundfahrten angeboten. Oder man erkundet Teile der Hauptstadt zu Fuß.

Vor einem Stadtrundgang empfiehlt es sich, sich einen übersichtlichen Stadtplan zu besorgen. Man erhält diesen oftmals sogar kostenlos an Hotelrezeptionen, in Reisebüros oder der Touristeninformation. Dort kann man sich auch nach Öffnungszeiten von Museen, Galerien, Kirchen und Geschäften erkundigen.

Am *Tjörnin*, dem Stadtsee, läßt sich das eigene Auto gut abstellen. Hier beginnen wir mit unserem Rundgang. Dieser See inmitten der Häuser verleiht Reykjavik eine besondere Note. Das Geschenk eines amerikanischen Botschafters, eine Wasserfontäne im See, entspricht dagegen nicht dem Geschmack eines jeden Isländers.

Am Ufer des Sees entstand das neue *Rathaus* der Stadt. Am Austurvöllur, dem »Ostfeld«, befindet sich die *Lutherische Domkirche* aus dem Jahre 1796. Daneben steht das *Althing-Haus*, in dem seit 1881 das Parlament tagt. An diesem Platz befindet sich auch eine Statue, die Jón Sigurdsson darstellt, den Führer im isländischen Unabhängigkeitskrieg des 19. Jahrhunderts. Sigurdssons Geburtstag, der 17. Juni, wird als Nationalfeiertag begangen. Außerdem erhielt Island an diesem Tag im Jahre 1944 wieder eine eigene Verfassung.

Im *Falkenhaus*, in dem früher tatsächlich isländische Falken gehalten wurden, bis sie nach Dänemark exportiert wurden, werden heute Souvenirs verkauft. Beliebte Andenken sind die handgefertigten Strickwaren. Ein Islandpullover, gestrickt aus der dreifädigen Lopiwolle, leistete auch uns an so manchem kalten Tag gute Dienste. Wollwaren, Felle, Gefäße aus Lavagestein, Silberschmiedearbeiten und Bildbände sind beliebte Souvenirs aus Island.

In der Nähe des *Regierungsgebäudes*, in dem die Ministerpräsidentin und einige Kabinettsmitglieder arbeiten, befindet sich der *Laugavegur*, die bedeutendste Einkaufsstraße der Stadt. Weitere Hauptgeschäftsstraßen sind die Austurstraeti, Hafnarstraeti, Bankastraeti und Skólavördustígur.

Will man sich einen Überblick über die Stadt verschaffen, begibt man sich am besten auf den 73 m hohen Turm der *Hallgrimmskirche*. Wir fuhren mit dem Aufzug hinauf und waren überwältigt von dem sich hier bietenden Ausblick. In allen Himmelsrichtungen umgaben uns die bunten Dächer der Stadt.

Reykjavik liegt auf der Halbinsel Seltjarnarnes im Südwesten des Landes. Nordöstlich der Stadt liegt der 909 m hohe Esja, der Hausberg der Reykjaviker. Bei guter Fernsicht kann man von Reykjavik 100 km weit sehen – bis zum Vulkan Snaefell auf der Halbinsel Snaefellsnes. Im Osten erkennt man hinter der Mosfellsheidi den 806 m hohen Hengill. Im Süden erstreckt sich die Halbinsel Reykjanes. Dort liegt in Keflavik, 45 km außerhalb der Hauptstadt, der internationale Flughafen.

Die Kirche wurde zum Gedenken an Hallgrímur Pétursson, den Kirchenliederdichter aus dem 17. Jahrhundert, errichtet. Mit dem Bau der Kirche wurde 1947 begonnen, bis heute ist er nicht abgeschlossen. 40% der Finanzierung erfolgten über Spenden aus dem In- und Ausland. Interessierte können nach wie vor einen Anteil an der Kirche erwerben. Gudjón Samuelson entwarf außer den Plänen für diese Kirche auch das Hauptgebäude der Universität, das Nationaltheater, die katholische Kirche in Reykjavik und die Hauptkirche in Akureyri.

Gegenüber der Kirche steht das *Denkmal von Leifur Erikson*, der bereits lange vor Kolumbus im Jahre 1000 Amerika entdeckt haben soll. Die Statue von Stirling Clader ist ein Geschenk des amerikanischen Volkes zum Jahrestag der Althing-Gründung (1930). Im »Kolumbusjahr« 1992 wurde dieser Streit erneut aufgegriffen.

In unmittelbarer Nachbarschaft der Kirche kann man auch zwei Galerien besichtigen. Im *Einar-Jónsson-Museum* sind Werke des Bildhauers ausgestellt. Die *Asgrímur-Jónsson-Galerie* zeigt das Lebenswerk dieses isländischen Malers.

Gleich neben dem Campingplatz im Laugardalur liegt ein Schwimmbad. Auch sein Wasser wird durch geothermale Energie erwärmt – der leichte Schwefelgeruch zeugt davon. Neben dem Schwimmbecken gibt es vier kleine Bekken mit warmem oder heißem Wasser. Die besondere Attraktion ist aber die »Vatnsrennibraut«, die lange Rutschbahn, die Kinder wie auch Erwachsene erfreut.

Das kulturelle Angebot in Reykjavik ist umfangreich. Veranstaltungsplakate findet man in Hotels, Reisebüros oder im Nordischen Haus, dem Kulturzentrum der Stadt. Es ist ein Werk des finnischen Architekten Alvar Aalto, wurde 1968 gebaut und enthält eine Bibliothek sowie Räume für Konzerte, Vorträge und Ausstellungen.

Theatervorstellungen finden meistens auf isländisch statt. Jedoch werden in vielen Kinos ausländische Filme im Originalton gezeigt. Es besteht auch die Möglichkeit zum Konzertbesuch. Ein Nachtleben ist in Island eher unüblich. Tanzmusik gibt es in den Hotels. In den letzten Jahren entstanden darüber hinaus Diskotheken.

Typisch isländisch ist der Abendkaffee »Kvöldkaffi«, der aber nur in privatem Kreis stattfindet. Ein besonderes Erlebnis ist auch ein nächtlicher Spaziergang durch das von der Mitternachtsonne erhellte Reykjavik.

## *Thingvellir, die Wiege der Demokratie*

Auf einer Hochebene nördlich des Thingvallavatn, knapp 50 km nordöstlich von Reykjavik entfernt, befindet sich die altisländische Thingstätte Thingvellir – übersetzt: die »Ebene der Volksversammlung«. Dieses 27 km$^2$ große Gebiet wurde bereits 1928 unter Naturschutz gestellt.

Die Almannagjá, die »Allmänner-Schlucht«, bildet die Westgrenze einer rund 40 km langen und 10 km breiten Senke, die in den letzten 9 000 Jahren entstanden ist. Die östliche Grenze bildet die Schlucht Hrafnagjá. Im Süden wird sie durch den Thingvallavatn, im Norden durch den erloschenen Schildvulkan Skjaldbreidur und den Berg Armannsfell begrenzt. Pro Jahr sinkt der Talgrund um 2 bis 4 mm ab. Während eines Erdbebens im Jahre 1789 sackte der Boden in 10 Tagen um mindestens einen halben Meter ab. Die Kontinentaldrift ist dafür verantwortlich, daß sich das Land hier in den vergangenen 9 000 Jahren um insgesamt 40 m gesenkt hat. Die europäische und die amerikanische Kontinentalplatte bewegen sich in der Geschwindigkeit auseinander, wie der Graben sich senkt. Die »Bruchstelle« verläuft mitten durch Island.

Dieses Gebiet bot für die Versammlung vieler Menschen geradezu ideale Bedingungen. Hier gibt es Wasser, Fische, Weideland und Brennholz. Im Jahre 930 fand hier die erste Versammlung der isländischen Führungsschicht statt, das Althing. Es ist eines der ältesten Parlamente der Welt. Es wurden Gesetze festgelegt und bei Streitigkeiten Recht gesprochen. Die vollstreckende Funktion hatten meistens die Goden, die ortsansässigen Häuptlinge, inne. Lediglich Strafen für Kapitalverbrechen wurden hier vollzogen.

In der Freistaatzeit – zwischen 930 und 1262 – tagte das Althing jedes Jahr zwei Wochen lang im Sommer. Den Vorsitz übernahm jeweils der für die Dauer von drei Jahren gewählte Gesetzessprecher (isländisch: »Lögsögumadur«). Bis 1118 trug er jedes Jahr ein Drittel der Gesetze vom Gesetzesfelsen aus, dem sogenannten Lögberg, vor. In der übrigen Zeit hatte er Auskunft zu geben über geltendes Recht. Im Jahre 1118 wurden die Gesetze dann schriftlich festgehalten. Ab dieser Zeit wurden sie wahrscheinlich nicht mehr vorgetragen.

Das oberste Gremium des Althing war die Lögrétta. Die Goden waren die stimmberechtigten Mitglieder und wählten das oberste Gericht.

Am Lögberg wurden auch neue Gesetze erlassen, Gericht gehalten, Ehen geschlossen,

Neuigkeiten ausgetauscht, Verwandte und Freunde getroffen. Dazu fanden sich Tausende von Menschen aus allen Landesteilen ein.

Als Island später der norwegischen Krone unterstand, erließ das Althing zwar noch Gesetze, verlor unter dänischer Herrschaft aber immer mehr an Bedeutung, bis es im Jahre 1800 ganz abgeschafft wurde. 1843 konstituierte sich das Althing wieder, es traf sich von nun an aber nicht mehr auf der Thingebene, sondern in Reykjavik. Die Bedeutung als nationales Heiligtum der Isländer behielt Thingvellir jedoch bei. Alle wichtigen Feiern wurden bisher hier abgehalten: 1874 die 1000-Jahr-Feier und die Annahme der neuen Verfassung, 1930 der 1000. Jahrestag der Althing-Gründung, 1944 die Feiern zur Ausrufung der Republik und 1974 die 1100-Jahr-Feier.

In der Almannagjá fanden angeblich alle hier versammelten isländischen Männer Platz. Darauf beruht der Name »Allmännerschlucht«. Sie ist mehrere Kilometer lang, bis zu 40 m tief und bietet damit auch eine sehr gute Akustik. In der Almannagjá gab es auch genügend Futter und Wasser für die mitgebrachten Tiere.

Zwischen der Almannagjá und der Öxará (»Axtfluß«) findet man am Hang die Überreste von einfachen Gebäuden, sogenannten »budir«. Sie dienten als Unterkünfte für wichtige Personen, deren Namen teilweise noch auf Steinplatten zu erkennen ist. In der Nähe stürzt sich auch der 20 m hohe Wasserfall der Öxará in die Allmännerschlucht.

Vermutlich stand am Platz der heutigen Kirche einst die erste isländische Kirche überhaupt. Sie wurde wohl kurz nach der Christianisierung im Jahre 1000 dort erbaut. 1118 fiel sie jedoch einem heftigen Sturm zum Opfer. An derselben Stelle wurde wieder eine Kirche errichtet. Die heutige stammt aus dem Jahre 1860 und bietet 50 Personen Platz. Früher muß die Kirche wesentlich größer gewesen sein, denn bei schlechtem Wetter fanden Versammlungen in der Kirche statt.

In unmittelbarer Nähe der Kirche stehen fünf aneinandergereihte Holzhäuser mit spitzen Gibeln. Sie sind der Wohnsitz des Direktors des Nationalparks. Gleichzeitig ist er auch der örtliche Pfarrer. Die Oberaufsicht über Thingvellir obliegt dem Parlament in Reykjavik. Seit 1939 befindet sich in der Nähe der Kirche der isländische Ehrenfriedhof. Hier ruhen bisher nur zwei Dichter, die sich im Unabhängigkeitskampf engagiert hatten. Es handelt sich um Einar Benediktsson und Jónas Hallgrímur.

Nordöstlich der Kirche führt eine schmale Holzbrücke über eine 20 m tiefe und mit klarem Wasser gefüllte Schlucht, die Nikalosagjá oder Peningagjá, die »Münzenschlucht«. Wer hier eine Münze hineinwirft und sie bis zum Grund vefolgen kann, hat einen Wunsch frei. Eine andere Brücke führt zur Ostseite der Öxará und weiter zum Hotel Valhöll.

Außer der politischen Bedeutung dieser Gegend ist sie auch landschaftlich sehr reizvoll. Hier wachsen viele Pflanzen und leben zahlreiche Vögel. Die Wäldchen mit Birken und Weiden, Heidekraut, Heidelbeeren, Pilzen, Blumen, Farnen und Moosen locken neben den Touristen auch Scharen einheimischer Besucher herbei.

## *Akureyri, Stadt der Mitternachtssonne*

Akureyri, die »Hauptstadt des Nordens«, liegt nur 95 km südlich des Polarkreises. Nördlich des Polarkreises geht die Sonne während des Sommers nicht unter.

Akureyri ist 436 km von Reykjavik entfernt. Mit dem Flugzeug kann man die Stadt in einer Stunde von der Hauptstadt aus erreichen. Man sagt, daß Akureyri ein »kleiner Konkurrent« zur Hauptstadt sei.

Der erste Besiedler des Gebietes um das heutige Akureyri soll der aus Irland stammende »Helgi der Magere« gewesen sein. Sein Wohnsitz war wohl Kristnes im Tal der Eyjarfjardará, etwa 10 km südlich der Stadt.

Akureyri liegt westlich des Eyjafjördur – fast am äußersten Ende – und wurde erstmals im 15. Jahrhundert urkundlich erwähnt. 1816 hatte es zwar schon drei Warenhäuser, jedoch nur 45 Einwohner. 1787 erhielt es bereits seine Stadtrechte und wählte 1862 die erste Stadtverordnetenversammlung; in diesem Jahr lebten dort 286 Einwohner.

Als 1886 die erste örtliche Konsumgenossenschaft KEA (Kaupfélag Eyfirdinga Akureyrar) gegründet wurde, wuchs die Bedeutung von Akureyri als Handelszentrum. Die Stadt brachte auch gute Voraussetzungen dafür mit. Sie verfügt über einen Hafen, gute Fischgründe und landwirtschaftlich nutzbare Flächen in Stadtnähe. Um die Jahrhundertwende betrug die Einwohnerzahl dann bereits 1000.

Die KEA, die ursprünglich – nach Aufhebung des Handelsmonopols – als Konkurrenz zu dänischen Waren entstand, besteht noch heute. Mit ihren Produktionsstätten und Absatzorganisationen für landwirtschaftliche Produkte und Fischereierzeugnisse ist sie auch in unserer Zeit der größte Arbeitgeber dieser Region. Neben dem Handel gibt es Schiffswerften, zahlreiche Dienstleistungsbetriebe, Klein-, Textil- und Leichtindustrie. Außerdem ist Akureyri die Schulmetropole des Nordens von Island. Hier gibt es einen Flugplatz sowie einen Seehafen für die letzte große Fischereiflotte.

Lange Zeit war Akureyri nach Reykjavik die zweitgrößte Stadt des Landes. Mit 14 000 Einwohnern nimmt es heute jedoch nur noch den dritten Platz ein – nach Kópavogur, einer der Wohnsiedlungen der Hauptstadt.

Akureyri verfügt über gute Unterkunfts- und Einkaufsmöglichkeiten. Die Haupteinkaufsstraße und Fußgängerzone ist die Hafnarstraeti. Außerdem gibt es zahlreiche Sehenswürdigkeiten in dieser Stadt.

Die Altstadt wird überragt von der *Stadtkirche von Akureyri* (»Akureyrarkirkja«), die auch Matthías-Jochumsson-Kirche heißt. Sie wurde vom isländischen Architekten Gudjón Samúelsson entworfen und in den Jahren 1939 und 1940 erbaut. 112 Stufen führen von der Altstadt hinauf zu der modernen Kirche mit zwei Türmen, erbaut in unterschiedlichen Stilrichtungen. Von hier oben bietet sich ein guter Blick über die Stadt, den Hafen und Teile des Fjords. Besondere Bedeutung haben die Kirchenfenster. Im Chorraum befindet sich ein Fenster aus der Kathedrale von Coventry, das von den Briten nach Kriegsbeginn hierher gebracht wurde, um es vor Bombenangriffen zu bewahren. Außerdem gibt es ein Kreuz aus Isländischem Doppelspat, einem durchsichtigen Kalcit mit doppelter Brechkraft.

Über die Kirchenstufen gelangt man zum Sigurhaedir (»Siegelshügel«). Dieses 1902 erbaute Haus wurde vom Pastor und Dichter *Matthías Jochumsson* bewohnt und ist heute ein *Museum* zu seinem Gedenken. Jochumsson schrieb den Text zur isländischen Nationalhymne »O, Gud vors Lands« (»Oh, Gott unseres Landes«), außerdem Gedichte und Dramen. Darüber hinaus übersetzte er zahlreiche Werke der Weltliteratur ins Isländische.

Unweit des Campingplatzes befindet sich im Eyrarlandsvegur der bedeutende *Botanische Garten* der Stadt. Hier wachsen fast alle Arten der isländischen Flora, aber auch nicht einheimische und alpine Pflanzen. Außerdem dient er als Erholungspark. Akureyri gilt auch als Gartenstadt, da hier in den zahlreichen Privatgärten eine erstaunliche Pflanzenvielfalt gedeiht.

In der Adalstraeti 58, nordöstlich des Botanischen Gartens, kann das *Heimat- oder Volkskundemuseum* (»Minjasafnid«) besichtigt werden. Hier findet man Zeugnisse der Lebensweise und des Brauchtums vor allem des 19. und des beginnenden 20. Jahrhunderts. Es werden Möbel, Trachten, Kunstgegenstände, Geräte aus Landwirtschaft und Küstenfischerei neben vielen anderen Ausstellungsstücken gezeigt. Auf dem Museumsgelände steht außerdem die Holzkirche aus Svalbard (1846), die hier 1970 aufgebaut wurde.

In unmittelbarer Nähe des Heimatmuseums in der Adalstraeti 54 B liegt das *Nonni-Haus* (»Nonnahús«). In diesem 1856 erbauten Haus verbrachte der Jesuitenpater und Jugendschriftsteller Jón Sveinsson (1857-1944) seine Kindheit. Das Haus gilt als Musterbeispiel isländischer Wohnhäuser des vergangenen Jahrhunderts und wurde der Öffentlichkeit 1957 zugänglich gemacht. Neben vielen persönlichen Dingen des Schriftstellers sind hier auch 160 seiner in 30 Sprachen übersetzten Bücher zu sehen. Sveinsson schrieb in seinen »Nonni«-Büchern über seine eigenen Kindheitserlebnisse aus der Gegend um Akureyri.

In der Hafnarstraeti 18 lädt das *Naturgeschichtliche Museum* (»Náttúrugripasafnid«) mit umfangreichen Herbarien sowie einer Muschel- und Tiersammlung zu einem Besuch ein.

Im *Davidshus* am Bjarkarstígur 6 wohnte der Dichter, Schriftsteller und Dramatiker Davíd Stefánsson (1895-1964) von 1944 bis zu seinem Tod. Das Museum zeigt Erinnerungsstücke an den bedeutenden isländischen Lyriker.

Das älteste und einzige erhalten gebliebene Holzhaus, das *Laxdalshús* aus dem Jahre 1795, steht in der Hafnarstraeti 11 und wurde einst von einem dänischen Kaufmann bewohnt. In der Adalstraeti gibt es noch weitere alte Häuser: Das Gamli Spitalinn (»altes Krankenhaus«) stammt aus den dreißiger Jahren des 19. Jahrhunderts und hat die Hausnummer 11. In der Nähe findet man auch das Fridbjarnarhus, das Haus von Fridbjörn Steinsson; heute ist darin das Guttemplermuseum untergebracht. Einige Häuser weiter steht die erste Druckerei Akureyris aus den Jahren vor 1900.

Über nähere Einzelheiten der Stadt, Öffnungszeiten und Ausflugsmöglichkeiten erhalten Sie Auskunft in der Touristinformation und Buszentrale, Hafnarstraeti 82, Tel. (096) 27733. Hier sind auch Stadtpläne erhältlich.

## Isländische Freilichtmuseen

In Island gibt es mehrere Freilichtmuseen. Ein Besuch lohnt sich vor allem deshalb, weil in diesen Museen das frühere Leben der Isländer anschaulich dargestellt wird.

Wie ein Hof in der Freistaatzeit ausgesehen haben könnte, kann man bei den Ausgrabungen des Gehöftes *Stöng* im Thjórsá-Tal erkennen. Dieser Hof wurde beim Ausbruch der Hekla im Jahre 1104 unter Lavaasche begraben. Durch die konservierende Wirkung der Asche blieben der Grundriß, die Raumaufteilung, Hinweise auf ihre Nutzung und Teile der Mauern erhalten. In der Umgebung von Stöng gibt es noch mehrere Hofruinen aus der Zeit vor dem Hekla-Ausbruch. Zur 1000-Jahr-Feier wurde die Rekonstruktion dieses Hofes in Auftrag gegeben. Unweit des Originalhofes Stöng befindet sich heute der Hof *Thjódveldisbaerinn* in der Nähe des Burfell-Wasserkraftwerks im Thjórsá-Tal.

In Reykjavik gibt es seit 1957 das *Arbaer-Museum*. Das Zentrum dieses Museums ist der vollständig intakte Hof Arbaer, der dem Museum den Namen gab. Aus der näheren und weiteren Umgebung wurden andere alte Höfe und Gebäude Stein für Stein abgetragen und um den Hof Arbaer wieder aufgebaut. Das Museum verschafft den Besuchern einen Überblick über ganz verschiedene Häusertypen, zeigt eine alte Torfkirche und auch immer wieder Menschen in alten Trachten.

Im südisländischen *Skógar* gibt es ein *Heimatmuseum*, in dem in zum Teil alten, aber renovierten Gebäuden Gebrauchsgegenstände von Menschen aufbewahrt werden, die hier gelebt haben. Eine umfangreiche Anzahl an verschiedenen Geräten und Kulturgütern wurde hier zusammengetragen. Die Beschriftung der Gegenstände ist zwar ausschließlich isländisch, der Museumsführer gibt jedoch gerne auf deutsch oder englisch Auskunft.

Im *Heimatmuseum von Akureyri* wurde die alte Dorfkirche von Svalbaer auf dem Fundament der ehemaligen Pfarrkirche von Akureyri wiedererrichtet. Sie kann heute dort besichtigt werden.

Früher wurden in Island die Kirchen aus Holz gebaut, allerdings ist heute keine von ihnen mehr erhalten. Aus dem 17. und dem 18. Jahrhundert gibt es noch fünf Torfkirchen. Alle stehen heute unter Denkmalschutz. Zwei befinden sich in Südisland: die *Hofkirche von Núpsstadur* und die *Kirche von Hof* am Öraefajökull. Die *Saurbaer-Kirche* liegt am Eyjafjördur. Außerdem gibt es noch zwei weitere im nördlichen Island: die *Torfkirche von Gröf* und die von *Vidimyri* am Skágafjördur. Letztere ist über die Straße von Reykjavik nach Akureyri leicht zu erreichen und wird wohl deshalb am häufigsten besucht.

Unweit von Vidimyri zweigt bei Skágafjördur die Straße zum *Museum von Glaumbaer* ab.

In Glaumbaer steht eines der am besten erhaltenen Gehöfte aus dem 18. und dem 19. Jahrhundert. Neun Einzelhäuser sind durch einen fast 20 m langen Gang miteinander verbunden, so daß die Bewohner trockenen Fußes von einem Raum in den anderen gelangen konnten. Nur die Schmiede und einige Lagerräume sind nicht mit den übrigen Räumen verbunden. Man baute viele kleine Häuser, da das Dach für größere Räume zu schwer geworden wäre.

Bis zur Jahrhundertwende wurden Häuser auf Island überwiegend im Torfhausbaustil gebaut. Seit dem Mittelalter ist das Holz knapp, da es nur wenige Bäume gibt. Der Torf bot sich als Baumaterial an – er ist reichlich vorhanden, garantiert eine gute Isolation und läßt sich gut formen. Als Innengerüst dient eine Holzkonstruktion. Die Grundmauern und das Dach bestehen aus Torf. Das Dach bekommt besondere Festigkeit durch das darauf wachsende Gras. Durch die dichten Wurzeln entsteht eine verfilzte, wasserabweisende Schicht. In Gebieten, in denen nur wenig Regen fällt, kann ein Dach bei richtiger Bauweise ein Jahrhundert überdauern. Dabei ist der Neigungswinkel ausschlaggebend. Ist das Dach zu steil, läuft das Wasser zu schnell ab. Folglich wächst das Gras nicht, der Torf bekommt Risse, und das Dach wird undicht. Ist es zu flach, dringt das Regenwasser durch das Dach.

Betritt man das Haus, gelangt man zuerst in die Gästezimmer. Eines davon wurde 1841 erbaut. 1841 übernachtete dort auch Jónas Hallgrímsson, einer der beliebtesten isländischen Dichter. Als nächstes kommt man in die Küche, den ältesten Raum dieses Gehöftes. Hier wurde bis zum 20. Jahrhundert am offenen Feuer für 20 Personen gekocht. Als Brennmaterial dienten Torf oder getrockneter, geruchloser Schafsdung. Die Küche ist besonders gut erhalten, weil durch das Feuer hier die Luftfeuchtigkeit geringer war als in den übrigen Räumen. Außerdem wurde das Holz durch den Ruß konserviert. Über dem offenen Feuer wurde zudem Lammfleisch geräuchert, das unter der Decke hing. Hinter der Küche lag der Vorratsraum, der sich deshalb so gut zum Konservieren der Lebensmittel eignete, weil er durch die Torfisolierung gut gekühlt war.

Am Ende des Ganges gelangt man in die Badstofa – die »Badestube« – aus dem Jahre 1876. Dieser Raum diente als Arbeits- und Schlafraum, aber auch als Begegnungsstätte. Man arbeitete, schlief und traf sich in diesem Raum. Er besteht aus drei Teilen, von denen einer der Familie des Bauern vorbehalten war. In seinen elf Betten konnten bis zu 22 Personen Platz finden. An der Fensterseite schliefen die Frauen, die zum Spinnen und Stricken mehr Licht benötigten. Die Männer kämmten Wolle, drehten Seile aus Pferdehaar und schnitzten. Bei der Arbeit wurden oft Sagas oder Gedichte vorgelesen, oder es kam ein Vortragskünstler, der von Haus zu Haus zog. Die Badstofa wurde nur durch die Körperwärme ihrer Bewohner "beheizt". Man schlief deshalb auch in voller Kleidung, zugedeckt mit Wolldecken und Federbetten, die durch das Bettbrett gehalten wurden. Über dem Bett befand sich das hölzerne, oftmals kunstvoll mit Schnitzereien verzierte Eßgeschirr. Hier kann der Besucher neben Gegenständen der Wollverarbeitung eine Nationaltracht, andere Festkleidung sowie ein Langspil, ein typisches isländisches Saiteninstrument, sehen.

Außer dem Eingang im Osten gibt es an der Südseite einen weiteren Ausgang, der im Falle eines Brandes als Notausgang dienen konnte. Hier befindet sich auch die Milchkammer. Man schüttete dort die Milch in Trennschüsseln und ließ sie 36 Stunden stehen, bis sich die Sahne abgesetzt hat. Die Magermilch wurde dann zu Skyr verarbeitet, einer joghurtähnlichen Speise. Aus der Sahne machte man Butter.

Zu einem isländischen Gehöft gehörte stets auch eine Schmiede, in der Geräte hergestellt und repariert wurden.

## *Die Halbinsel Snaefellsnes*

Die Halbinsel Snaefellsnes wirbt in einem Prospekt mit dem Schlagwort »Snaefellsnes – Island in einer Nußschale«.

Nach diesem Prospekt sind die Eigenheiten von Snaefellsnes die unzerstörte Natur, der Gletscher mit seiner magischen Kraft, die Vogelkolonien der Halbinsel, ihre Seehunde, ihre beeindruckenden Berge und etwa 1000 Inseln, die wunderbaren Küsten, Klippen und goldenen Sandstrände sowie ihre herrlichen Felsformationen und Fischerdörfer. Mit diesen Begriffen ist ein Großteil dessen aufgezählt, was die Insel zu bieten hat.

Snaefellsnes ist in drei Stunden mit dem Auto oder in einer halben Stunde mit dem Flugzeug von Reykjavik aus zu erreichen. Von Akureyri aus fährt man vier Stunden. Außerdem werden regelmäßig Busfahrten von Reykjavik aus angeboten.

Ein Besuch dieser Halbinsel lohnt sich tatsächlich, da sie eine Vielzahl von landschaftlichen Schönheiten und Sehenswürdigkeiten zu bieten hat. Der Gegensatz zwischen saftig grünen Wiesen und öder Lavalandschaft fällt hier besonders ins Auge.

Der Gletscher und Vulkan Snaefellsjökull gab diesem Teil Islands seinen Namen. Der Snaefellsjökull hat es schon mehrfach zu literarischer Berühmheit gebracht. »Steig hinab in den Krater des Sneffels Yocul, den der Schatten des Skartaris vor dem ersten Juli liebkoset, kühner Wanderer, und Du wirst zum Mittelpunkt der Erde gelangen«. So kann man in Jule Vernes (1828-1905) »Reise zum Mittelpunkt der Erde« nachlesen. In diesem phantastischen Roman führt eine Expedition in den Vulkankrater des Snaefellsjökull, die quer durch die Erde im italienischen Stromboli enden soll.

Der zweite berühmte Roman, der am Snaefellsjökull spielt, ist »Weltlicht« von dem Nobelpreisträger Halldor Laxness. Außerdem handelt Laxness Roman »Seelsorge unterm Gletscher« von einem Pfarrer, der von dem Gletscher in seinen Bann gezogen wurde und auch dort seine »Schäfchen« betreut. Von Laxness stammt außerdem der Ausspruch, wer einmal den Snaefellsjökull gesehen habe, werde immer wieder dorthin zurückkehren.

Der 1446 m hohe, eisbedeckte Stratovulkan Snaefellsjökull liegt ganz im Westen der Halbinsel. Den »Schneeberggletscher«, wie er auf deutsch heißt, kann man bei guter Sicht von Reykjavik aus erkennen. Mit guter Ausrüstung kann man diesen Gletscher auch besteigen: Von Arnastapi aus kann man den Berggipfel in etwa vier Stunden erreichen. Doch wie bei allen anderen Gletschern birgt auch hier eine Besteigung immer ihre Gefahren. Insbesondere im Sommer sollte man die Gletscherspalten nicht unterschätzen und sich besser einer geführten Tour anschließen.

Bei Arnastapi gelangt man an die markant geformte Steilküste. Hier bestehen die Felsen aus unterschiedlich hartem Gestein, das permanent vom Meer »bearbeitet« wird. An den Stellen, an denen der Fels weniger hart ist, entstehen Spalten, Buchten, Grotten und Tore. Diese Klippen bieten ideale Brutplätze für Seevögel.

Weiter im Süden, östlich des Leuchtturms von Malarrif, gibt es noch andere Vogelklippen. Zwei markante Felsen, Lóndrangar genannt, heben sich besonders hervor. Hier brüten Lummen, Eissturmvögel und Papageitaucher.

Im Süden der Halbinsel beginnt ganz abrupt ein zwei bis zehn Kilometer breites Küstenvorland. Vor rund 10 000 Jahren prallte das Meer noch gegen die bis zu 100 m hohe Steilküste. Später verlandete die See immer mehr; Strandseen entstanden, ideale Brutplätze für den Singschwan. Daraus wurde das mit Seen bedeckte Vorland.

Bei Budir bildete sich ein heller Muschelsandstrand. Solche Strände gibt es auf Island sehr selten. Im Norden ist die Küste eher fjordartig eingeschnitten. Der Kolgrafafjördur schneidet das Land 10 km tief ein.

Die Halbinsel ist nur dünn besiedelt. Die Südküste versandet leicht, deshalb eignete sie sich weniger für den Bau von Häfen. Im Norden der Insel gibt es dagegen einige größere Fischerorte: Stykkishólmur, Grundarfjördur, Olafsvík und Hellissandur.

Auf der Straße, die im Norden der Halbinsel nach Stykkishólmur führt, liegt auf etwa halbem Weg der Berg Helgafell, auf deutsch der »heilige Berg«. Hier stand im Mittelalter ein Augustiner-Kloster, das aber nur bis zur Zeit der Reformation existierte. Hier soll auch Gudrun Osvifursdottir gelebt haben. Sie ist eine der Hauptfiguren der Laxadalssaga. Um den Berg rankt sich heute noch eine Legende. Wer erstmals den Anstieg von Gudruns Grab aus zum 73 m hohen Gipfel schafft, ohne sich umzudrehen und ohne ein Wort zu sprechen, hat drei Wünsche frei.

Auf der Halbinsel Snaefellsnes kommen auf relativ engem Raum junge Vulkanformen neben Gestein aus tertiärer Vorzeit sowie vulkanisches und Tiefengestein ganz unterschiedlicher Zusammensetzung vor. Man findet hier Schlackenkegel, aber auch seltenere Zentralvulkane. Es gibt mehrere Berge von knapp

1000 m Höhe, die alle vom Snaefellsjökull überragt werden. Im Nordurárdalur befinden sich die mindestens 3 700 Jahre alten Schlakkenkegel Grábrók und Grábrókarfell. Aus der austretenden Lava entstand die Eldborgarhaun, übersetzt »Feuerburglava«. Hier bildete sich auch eine seltene Kraterform, der sehr gleichmäßig geformte Lavaring Eldborg.

An der Caldera des etwa 6 bis 8 Millionen Jahre alten Vulkanmassivs von Setberg gibt es das Gestein Gabbro und seltene Granitgesteine. Beim Übergang der Halbinsel ins Festland gibt es mehrere Gipfel von knapp 1000 m Höhe. Dazu gehören auch einige Rhyolitvulkane; der bekannteste davon ist die 934 m hohe pyramidenförmige Baula.

Nicht nur für Vogelkundler und Geologen lohnt sich ein Besuch dieser Halbinsel!

## *Westfjorde*

Zahlreiche Buchten schneiden sich tief in die »Westfjorde« genannte Halbinsel im äußersten Nordwesten Islands ein. In ihrer Form erinnert diese Halbinsel etwas an einen Krebs, der seine Scheren spreizt.

Die Westfjorde gehören zu den geologisch ältesten Gebieten des Landes. Sie entstanden vor etwa 16 Millionen Jahren, etwa zur selben Zeit wie das Gebiet der Ostfjorde. Vulkanische Tätigkeit gibt es hier nicht mehr.

Die Westfjorde haben eine Fläche von nur etwa 8 000 km$^2$. Die Küste erreicht hier jedoch eine Länge von 2 000 km. Die zahlreichen Fjorde entstanden durch gewaltige eiszeitliche Gletscher. Von diesen Gletschern existiert heute allerdings nur noch ein einziger, der rund 160 km$^2$ große Drangajökull. Während der letzten Jahrhunderte begann ein anderer Gletscher, die Gláma, durch die Klimaerwärmung abzuschmelzen. Innerhalb von 300 Jahren war sie dann bis 1900 vollständig verschwunden.

Zwar sind die Westfjorde per Auto, Bus oder Flugzeug gut zu erreichen, jedoch bieten sie Touristen nur wenig Anreiz für einen Besuch. Unserer Meinung nach zu Unrecht. Denn dieses Gebiet hat einiges vorzuweisen: die Küste mit ihren sehr malerischen Fjorden, steile Vogelklippen, saftiggrüne Wiesen, unzählige Wandermöglichkeiten, wenig Trubel und eine herrliche Landschaft – Natur pur.

Fährt der Tourist das erste Mal nach Island, wird er sich vor allem auf den Südwesten, den Norden und – bei genügend Zeit – auf den Osten der Insel konzentrieren. Bei der nächsten Islandreise sollte er den Nordwesten aber nicht auslassen.

Die Autofähre »Baldur« bietet die Möglichkeit, den langen Anreiseweg entlang der Fjorde abzukürzen. Das Schiff, das 20 Autos und 200 Passagiere aufnehmen kann, fährt täglich zweimal von Stykkisholmur auf Snaefellsnes nach Brjánslaekur in den Westfjorden und zurück. Es legt dabei jeweils in Flatey an, einer kleinen Insel, die etwa vierzig Einwohner hat. Hier scheint die Zeit stehengeblieben zu sein. Wollen Sie nach Flatey, Stykkisholmur oder Brjánslaekur übersetzen, wird eine Platzreservierung empfohlen. Schon allein die Fahrt durch den Fjord – vorbei an unzähligen, meistens unbewohnten Inseln – ist ein Erlebnis besonderer Art.

Die Westfjorde sind bereits seit der Besiedlung Islands bewohnt. Jedoch haben viele Menschen ihre Höfe und Häuser in dieser Gegend verlassen, um in »angenehmere« Gegenden zu ziehen, wo es auch mehr Arbeitsplätze gibt.

Geologisch Interessierte sollten sich bei Brjánslaekur »Surtarbrandsgil«, eine Fundstelle für Pflanzenfossilien, ansehen. Die versteinerten Blätter von Mammutbäumen und anderen Bäumen stammen aus dem Tertiär. Fossiliensammeln ist aber streng verboten!

Ebenfalls im südlichen Teil der Westfjorde liegt das Kap von Bjargtangar. Es ist mit 24 Grad und 32 Minuten westlicher Länge der westlichste Vorsprung Europas und stellt die engste Verbindung zwischen Amerika und unserem Kontinent dar. Könnte man von hier aus unendlich weit nach Süden sehen, würde man erst an der Antarktis wieder Land erspähen.

In der Nähe von Bjargtangar befindet sich auch die 12 km lange Steilküste von Latrabjarg. Die bizarr geformten Klippen erreichen eine Höhe von bis zu 440 Metern und sind ein ideales Brutgebiet für Seevögel. Das Geschrei der sich hier aufhaltenden Möwen, Kormorane, Alke, Lummen, Papageitaucher und Baßtölpel empfängt den Besucher. Beim Beobachten der possierlichen Papageitaucher kann man sich ihnen bis auf etwa einen halben Meter nähern. Auf der Fahrt nach Latrabjarg, das etwas abgeschieden ganz im Westen liegt, kommt man auch an einem kleinen Museum am Hof Hnjotur vorbei, das die kleine volkskundliche Sammlung eines Bauern zeigt.

Bei Myrar und Myrarfell befindet sich eine riesige Kolonie von Eiderenten. Wenn man sich vorher die Erlaubnis des Bauern einholt, kann man sie besichtigen.

Isafjördur gilt als die inoffizielle »Hauptstadt« dieser Region. Mit knapp 3500 Menschen ist dies der einzige größere Ort der Region. Hier hat man Gelegenheit, sich ein Bild vom isländischen Leben außerhalb der großen Ballungszentren zu verschaffen. Aber »hinterwäldlerisch« geht es hier nicht zu. Die Stadt verfügt über ein Krankenhaus, moderne Läden, Banken, ein Hallenbad, eine Bibliothek, ein kleines Museum, eine Galerie, ein Kino, mehrere Nachtlokale, gute Hotels sowie Konzert- und Theaterangebote. Unweit der Stadt liegt mitten in einem Wald ein beliebtes Freizeitgebiet mit Skipisten, Wochenendhäusern, Golf- und Zeltplatz.

Isafjördur liegt gut geschützt direkt am Fjord und ist von steilen Berghängen umgeben, die oben flach auslaufen. Solche Tafelberge gibt es auch in den Ostfjorden. Aufgrund der Lage im äußersten Norden und der hohen Berge rundum sind die Winter hier besonders hart. Von November bis Ende Januar bleibt es dunkel oder zumindest dämmerig. Etwa am 25. Januar wird die langerwartete und dann auch wiederkehrende Sonne von den Isländern mit einem »Sonnenkaffee« begrüßt.

Der Haupterwerbszweig Isafjördurs ist auch heute noch die Fischerei. Hier gibt es Fischfabriken mit modernsten Einrichtungen. Eine Firma hat sich mit der Entwicklung von rechnergesteuerten Fischverarbeitungsanlagen internationalen Ruf verschafft.

Unweit von Isafjördur liegt am Fjordende Bolungarvík, ein traditionsreicher Fischerort.

In Isafjördur gibt es ein Verkehrsbüro, bei dem man verschiedene Ausflüge buchen kann. Besonders beliebt sind Fjordfahrten mit dem Fährschiff, das bei den Inseln Aedey und Vigur anlegt. Einen eigenen Reiz haben diese Fahrten während der Zeit der Mittsommernacht. Sind im Postflugzeug noch Plätze frei, kann man mitfliegen und die Westfjorde aus der Luft bestaunen. Von Isafjördur aus werden auch Flüge oder Bootsfahrten nach Hornbjarg und Haelavíkursbjarg an der nördlichsten Spitze der Westfjorde angeboten. Dieses Ziel ist für Vogelfreunde und »Zivilisationsmüde« besonders zu empfehlen. Es ist schon seit Jahrzehnten unbewohnt; die verlassenen Farmen an der Küste werden nur noch als Schutzhütten genutzt. Darüber hinaus gibt es hier keine Übernachtungs- oder Einkaufsmöglichkeiten. Lediglich organisierte Wandertouren werden angeboten.

# Teil 4: Anhang

## Die isländische Sprache

Fast alle Isländer verfügen über Fremdsprachenkenntnisse. Meistens sprechen sie Englisch, oft können sie sich aber auch auf deutsch unterhalten. Für uns ist die isländische Sprache schwer zu erlernen, insbesondere auch deshalb, weil man nur sehr wenige isländische Wörter aus einer anderen Sprache ableiten kann.

Da es allerdings wichtig sein kann, einige isländische Wörter zu kennen, um beispielsweise Schilder zu verstehen, soll hier zuerst auf einige Grundregeln dieser Sprache eingegangen werden. Sie erheben keinen Anspruch auf Vollständigkeit. Wer seine isländische Sprachkenntnisse ausbauen will, sei auf Sprachlehrbücher, Sprachführer oder auf ein Fremdsprachenlexikon verwiesen.

### Betonung

Isländische Wörter werden grundsätzlich auf der ersten Silbe betont. In zusammengesetzten Wörtern erfolgt noch eine Nebenbetonung auf der ersten Silbe des letzten Wortgliedes. Ausnahmen werden durch Akzente gekennzeichnet.

### Vokale

Vokale werden lang ausgesprochen an betonten Stellen, wenn kein Konsonant folgt, vor einem Konsonant, außerdem vor zwei Konsonanten, wenn der erste ein p, t, k, s ist und der zweite ein j, r, oder v. Folgen zwei andere Konsonanten, wird der Vokal verkürzt.

Alle Vokale können Akzente bekommen. Meistens wird dadurch die Aussprache des Vokals verändert:

| | |
|---|---|
| á zum Diphtong | isl. Lára (Name) spricht man »Laura« |
| é zum jä | isl. ég (ich) spricht man »jäg« |
| í zum ie | isl. líta (sehen) spricht man »lieta« |
| ó zum Diphtong | isl. bók (Buch) spricht man »bouk« |
| ú zum uu | isl. rúst (Ruine) spricht man »ruust« |
| y zum ie | isl. dyr (Tier) spricht man »dier« |

Außerdem gibt es im Isländischen auch Umlaute:

ö wird wie das deutsche ö in »Löffel« gesprochen,

æ wie deutsch »Hain«, und der isländische Begriff læhnur (Arzt) wird zu »laihnir«.

Doppelvokale werden folgendermaßen ausgesprochen:

au wie öj; Beispiel: isländisch laugar (Bad) –»löjgar«;
ei, ey wie englisch grey (grau), so wird der isländische Begriff steinn (Stein) zu »stäin«.

## Konsonanten

Im Isländischen gibt es zwei Konsonanten, die bei uns nicht vorkommen:
ð weiches, stimmhaftes th, wie im englischen Wort father (Vater);
þ stimmloses th, wie im englischen Wort thing (Ding), nur am Wortanfang;
s und z sind gleichlautend wie das deutsche stimmlose s;
v wird wie das deutsche w ausgesprochen;
z wurde durch s ersetzt und kommt heute nur noch in Eigennamen und Fremdwörtern vor;
nn wird hinter den Vokalen á, é, í, ó, ú, y, ae, ei und ey zu dn.

## Grammatik

Die isländische Grammatik ist sehr kompliziert. Besonders schwierig ist die Deklination mit verschiedenen Umlauten. Wer sich genauer informieren will, sei auf isländische Sprachführer verwiesen.

## Einige gebräuchliche Redewendungen

| | |
|---|---|
| guten Morgen | gódan daginn |
| guten Tag | gódan dag |
| gute Nacht | goda nótt |
| auf Wiedersehen | saelir/saelar; bless |
| ja, nein | já, nei |
| danke | takk |
| entschuldigen Sie | fyrirgefid; afsakid |
| ich spreche kein | eg tala ekki |
| wie heißt das auf | hvad heitir petta á |
| isländisch | íslenzkur |
| deutsch | yzkur |

## Zahlen

| | |
|---|---|
| 1 einn, ein, eitt | 16 sextán |
| 2 tveir, tvaer, tvö | 17 sautján |
| 3 thrír, thrjár, thrjú | 18 átján |
| 4 fjórir, fjórar, fjörgur | 19 nítjan |
| 5 fimm | 20 tuttugu |
| 6 sex | 21 tuttugu og einn |
| 7 sjö | 22 tuttugu og tveir |
| 6 átta | 30 prjátíu |
| 9 níu | 40 fjöritín |
| 10 tíu | 50 fimmtíu |
| 11 ellefu | 60 sextíu |
| 12 tólf | 70 sjötíu |
| 13 prettán | 80 attatíu |
| 14 fjórtán | 90 níutíu |
| 15 fimmtán | 100 hundrad |

## Wochentage

| | |
|---|---|
| Sonntag | sunnudagur |
| Montag | mánudagur |
| Dienstag | pridjudagur |
| Mittwoch | midvikudagur |
| Donnerstag | fimmtudagur |
| Freitag | föstudagur |
| Samstag | laugardagur |

### Monate

| | | | |
|---|---|---|---|
| Januar | janúar | Juli | júli |
| Februar | febrúar | August | ágúst |
| März | mars | September | september |
| April | spíl | Oktober | október |
| Mai | maí | November | nóvember |
| Juni | júni | Dezember | desember |

### Wichtige Vokabeln

| | |
|---|---|
| adalbraut | Vorfahrtstraße |
| austur | Osten |
| bensínstöd | Tankstelle |
| bjarg | Felsen, Klippe |
| blind haed | unübersichtliche Kuppe |
| braut | Straße |
| brekka | Gefälle, Abhang, Böschung |
| brú | Brücke |
| bílastaedi | Parkplatz |
| dalur, dalir | Tal, Täler |
| dyngja | Schildvulkan, Kuppe |
| fell | Hügel, Berg |
| fjall | Berg |
| fjördur | Fjord |
| fljót | Fluß, Strom |
| flugvöllut | Flugplatz |
| foss, fossar | Wasserfall, Wasserfälle |
| gígur,gígir, gígar | Krater |
| heidi | Hochebene, Heide |
| hellir | Höhle |
| hraun | Lava, Lavafeld |
| hver | heiße Quelle |
| jökull | Gletscher |
| jökulsá | Gletscherfluß |
| karlar | Herren |
| konur | Damen |
| kvísl | Flußarm |
| laug | warme Quelle, Bad |
| leid | Straße, Weg |
| lind | Quelle, Oase |
| mörk | Wald |
| póstur | Post |
| reykur | Dampf, Rauch |
| sandur | Sand, Sandwüste |
| varúd | Vorsicht |
| vatn | Wasser, See |
| vegur | Weg, Straße |
| vestur | Westen |
| völlur | Platz, Ebene |
| vogur | Bucht |
| vík | Bucht |
| víti | Explosionskrater, Hölle |
| W. C. | Toiletten |

## Nützliche Adressen

### Diplomatische Vertretungen

Isländische Botschaft
Kronprinzenstraße 6
5300 Bonn 2
Tel. 0228-3640

Deutsche Botschaft
Túngata 22
Reykjavik
Tel. 91-19535, 19536

## *Fluggesellschaft*

Icelandair
Roßmarkt 10
6000 Frankfurt 1
Tel. 069-299978

Icelandair
Laegjargata
Reykjavik
Tel. 91-690485

## *Reedereien*

Smyril Line
J. A. Reinecke
Jersbeker Straße 12
2072 Bargteheide
Tel. 04532-6517

DFDS Seaways
c/o Urval-Utsyn Travel Bureau
Pósthusstraeti
Reykjavik
Tel. 91-26900

## *Fremdenverkehrsamt*

Isländisches Fremdenverkehrsamt
City Center
Carl-Ulrich-Straße 11
6078 Neu Isenburg 1
Tel. 06102-254484

## *Touristenbüros*

Isländisches Touristenbüro
Ingólfsstraeti 5
Reykjavik
Tel. 91-623045

Touristinformation
Hafnarstraeti 82
Akureyri
Tel. 96-27733

## *Touristenvereine*

Isländischer Touristenverein
(Ferdafélag Islands)
Öldugata 3
Reykjavik
Tel. 91-11798

Touristenverein Akureyri
(Ferdafélag Akureyrar)
Skipagata 12
Akureyri
Tel. 96-22720

## *Automobilclubs*

Isländischer Automobilclub
(FIB)
Borgatún 33
Reykjavik
Tel. 91-29999

Touring Club of Iceland
c/o Isl. Touristeninformation
Skógarhlíd 6
Reykjavik
Tel. 91-25855

# *Fotografieren und Filmen*

Island ist ein Fotoparadies. Die Landschaften sind einzigartig, die Lichterstimmungen, Farben und Kontraste vielfältig und kaum mit Worten zu beschreiben. Arktische Pflanzen zwischen schwarzer Lava faszinieren den Blumenfreund. Die Scharen der Seevögel auf den steilen Felsen locken den Tierfotografen an die sturmumtoste Küste. Treibholz und andere von der Meeresströmung angeschwemmte Gegenstände fordern zu einer fotografischen Schatzsuche auf. Die Mitternachtssonne spendet Helligkeit fast rund um die Uhr. Der Fotoamateur erlebt ein fotografisches Schlaraffenland. Island bietet Motive für Farbe und Schwarzweiß. Wer nach Island reist, fotografiert und filmt mehr als zu Hause.

Filme und Videokassetten sind in Island sehr teuer; Diafilme gibt es fast nur in den Fachgeschäften der größeren Städte. Deshalb empfielt es sich, genügend Filme von daheim mitzubringen.

Unsere Erfahrungen mit Fotoamateuren zeigen immer wieder, daß drei Filme zu 36 Aufnahmen pro Tag ein guter Richtwert sind. Videofilmer können von einer Stunde Videoaufnahmen pro Tag ausgehen.

Nehmen Sie außer den Filmen auch genügend Ersatzbatterien mit. Akkus sind ungeeignet. Im Hochland gibt es keinen Strom zum Aufladen.

Voraussetzung für scharfe, nicht verwackelte Aufnahmen ist ein schweres und standfestes Stativ. Besonders bei Aufnahmen mit langen Telebrennweiten ist ein solches Stativ unentbehrlich. Der ständig wehende Wind verlangt nach einem schweren Stativ. Wir fotografieren mit dem »Benbo MK 6«, einem schweren Brokken, der mit aufgeschraubtem »Linhof-Kugelkopf III« stolze 9 kg auf die Waage bringt.

Die Bilder für dieses Buch fotografierten wir hauptsächlich im 6x7-Mittelformat; einzelne Aufnahmen von Seevögeln und Actionfotos entstanden im Kleinbildformat 24x36 mm. Im Vordergrund stand dabei jeweils die beste zu erzielende Bildqualität, denn die gedruckten Bilder sollen feinste Details gestochen scharf wiedergeben. Selbst bei großformatigen Abbildungen darf keinerlei Kornstruktur die Bildschärfe mindern.

Im Kleinbildformat arbeiten wir mit »Leica R4s«-Kameras und »Leica«-Objektiven von 28 bis 560 mm Brennweite. Für bestimmte Aufnahmen von Seevögeln kombinierten wir das 560 mm-Teleobjektiv mit dem 2x-Extender. Dies ergab die gewaltige Brennweite von 1120 mm; das Motiv wird dadurch bereits bei der Aufnahme mehr als 22fach vergrößert. Im Mittelformat fotografieren wir mit der »Pentax 67« und »Pentax«-Objektiven von 45 bis 200 mm Brennweite.

Im Kleinbildformat verwenden wir die Diafilme »Kodachrome 25, 64« und »200« sowie »Fujichrome RVP 50 Velvia«. Im Mittelformat ist der »Kodak Ektachrome EPP 100« der Film unserer Wahl.

Als weiteres Zubehör setzen wir ein Elektronenblitzgerät zur Aufhellung der Schatten bei Detailaufnahmen oder bei Innenaufnahmen ein. Außerdem eine ganze Reihe von Filtern: für Farbdias beispielsweise ein »KR 1,5 Skylight«-Filter, um bei Bedarf eine etwas wärmere Farbwiedergabe zu erzielen. Oder ein Polarisationsfilter, um satte Farben zu erhalten, den Kontrast zu verstärken und Spiegelungen auf Wasserflächen auszuschalten.

Die hervorragende Drucktechnik des Verlags ist der letzte entscheidende Schritt zu Bildern, die Island so zeigen, wie es der Reisende erleben kann: Island, eine Herausforderung, ein Abenteuer – eine Insel, gestaltet von Feuer, Wind und Eis.

• Barüske, Heinz: Island. Kunst- und Reiseführer mit Landeskunde, Stuttgart 1990.
• Bauer, Jaroslav: Der Kosmos-Mineralienführer, Stuttgart 1976.
• Escritt, Tony: Iceland. A Handbook For Expeditions, London 1986.
• Gudmundsson Ari Trausti, Kjartansson Halldór: Wegweiser durch die Geologie Islands, Reykjavik 1984.
• Hanneck-Kloes, Gudrun Marie: Island. Ein Landschafts- und Erlebnisführer, Badenweiler 1990.
• Jantzen, Heidrun und Friedrich: Island. Landschaften, Pflanzen- und Tierwelt. LB-Naturreiseführer, Hannover 1988.
• Klüche, Hans: Island und Färöer-, Shetland-, Orkney-Inseln – Preiswert Reisen Band 19, Köln 1986.
• Krafft, Maurice: Führer zu den Vulkanen Europas. Band 1: Allgemeines, Island, Stuttgart 1984.
• Körtzinger, Arne: Fahrrad Abenteuer – Allein durch Island, 2. Aufl., PIETSCH Verlag, Stuttgart 1992.
• Lange, Harald: Island. Insel aus Feuer und Eis, Leipzig 1985.
• Münzer, Ulrich: Island. Junges Land in Bewegung, Kempten.
• Rausch, Ursula: Island, Walter-Reiseführer, Olten 1987.
• Schnütgen, Achim: Island. Vulkaninsel zwischen Europa und Amerika, DuMont-Landschaftsführer, Köln 1988.
• Weyer, Helfried: Island. Erinnerungen an die Schöpfung, München 1985.
• Wiese, Eigel: Island. Reise zwischen Feuer und Eis, PIETSCH Verlag, Stuttgart 1992.
• Wiktorin, Karl: Island erfahren. Reiseinformationen, Eichstätt 1989.
• Merian-Hefte 6/25 und 8/42: Island.
• Naturmagazin HB draußen: Island. Band 30.
• HB Bildatlas Special: Island. Band 7.
• Die Horen, Zeitschrift für Literatur, Kunst, Kritik, Band 143.

## Stichwortverzeichnis